EMPIRICAL STUDY ON PARTY BUILDING

非公企业党建实记

IN NON-PUBLIC ENTERPRISES

方开燕 著

红旗出版社

图书在版编目（CIP）数据

非公企业党建实证 / 方开燕著. -- 北京：红旗出版社，2024.4

ISBN 978-7-5051-5396-7

Ⅰ.①非… Ⅱ.①方… Ⅲ.①中国共产党—私营企业—党的建设—研究 Ⅳ.①D267.1

中国国家版本馆CIP数据核字(2024)第011188号

书　　名　非公企业党建实证
著　　者　方开燕

责任编辑	吴琴峰	封面设计	高　明
责任印务	金　硕	责任校对	郑梦祎
出版发行	红旗出版社	版式设计	蔡庆有
地　　址	北京市沙滩北街2号	邮政编码	100727
	杭州市体育场路178号	邮政编码	310039
编 辑 部	0571-85310467	发 行 部	0571-85311330
E - mail	hqwqf@163. com		
法律顾问	北京盈科(杭州)律师事务所　钱　航　董　晓		
图文排版	杭州润竹文化创意有限公司		
印　　刷	北京画中画印刷有限公司		
开　　本	710毫米×1000毫米　1/16	插　　页	2
字　　数	360千字	印　　张	24.5
版　　次	2024年4月第1版	印　　次	2024年4月第1次印刷
ISBN 978-7-5051-5396-7		定　　价	68.00元

序

一直以来，如何让世界更加清晰地了解中国，我们还有很长的路要走，而方法就显得尤为重要。

学界的定性和定量分析之争由来已久，尤其是西方更偏重于定量分析，喜欢用数字来说话。

经济学争论的焦点在于，经济研究中对数学方法的取舍。这一争论的结果，产生了片面注重定量分析的“唯定量论”和片面注重经济学分析的“唯定性论”。前者的依据是，数学是唯一科学的手段，数学语言能使概念精确、逻辑通顺、表达清晰；而后者的依据是，定性分析能揭示事物的规律，应当秉承理论与实践相结合、历史与逻辑相结合的经济学分析传统。

定量与定性分析的根本分歧在于“三观”的不同。

总体而言，定量研究范式从属于实证主义和后实证主义，而定性研究范式从属于建构主义和阐释主义（注：定性研究中也存在实证和后实证主义范式）。

实际上，就科学研究而言，定量和定性分析的区别源于方法论的区别，而方法论的区别，则源于本体论与认识论的区别。

我们要清楚，定量和定性分析都是科学研究，科学研究的核心是寻找因果关系。

二者的分歧在于对“原因”理解的差别，由此出现两种路径、两种传承。

这种差别源于休谟的怀疑论（怀疑世界存在因果律）和后来出现的反休谟主义之间的对立。

具体而言，定量分析对原因的理解是一种增加被解释变量出现的频率，定性分析对原因的理解是对被解释变量产生的不同。由此，定量分析往往采用数理统计和概率论的方式，定性分析采用的是集合论和逻辑学。进而，定量分析对因果的理解是对称性的，而定性分析对因果的理解是非对称性的。

正是基于上述的根本分野，定量分析的目的是对世界简约的解释，即遵循奥卡姆剃刀定理；定性研究的目的是追求对世界可理解的复杂性的挖掘。

定性和定量分析各有优长，不从哲学层面的高度审视是无法真正理解二者的对立点的。本书的目的就是想用西方通行的定量分析方法搭建对话的渠道。

本书对于问卷设计、问卷调查、数理实证方法的使用都是严格遵循国际范式的，采用中英文方式来增进与西方的交流，希望西方读者能够了解并真正理解中国共产党从宏观到微观对于促进中国经济发展的作用，也期待西方读者能够从多元化的视角看待中国在经济方面的创新，并与中国进行经济制度上的交流。

同时还希望本书能够抛砖引玉，从宏观的治国理政到微观的企业管理，都能够使读者对党建影响企业绩效的机制和路径有大致的了解。

由于自身水平有限，诚恳欢迎读者朋友不吝赐教、批评指正！

感谢宁夏回族自治区党委组织部及各市县组织部和各级党组织！

感谢我的导师、家人、领导、朋友、同事！

感谢出版社的辛苦付出与大力支持！

方开燕

2024年3月

概　述

尽管越来越多的非公有制企业（简称“非公企业”）开始注重党建，但少有实证研究探讨党建对非公企业绩效的影响。此外，党建影响非公企业绩效的机制和路径尚不清晰。

基于利益相关者理论和社会资本理论，本书提出假设模型来探讨党建对非公企业绩效的影响。本书采用759个宁夏民营企业的样本，通过结构方程模型分析得出以下结论。

首先，非公企业党建会对企业绩效、企业社会资本和组织公民行为产生积极影响。其次，非公企业党建通过3个途径对企业绩效产生间接影响，即企业社会资本和组织公民行为分别作为中介变量，以及企业社会资本和组织公民行为作为链式中介。最后，非公企业党组织与管理层之间的和谐关系通过企业社会资本和组织公民行为，强化了非公企业党建与企业绩效之间的正向关系。

本书采用定量分析方法，以非公企业党建为样本，探索了党建影响非公企业绩效的机制和路径，进一步丰富了研究文献，并根据研究结论讨论了政策和建议。

目 录
Contents

第一章 绪论

第一节 研究背景

一、现实背景

以公有制为主体、多种所有制经济共同发展是中国的基本经济制度，其中非公有制经济是我国社会主义市场经济的重要组成部分。1978年中国共产党的十一届三中全会召开后，中国开始实行改革开放，逐步放松对市场经济的管控，中国迅速成为世界第二大经济体，经济和社会取得快速发展。改革开放40多年来，非公有制经济中的民营经济从小到大、从弱到强，不断发展壮大。截至2023年年底，中国登记在册的个体工商户达1.24亿户，占经营主体总量的67.4%。中国的民营经济已经成为推动中国发展不可或缺的力量，成为创业就业的主要领域、技术创新的重要主体、国家税收的重要来源，为中国特色社会主义市场经济发展、政府职能转变、农村富余劳动力转移、国际市场开拓等发挥了重要作用。

当今世界绝大多数国家的中央和地方政权由政党来掌握，并利用其执政地位，影响政治、经济、社会的方方面面（王元芳，2013）。中国共产党在中国的经济发展和国家建设中始终处于领导核心地位，主要通过将各级党组织融入经济体的治理结构与治理机制中，通过影响企业的组织资源、政治资源和人力资源等方面，从而影响企业的决策和治理过程。《中国共产党章程》（2022年10月22日修订）指出，非公有制经济组织中党的基层组织，贯彻党的方针政策，引导和监督企业遵守国家的法律法规，领导工会、共青团等群团组织，团结凝聚职工群众，维护各方的合法权益，促进企业健康发展。《中国共产党章程》还指出："中国共产党领导人民发展社会主义市场经济。毫不动摇地巩固和发展公有制经济，毫不动摇地鼓励、支持、引导非公有制经济发展。"

2023年7月19日发布的《中共中央 国务院关于促进民营经济发展壮大的意见》指出："坚持党中央对民营经济工作的集中统一领导，把党的领导落实到工作全过程各方面。坚持正确政治方向，建立完善民营经济和民营企业发展工作机制，明确和压实部门责任，加强协同配合，强化央地联动。"

2023年9月，中央机构编制委员会办公室正式批复在国家发展和改革委员会内部设立民营经济发展局，作为促进民营经济发展壮大的专门工作机构，加强相关领域政策统筹协调，推动各项重大举措早落地、见实效。近年来，非公企业党建取得了很大进展。非公企业的数量和作用决定了非公企业党建在整个党建工作中占据着越来越重要的地位。

在中国，国有企业是国民经济的支柱，非公企业是市场经济的一支重要力量，两者所发挥的作用和所处的地位是不相同的。虽然国有企业主要承担着诸如扩大就业、维护稳定等社会责任（林毅夫、刘明兴和章奇，2004），但是非公企业的发展却事关整个社会和谐劳动关系的构建（陈勋楠，2014）。在国有企业中，党组织是作为政治核心的形式存在的，其直接作用于企业内部，发挥政治核心作用（何轩和马骏，2018）；而在非公企业中，党组织发挥的是一种间接作用，具体体现在引导、监督、维权、统战、协调和企业文化建设等方面（李少斐，2008）。因此，非公企业党组织不同于国有企业党组织，其实质在于探索党组织建设和企业发展间的最佳结合，实现企业党组织建设与公司治理两种制度的融合。但是，由于所有制、经营方式、经营对象、企业规模等方面的差异，党组织对非公企业的助力远远不如对国有企业的助力。同时，非公企业陆续成立和成长为一批新生的组织和新兴的群体，在这种情况下开展的非公企业党建还处于探索阶段。对于非公企业党组织的基本职能，执政党并没有要求发挥政治核心作用，这就意味着执政党意识到了非公企业等非公有制经济组织与公有制经济组织的政治结构性差异，从而淡化基层党组织的政治功能，而强调其经济社会功能。2000年，中共中央组织部印发的《关于在个体和私营等非公有制经济组织中加强党的建设工作的意见（试行）》提出了明确要求："对已经是私营企业主的党员，党组织要从思想上、政治上关心他们，帮助他们提高自身的政治素质，增强党性。要求他们时刻牢记自己是一名共产党员，教育引导他们不仅应模范地遵守国家的政策法规，依法经营，照章纳税，而且要严格遵守党章，树立正确的理想信念，实践党的根本宗旨，认真履行党员义务，自觉遵守党的纪律和接受党组织的教育、管理、监督。鼓励他们把企业获得的利润，用于扩大再生产，支持社会公益事业。"2002年，党的十六大第一次把非公有制经济组织中的党组织的职责任务写入《中国共产党章程》，对党组织在非公有制经济组织中的功能和作用作出更具指导性的规定："非公有制经济组织中党的基层组织，贯彻党的方针政策，引导和监督企业遵守国家的法律法规，领导工会、共青团等群众组织，团结凝聚职工群众，维护各方的合法权益，促进企业健康发展。"2005年10月修订、2006年1月1日开始实施的《中华人民共和国公司法》将原第十七条

“公司中中国共产党基层组织的活动，依照中国共产党章程办理”，修订为第十九条“在公司中，根据中国共产党章程的规定，设立中国共产党的组织，开展党的活动。公司应当为党组织的活动提供必要条件”。把企业支持党建工作的要求，完整地写入法律条文，这在中国法律建设史上尚属首次。

由于中国的经济和社会制度是在不断地探索中发展起来的，非公有制经济的发展和地位的确立相较于公有制经济的发展和地位的确立经历了比较曲折的发展历程，因而非公企业党组织的建设和发展滞后于公有制企业党组织的建设和发展。非公企业党建则从中华人民共和国成立至今，经历了4个阶段（鲁月棉和聂苗，2013）：1949年至1977年的探索阶段；1978年至1983年的起步阶段；1984年至1991年的确立阶段；1992年至今的发展阶段。

虽然近年来中国不断加强非公企业党建，但是非公企业党组织的发展依旧滞后于国有企业党组织的发展。根据有关数据，2013年建立党组织的非公企业数量占非公企业总数的比例为58.4%，2017年建立党组织的非公企业数量占非公企业总数的比例为73.1%，建立党组织的非公企业的比例在这段时期内快速增长了14.7%；而2013年建立党组织的公有制企业数量占公有制企业总数的比例为90.8%，2018年建立党组织的公有制企业数量占公有制企业总数的比例为90.9%，建立党组织的公有制企业的比例在这段时期并未发生显著变化。这也意味着，在这段时期，中国维持着公有制企业党组织建设的高比例，致力于提高非公企业党组织的比例，即更加重视非公企业党组织的建设。

虽然，近年来中国逐步加强非公企业党建，但是，在此过程中依旧出现了很多的现实困惑和机制体制上的困境，主要表现在以下5个方面：

（1）逻辑错置。党组织参与非公企业的经营目的是将党建有机地嵌入公司治理活动全过程，使之成为企业发展的基本要素。在这一过程中，企业党组织必须处理好企业发展、员工成长和党建三者之间的关系。然而，在实践活动中往往呈现出以政治逻辑取代经济逻辑和以经济逻辑取代政治逻辑这两个问题，即要么把党建放在首位，忽视企业发展、员工成长；要么把党建放在末位，党组织一味地迎合企业家和员工的需求，只重视企业发展、员工成长，忽视党建作用的发挥。

（2）理论滞后。目前对于非公企业党建的研究多处于成果总结和经验交流层面，从学理上进行系统性研究的少，将其从经验的提炼总结上升到规律性认识的不多，非公企业党建理论体系建设的系统性研究匮乏，把学术研究等同于政策解读，导致实践走在前而理论严重滞后，不能有效发挥理论指导实践的作用。

（3）制度脱节。非公企业党建沿袭的是国有企业党建的模式，非公企业党建脱胎于国有企业党建。国有企业党建呈现出“一元化领导”“全控型管理”“单位制运行”等特征，而非公企业党建则呈现出“引导型”和“服务型”等特征。这主要是由非公企业党组织与国有企业党组织的权力和地位不同，以及两者之间产权制度、运行规律依靠市场的制度的不同所导致的，从而非公企业党组织建设在制度的规范和实践的运行当中出现了脱节的现象。

（4）功能障碍。主要包括非公企业党建的价值与非公企业市场取向的分离、非公企业党建与企业中心任务的游离两个方面。非公企业的行为取向呈现出明显的经济性、市场化和逐利性，而非公企业党建的价值就在于使中国共产党的影响力有效覆盖非公企业的职工群众，以赢得职工群众的政治认同。在非公企业党组织建设实践中，非公企业党建常常游离于企业中心任务，要么非公企业党组织一味追求思想建设，忽视了党建服务经济发展的职能，不能将党建真正融入经营管理中，要么非公企业过多考虑生产经营而忽视了党建。

（5）机制冲突。公司治理是建立在市场经济基础上的企业运行机制，公司治理的内在机制是在一个产权制度属于不同主体的委托代理链中，通过“分权制衡”，既保障经营者全权经营的权力，又不致失去所有者对经营者的最终控制。党组织进入企业虽然有法律和政策的依据，但目前非公企业党建照搬国有企业党建模式，属于外源型党组织建设，而企业的运行机制有其独立性、封闭性、逐利性等特点，对党建的接纳性很小。

经过多年的努力，中国不仅将非公企业成立党组织纳入多项政府文件，而且将其写入《中华人民共和国公司法》和《中国共产党章程》等法律和规章制度，为非公企业党组织的建立和发展提供了制度依据。但是，非公企业党建的实质是探索企业党建与公司治理这两种完全不同制度的最佳融合，这是在中国市场经济机制并不完善的情况下进行的探索，注定要面临诸多的现实困境和认知缺陷，而且非公企业党建这一问题在全球也属于全新的领域和课题。因此，现阶段研究非公企业党建与企业发展问题显得尤为迫切和必要。

二、理论背景

利益相关者理论认为，企业的经营管理者为综合平衡各个利益相关者的利益要求而进行管理活动，企业追求的是利益相关者的整体利益，而不仅仅是某些主体的利益（Freeman，1984）。这些相关者包括所有权利益相关者、经济依赖性利益相关者和社会利益相关者。股东、董事会和经理人是企业最主要的所有权利益相关者，是公司治理体系的核心组成部分，对企业绩效有着显著的影响（Jensen & Meckling，1976；Harris & Shimizu，2004；张耀伟、陈世山和李维安，2015；于东智和池国华，2004；杨青、高铭和Yurtoglu，2009）。员工、工会、债权人、内部服务机构、地方社区、消费者、供应商、竞争者等主体构成了企业的经济依赖性利益相关者，是公司治理体系的重要组成部分，也影响着企业绩效（Iverson & Currivan，2003；Clark，1984；Monastiriotis，2007）。政府机关、媒体、社会团体和特殊群体作为企业的社会利益相关者，从外部影响着企业绩效（夏立军、陆铭和余为政，2011；徐业坤、钱先航和李维安，2013；潘红波、夏新平和余明桂，2008）。因此，这些利益相关者都能影响企业的经营和管理决策，只是不同类型的利益相关者对于企业管理决策的影响是不相同的（贾生华和陈宏辉，2002）。

国有企业面临3个方面的政治干预，即国有控股股东、政府部门和企业党组织（Chang & Wong，2004）。党组织作为中国共产党在国有企业中的基层组织，发挥着政治核心作用，落实执政党的执政理念和政治追求（蒋铁柱和沈桂龙，2006）。由于国有企业是国民经济发展的重要支柱与中坚力量，党组织参与公司治理成了国有企业的一大特色（马连福、王元芳和沈小秀，2013）。因此，国内学者多数从国有企业的视角入手，探讨党组织对企业绩效的影响（马连福、王元芳和沈小秀，2013；陈仕华和卢昌崇，2014；黄文锋、张建琦和黄亮，2017）。尤其是具有政治关联的企业能够在融资、产权保护、税收优惠、政府补贴、行业准入、获取资源等方面获得优势（胡旭阳，2006；余明桂和潘红波，2008；罗党论和唐清泉，2009；吴文锋、吴冲锋和芮萌，2009；Zhou，2013）。但是，由于党组织在国有企业与非公企业中的地位、作用、约束力等方面的差异，党组织对国有企业与非公企业的影响也存在差异。因此，近年来有部分学者从非公企业的视角着手，研究党组织的影响机制与作用（陈东、洪功翔和汪敏，2017；龙小宁和杨进，2014；何轩和马骏，2018）。

然而，国内学者多数从理论阐述和定性研究方面探讨党组织对非公企业的影响，尤其在实证研究时将企业党组织这一变量设定为虚拟变量，即以0或1表示企业中是否存在党组织，简单地分析有无党组织对企业绩效的影响。但是，不同企业的党组织开展活动的水平和功能存在明显的差异，这种处理方式无法反映党建及其功能的差异，更难以说明党组织的影响程度和作用路径。现有关于非公企业党建的相关研究大多停留在理论阐述和定性研究方面。寇政文（2017）将非公企业党组织的功能定位为利益协调功能、政治沟通功能和资源整合功能，从这3个方面阐明了非公企业党建认同建构的机制；陈勋楠（2014）提出了包括促进企业科学发展、协调企业各方关系、推进企业文化建设在内的非公企业党组织参与构建和谐劳动关系的基本路径；初明利和贾元昌（2012）认为，非公企业党组织既要从企业内部治理机制（决策咨询、激励监督、职工思想教育）入手，也要从企业外部治理机制（制度安排、公共产品）入手，把党建合理融入企业经济活动中，使党的政治资源、组织资源等转化为促进企业发展的资本。党齐民（2017）认为，非公企业党组织必须聚焦于引导和推进非公企业自觉承担对员工、消费者、社会和环境的责任。这类文献虽然明确了非公企业党建的机制与路径，但是缺乏定量研究。

关于非公企业党建的研究起步较晚，使得目前关于非公企业党建的实证研究相对较少，研究非公企业党建对企业绩效影响的实证文献更是缺乏。何轩和马骏（2018）通过实证研究发现，民营企业党建能够显著提升企业绩效，这是党组织引导民营企业投入了更多的生产性活动所导致的；龙小宁和杨进（2014）通过实证研究发现，民营企业党组织对企业利润率等方面的绩效并没有显著的影响，这是因为民营企业党组织的建立在显著提高企业工人工资以外的福利（医疗保险、劳动安全）的同时，也提高了企业的用工成本。陈东等人（2017）发现，党组织对企业绩效（如销售额、纳税额）有着显著的正向推动作用。这类文献虽然实证了非公企业党建对企业绩效的影响，但是，缺少清晰的、完整的非公企业党建对企业绩效影响的机制和路径分析的整体脉络和范式分析。

正如叶建宏（2017）所提到的，民营企业党组织在公司经营中发挥着类似工会的功能，为企业员工争取福利。单红梅、胡恩华和黄凰（2014）将前人对于工会与企业绩效间关系的研究划分为直接影响和中介作用机制两个方面。在直接影响中，学者集中从工会与企业生产率和企业创新能力等角度展开分析。Laroche & Wechtler（2011）认为，工会通过行使集体协商权提高员工工资水平，迫使企业必须提高生产率来弥补高工资带来的成本，因此工会对于企业提高生产率有积极的促进作用；Walsworth（2010）认为，工会通过提高员工的工资，刺激了企业为了降低经营成本而引入创新机制。在中介作用机制中，学者更多地通过加入其他中间变量来分析工会对企业绩效的影响，这是因为工会对企业绩效的影响并不都是直接的（Clark，1984）。首先，劳资关系能够影响企业绩效。当劳资关系处于和谐融洽状态时，企业、工会和员工三者之间相互信任，员工认为工会能够满足自己的需求，更愿意做出符合企业利益的行为，进而对企业绩效产生积极影响（Mefford，1986；Deery，Erwin & Iverson，1999）。其次，员工之间的生产经验和技术交流能够影响企业绩效。工会注重对员工开展职业技能培训和交流，有助于提高员工素质，便于企业引入创新机制，提升企业绩效（Walsworth，2010）。最后，工会制定的相关规章制度和进行的管理活动能够影响企业绩效（Agrawal，2012）。

虽然工会对企业绩效影响的相关研究能够为非公企业党建对企业绩效影响的研究提供思路。但是，工会作为国外理论和实践的产物，并不完全适用于中国特定的政治经济制度。

第二节 问题的提出

非公企业在国民经济中地位的提升，使得非公企业党建显得尤为迫切。

国有企业党建在中国经济建设中有着较长的历史，并为中国社会经济的发展作出了重要的贡献。但是，非公企业党建的历史相对较短，党组织对非公企业的助力远远不如党组织对国有企业的助力。

本书基于非公企业的视角，研究非公企业党建对企业绩效的影响，试图回答以下两个问题：

（1）非公企业党建在多大程度上影响了企业绩效？

（2）非公企业党建对企业绩效影响的路径如何？具体来说，企业社会资本、组织公民行为和企业党组织与管理层关系在非公企业党建对企业绩效的关系中起到什么作用？

现阶段研究非公企业党建对企业绩效的影响，具有非常重要的意义。首先，研究非公企业党建对企业绩效的影响，有助于明晰非公企业党建影响公司治理的途径和方式，实现党建与公司治理的最佳融合。其次，非公企业党组织的职能往往与工会职能重叠，同时也起着政治纽带的作用，研究非公企业党建对企业绩效的影响，有助于明确非公企业党建在企业经营中所起的作用。最后，研究非公企业党建对企业绩效的影响，有助于区分党建在非公企业与国有企业中的差异化影响。

第三节　创新之处

本书立足于中国的政治经济制度，研究非公企业党建对企业绩效的影响，并试图探究非公企业党建影响企业绩效的机制和路径。相比之下，本书的创新之处主要体现在以下3个方面：

第一，已有文献主要研究工会这类企业内部组织对企业绩效的影响，较少将视角集中于企业党组织这类政治组织对非公企业绩效的影响。本书将研究视角集中于企业党组织这一政治组织，实证了非公企业党建对企业绩效的影响。

第二，已有关于企业党组织研究的文献主要集中于研究国有企业党建对企业绩效的影响以及影响的路径，鲜有文献研究非公企业党建对企业绩效的影响以及影响的路径。本书将研究视角落于非公企业，并从企业社会资本、组织公民行为以及和谐的企业党组织与管理层关系3个方面入手，探究非公企业党建影响企业绩效的机制和路径。

第三，已有关于非公企业党建的文献主要集中于理论阐述或定性研究，即分析非公企业党建存在的困境或研究有无非公企业党组织对企业绩效的影响差异。本书对非公企业党建进行定量研究，重点衡量非公企业党建的不同程度，即重视不同的非公企业之间党建的差异。

第四节　研究内容

本书研究的是非公企业党建对企业绩效的影响，共分为五章，具体内容如下：

第一章：绪论。本章对非公企业在国民经济中地位和作用的提升，以及开展非公企业党建在现阶段显得尤为迫切的现实背景之下，提出从实证研究入手，研究非公企业党建对企业绩效影响的问题，有针对性地论述本研究的现实意义和理论意义，并系统性地介绍本书的研究思路与研究内容，同时，归纳本书的研究方法和创新点。

第二章：文献综述。本章对现有的企业党建的文献、企业党建和企业政治关联对企业绩效影响的文献以及企业绩效影响因素分析的文献进行回顾、梳理和述评，从中找出适合本书研究中国情景中独有的政治体制和市场体制下的非公企业党建对企业绩效影响的研究思路和研究方法。

第三章：研究方法。本章首先基于第二章对相关文献的论述，提出本书的模型思路；其次，根据模型的思路提出了研究假设，作为实证研究的思路；再次，根据研究假设进行研究设计，包括量表的选择、问卷的设计和数据的收集；最后，对问卷调查表收集的数据进行信度和效度分析，并进行描述统计分析。

第四章：研究结果。本章对根据第三章问卷调查表收集的数据进行检验，实证非公企业党建对企业绩效的影响。

第五章：结论与展望。本章对全书进行总结，从企业层面和政府层面提出相应的政策建议，并进行总结延伸，指出本书的不足之处和下一步研究的方向。

第五节　本章小结

本章基于现实背景与理论背景，提出了本书的研究问题，并且系统地介绍了本书的研究内容与研究思路，同时归纳了本书的主要创新点。

第二章 文献综述

本章从企业党建和企业绩效两个方面入手，系统地梳理和评述了国内外现有的相关文献，侧重于从国有企业党建和非公企业党建对企业绩效影响的研究，以及企业社会资本、组织公民行为、劳动关系和工会对企业绩效影响的研究来构建本书的文献基础，进而概括出研究模型与假设。

第一节 概念界定

一、非公企业

（一）非公企业的概念

非公有制经济是指除公有制经济之外的经济成分，“非公有制经济”这个概念第一次出现是在中共中央下发批转的《中央统战部〈关于工商联若干问题的请示〉的通知》（中发〔1991〕15号）中。以公有制为主体，多种所有制经济共同发展，是中国社会主义初级阶段的基本经济制度。非公有制经济，是相对于公有制经济而言的。按照中国现行统计标准，非公有制经济是指除国有经济、集体经济以及混合所有制经济中的国有、集体成分以外的经济，具体包括有限责任公司、股份有限公司中的非国有部分、私营经济、个体经济、外商投资经济等，主要分为民营经济和外资（包括港、澳、台地区）经济两部分（刘畅，2012）。

按照经济组织形式，非公有制经济组织可以划分为个体工商户、私营企业和外资企业。个体工商户和私营企业是我国改革开放以来主要的非公有制经济形式。区分界定个体工商户和私营企业的法律依据是：雇工7人以下（含7人）者为个体工商户，雇工8人以上（含8人）者为私营企业。按照《中华人民共和国私营企业暂行条例》规定，私营企业是指资产属于私人所有，雇工8人以上的营利性经济组织，包括私人独资企业、合伙企业和有限责任公司三类。外资企业是指依照中国法律，在中国境内设立的由境外投资的企业。这3种经济组织也是我国现阶段非公有制经济组织的主要组成部分。

按照演变过程，非公有制经济组织可以划分为原生型非公有制经济组织、国有企业和集体企业（包括城镇集体和乡镇企业）转制改造而成的非公有制经济组织（也称转生型非公有制经济组织）以及中外合作或外商独资的非公有制经济组织。原生型非公有制经济组织出现得较早，以个体工商户和私营企业为主。随着我国经济体制改革的深入，一些国有企业、集体企业经过改组改制，组成成分发生了较大变化，转化为一种新型的非公有制经济组织，在我国市场经济中占有一定的比重，并成为非公有制经济组织的一个重要组成部分。与此同时，随着社会主义市场经济体制的进一步确立，我国对外资的利用也从单纯追求数量扩展的阶段进入重质量、讲效益的新阶段，许多中外合资企业在新体制下得到了健康、快速的发展。

党的十八届三中全会明确指出，公有制经济为主体、多种所有制经济共同发展的基本经济制度，是中国特色社会主义制度的重要支柱，也是社会主义市场经济体制的根基。公有制经济是国民经济的主体，非公有制经济是社会主义市场经济的重要组成部分。公有制经济决定着国民经济的命脉，而非公有制经济在保持国民经济快速发展、吸纳劳动力就业、优化产业结构和带动新型产业的发展、促进市场竞争等方面具有重要作用。

非公有制经济组织是指私营企业、外商投资企业、港澳台商投资企业、股份合作企业、民营科技企业、个体工商户、混合所有制经济组织等各类非国有集体独资的经济组织，即除政府财政和国有企事业开支以外的单位或团体组织（王安国，2014）。"非公有制经济组织"是更正式的说法，包含范围也更大。本书的研究对象是非公有制经济组织的党建工作运行机制，其中的非公有制经济组织主要指非公有制企业。

（二）非公企业在中国的发展历程和发展现状

从1949年中华人民共和国成立至今，中国非公企业的发展经历了曲折的历程，主要包括4个阶段，即探索阶段、曲折发展阶段、快速发展阶段和全面发展阶段（张诺夫，2015）。

1. 探索阶段（1949年至1977年）

1949年至1977年，社会主义建设处在探索的起步期，此时国家注重生产资料所有制形式，即追求单一的社会主义公有制结构，基本上否定了非公有制经济的存在。这种对公有制的追求集中表现为重点建设和保留高度集中的计划管理体制，对民族资本主义工商业进行利用、限制和改造，并逐步消灭私有制。

因此，此阶段的非公企业在中国"销声匿迹"并被公有制企业完全替代。

2. 曲折发展阶段（1978年至1991年）

1978年，党的十一届三中全会召开，会议决定把全国的工作重点转移到社会主义现代化建设上来。会议强调社会主义初级阶段需要发展多种所有制经济，同时，发展多种所有制经济应该是在以公有制为主体的前提下进行的，个体经济、私营经济和外资经济是公有制经济必要的有益的补充。会议重新肯定了个体经济的地位和作用，放开了对非公有制经济的诸多限制，并制定了一系列政策恢复和发展非公有制经济，为非公企业的发展创造了适宜的环境。此时，商品开始自由流通，城乡市场逐步开放，曾灭绝多年的非公企业得以恢复和发展。这次会议首次承认并允许私营经济的发展，并且对非公有制经济作了定位，在此后的经济建设中这一政策被完善和延续。但是，由于此阶段的非公有制经济正处在恢复和起步阶段，虽然国家已经承认了非公有制经济的存在与发展的合理地位，但各级政府依旧将经济建设的重心放在公有制企业建设之上。因此，此时的非公有制经济总体上还没有受到很大关注。1988年4月，七届全国人大一次会议通过宪法修正案，确定了私营经济的法律地位和经济地位。宪法的第十一条增加了“国家允许私营经济在法律规定的范围内存在和发展。私营经济是社会主义公有制经济的补充。国家保护私营经济的合法的权利和利益，对私营经济实行引导、监督和管理”的条文。1989年，中国开始了为期3年的经济治理整顿。在此期间，中国的个体经济和私营经济的经营范围受到限制，市场准入门槛提高，非公企业的数量有所减少。同时，思想理论界出现了批判资产阶级自由化思潮的现象，如何正确认识非公有制经济成分的地位和作用成了此次争论的焦点，非公有制经济的发展在一定程度上受到了政治因素的制约，并出现了举步维艰的局面。

因此，此阶段中国对非公有制经济的认识有所反复，导致非公有制经济在曲折发展中徘徊不前。

3. 快速发展阶段（1992年至2001年）

1992年，邓小平同志发表了南方谈话，强调了“三资”企业（即在中国境内设立的中外合资经营企业、中外合作经营企业、外商独资经营企业三类外商投资企业）是社会主义社会的有益补充。此次谈话为所有制改革扫除了思想上的障碍，成为非公有制经济进一步发展的重要转折点。同年，党的十四大确立了建立社会主义市场经济体制，并提出要以公有制包括全民所有制和集体所有制为主体，个体经济、私营经济、外资经济为补充，多种经济成分长期共同发展的经济体制改革目标，肯定了非公有制经济和公有制经济合作共存并长期发展的态势。其中，确立的多种经济成分长期共同发展的方针，明确了发展非公有制经济不会损害社会主义，只会有利于社会主义的发展，再一次掀起了非公企业发展的高潮。1997年，党的十五大确立了“以公有制为主体、多种所有制经济共同发展，是中国社会主义初级阶段的一项基本经济制度”。1999年，全国人大九届二次会议通过的《中华人民共和国宪法修正案》明确规定：“在法律规定范围内的个体经济、私营经济等非公有制经济，是社会主义市场经济的重要组成部分。”这是国家根本大法对非公有制经济20多年来生存发展及其贡献的充分肯定。

因此，此阶段中国对非公有制经济建设的重视程度不断提高，但是非公有制经济建设缺乏规范和制度，使得非公有制经济建设依然面临各种各样的问题亟须解决。

4. 全面发展阶段（2002年至今）

2002年，党的十六大报告指出“必须毫不动摇地鼓励、支持和引导非公有制经济发展”。2003年，《中共中央关于完善社会主义市场经济体制若干问题的决定》指出：“非公有制企业在投融资、土地使用和对外贸易方面，与其他企业享受同等待遇。”这意味着我国首次承认非公企业与国有企业的平等地位。2005年，国务院下发了《关于鼓励支持和引导个体私营等非公有制经济发展的若干意见》，这是一部全面促进非公有制经济发展的重要的政策性文件。2013年，党的十八届三中全会通过的《中共中央关于全面深化改革若干重大问题的决定》明确指出："公有制为主体、多种所有制经济共同发展的基本经济制度，是中国特色社会主义制度的重要支柱，也是社会主义市场经济体制的根基。"

2018年，习近平总书记在民营企业座谈会上称"民营企业和民营企业家是我们自己人"，并旗帜鲜明地提出三个"没有变"："非公有制经济在我国经济社会发展中的地位和作用没有变！我们毫不动摇鼓励、支持、引导非公有制经济发展的方针政策没有变！我们致力于为非公有制经济发展营造良好环境和提供更多机会的方针政策没有变！"2022年，党的二十大报告指出，要"毫不动摇鼓励、支持、引导非公有制经济发展，充分发挥市场在资源配置中的决定性作用，更好发挥政府作用"。2023年，习近平总书记在民主协商会上强调指出，要"推进以党建引领基层治理，加强混合所有制企业、非公有制企业党建工作"。

（三）发展非公有制经济的三大逻辑

非公有制经济的政策调整和发展始终遵循社会主义市场经济的逻辑进行探索，是理论逻辑、历史逻辑、实践逻辑认识不断深化的智慧结晶。

一是坚持党的领导和发挥社会主义制度的优势。中国共产党的领导是中国特色社会主义最本质的特征，是中国特色社会主义制度的最大优势，是党和国家的根本所在、命脉所在，是全国各族人民的利益所系、命运所系。党的领导制度作为根本领导制度，在中国特色社会主义制度这一严密完整的科学制度体系中居于统领地位。只有坚持党的集中统一领导，才能充分发挥中国特色社会主义制度多方面的显著优势。非公有制经济的每一步发展和成就都是在党的领导和改革开放政策指引下取得的，只有继续坚定不移贯彻党的全面领导，听党话、感党恩、跟党走，自觉提高政治判断力、政治领悟力、政治执行力，才能充分发挥社会主义制度的优越性，推动非公有制经济健康发展。

二是始终坚持以人民为中心的发展思想。要坚持以人民为中心的发展思想，把增进人民福祉、促进人的全面发展、朝着共同富裕方向稳步前进作为经济发展的出发点和落脚点。纵观百年党史和改革开放史，伟大的精神一脉相承，就是党与人民心连心。以人民为中心的发展思想是党对非公有制经济各项政策的逻辑起点与最终归宿，正是人民日益增长的美好生活需要推动了非公有制经济的健康发展。只有继续坚持一切为了人民、一切依靠人民，服务国家战略大局，才能推动发展成果更多、更公平地惠及全体人民，推动共同富裕取得更为明显的实质性进展，凝聚起推动中华民族伟大复兴的磅礴力量。

三是充分尊重市场规律，弘扬企业家精神。要用改革激发市场活力，用政策引导市场预期，用规划明确投资方向，用法治规范市场行为。要优化非公有制企业的发展环境，必须强化“政府主责”，不断强化政策供给、法治保障和政务创新。要落实支持非公有制经济发展的政策措施，鼓励引导非公企业改革创新，构建亲清政商关系。只有积极营造有利于非公有制经济发展的政策环境、法治环境、市场环境和社会环境，始终坚持按市场规则办事，才能充分发挥市场在资源配置中的决定性作用，有力推动我国非公有制经济高质量发展。

因此，此阶段我国将非公有制经济建设摆在了重要位置，并出台了支持非公有制经济建设的具有规范化和制度化的纲领性文件，促进了非公企业的全面发展。

二、非公企业党建

（一）非公企业党建的概念

中共中央组织部于2000年颁发的《关于在个体和私营等非公有制经济组织中加强党的建设工作的意见（试行）》指出，非公有制经济组织是党的建设工作的重要领域。在非公有制经济组织中建立党的组织，开展党的工作，加强党的建设，充分发挥党的思想政治优势、组织优势和密切联系群众的优势，是坚持和完善社会主义初级阶段的基本经济制度，保证监督党和国家的方针政策、法律法规贯彻实施，引导非公有制经济健康发展的需要。2003年，中共中央组织部在北京召开全国非公有制经济组织党建工作经验交流会，会议指出，加强非公有制经济组织党建工作，是不断增强党的阶级基础和扩大党的群众基础，提高党的社会影响力和巩固党的执政地位的迫切需要，并提出要不断壮大党的工作力量，扩大党组织的覆盖面，力争使绝大多数从业人员在50人以上的企业有党员、100人以上的企业有党组织，具备单独建立党组织条件的企业都能建立党组织。这是中共历史上第一次明确提出针对非公有制经济组织党建工作的具体要求。党的十七届四中全会通过的《中共中央关于加强和改进新形势下党的建设若干重大问题的决定》提出了一系列新思想和新举措，“全面推进各领域党的基层组织建设”就是其中的一大亮点。该决定还提出要抓紧在非公有制经济组织建立党组织，以党的基层组织建设带动其他各类基层组织建设，活跃基层，打牢基础。这标志着在全国范围内全面推进非公企业党建工作的开始。

根据《中国共产党章程》的规定，企业、学校、社会组织等，凡是有正式党员三人以上的，都应当成立党的基层组织。中国共产党在中国的经济发展和国家建设中始终处于领导核心地位，主要起着把关定向的作用。通过将各级党组织融入经济体的治理结构与治理机制当中，形成覆盖全社会的系统网络，参与企业的治理过程，以此引导企业走上符合国家方针和政策的发展道路。因此，企业党组织既是中国共产党在企业建立的基层组织，也是企业重要的组织资源、政治资源和人力资源（蒋铁柱和沈桂龙，2006）。其中，组织资源包括关系资源、政治资源以及市场资源（邓新明，2011）；政治资源是指企业在政治活动的过程中所拥有的能够用来影响政府决策或获得政府承诺，以实现企业特殊政治目标的各种资源要素的集合（Zardkoohi，1985）；人力资源指的是，党组织人才的选拔过程较为严苛，选择的都是素质优良的人才，同时，党组织重点培养的人才都是企业发展所需的高素质人力资源（梁雄军、李敦黎和李哲，2004）。

中国以法律的形式，规定了企业党组织的设立，即企业应当为党组织的活动提供必要条件。然而，由于公有制企业与非公企业在所有制性质、产权关系、经营方式、领导体制和运行机制等方面存在差异（邱观建和付佳迪，2016），公有制企业党组织与非公企业党组织在企业内部所起的作用存在较大差异。公有制企业党组织围绕企业的生产经营开展工作，直接参与企业的经营和决策；而非公企业党组织主要起着政治引领作用，并不直接参与企业的经营和决策（初明利和贾元昌，2012）。因此，公有制企业党组织与企业呈现出领导与被领导的关系，而非公企业党组织与企业呈现出监督引导与被监督引导以及相互支持的关系。这种监督引导主要表现为，监督企业遵守国家的法律法规，合法经营，引导企业自觉履行社会责任（龙小宁和杨进，2014）。同时，公有制企业党组织的职责职能范围大于非公企业党组织的职责职能范围，公有制企业党组织对企业经营活动的参与程度也深于非公企业党组织对企业经营活动的参与程度。

（二）非公企业党建在中国的发展历程和发展现状

党的建设是党的工作的属概念，又是党务工作的种概念[①]，它是指党为保持自己的性质而从事的一系列自我完善的活动，不仅包括党务工作，还包括党的思想建设、政治建设、组织建设、作风建设和制度建设等。党的十九大报告提出了新时代党的建设的总要求，即以党的政治建设为统领，全面推进党的政治建设、思想建设、组织建设、作风建设、纪律建设，把制度建设贯穿其中，也就是以“一条主线、六大建设”为主体的党的建设总体布局（韩强和牛晴苇，2017）。

正如非公企业的发展一样，非公企业党建在中国的发展也经历了曲折的历程，主要包括4个阶段，即探索阶段、起步阶段、确立阶段和发展阶段（鲁月棉和聂苗，2013）。

1. 探索阶段（1949年至1977年）

从中华人民共和国成立至改革开放前期，中国的企业党建经历了一段较长的探索阶段。1954年，中共中央在全国国营企业中实行生产、行政管理的厂长负责制。1956年，中共中央正式决定否决“一长制”，该制度被“党委领导下的厂长负责制”所取代，企业党委作为企业的领导核心，企业生产和行政上的一切工作都由党委实行统一领导和集体领导。此时，由于中国共产党直接领导所有经济工作重大事项的领导体制，从中央一直贯彻到企业基层，形成了一个以中国共产党为核心的、高度集中的、完整而庞大的经济工作体系。

2. 起步阶段（1978年至1983年）

1978年，党的十一届三中全会指明了党领导经济工作体制改革的方向。

① 属概念亦称“上位概念”“类概念”，即反映事物中作为属的那类事物的概念，与种概念（“下位概念”）相对。就概念之间的关系而言，如果有这样两个概念，其中一个概念真包含另一个概念，那么前者称属概念，后者称种概念。

1980年，邓小平同志提出："有准备有步骤地改变党委领导下的厂长负责制、经理负责制，经过试点，逐步推广、分别实行工厂管理委员会、公司董事会、经济联合体的联合委员会领导和监督下的厂长负责制、经理负责制。"1981年，《中共中央、国务院关于广开门路，搞活经济，解决城镇就业问题的若干决定》指出："在从事集体经济和个体经济的人员中，要根据需要，逐步建立党、团组织。"这标志着非公有制经济领域党建的开端。1983年，《中共中央、国务院关于发展城乡零售商业、服务业的指示》提出："逐步建立和健全基层商业、服务业中的党、团组织，发挥它们的监督作用。"此阶段，虽然全国各地开始探索非公有制经济领域的党建工作，但由于受到思想认识、政策指导以及非公企业地位约束等多方面因素的影响，非公有制经济领域的党建工作进展得十分缓慢。

3. 确立阶段（1984年至1991年）

1984年，党的十二届三中全会通过的《中共中央关于经济体制改革的决定》中明确指出要"按照政企职责分开、简政放权的原则进行改革"，但同时也强调"加强党的领导，保证改革的顺利进行"。1986年，中共中央、国务院发布《全民所有制工业企业厂长工作条例》，规定全民所有制工业企业实行厂长负责制，厂长为企业的法定代表人，代表法人行使职权。1988年，全国人大七届一次会议通过的《中华人民共和国全民所有制工业企业法》，用法律的形式明确了厂长（经理）负责制，即厂长（经理）负责制替代过去的党委领导下的厂长（经理）负责制。

4. 发展阶段（1992年至今）

1992年，党的十四大确立了建设社会主义市场经济体制的目标，强调市场在社会主义国家的宏观调控下对资源配置起基础性作用，使经济活动遵循价值规律的要求，适应供求关系的变化。同时，要求"在其他各种经济组织中，也要从实际出发，抓紧建立健全党的组织和工作制度"。1994年通过的《中共中央组织部关于加强股份制企业中党的工作的几点意见》指出："在组建股份制企业时，党组织的设置与调整工作应同步考虑和安排……股份制企业中党的基层组织，处于政治核心地位，发挥政治核心作用，围绕生产经营开展工作。"同年，党的十四届四中全会通过的《中共中央关于加强党的建设几个重大问题的决定》强调："在其他各种所有制的企业中，都要加强党的工作。没有党组织的，要积极创造条件建立党的组织，采取适应各自特点的工作方法和活动方式，开展党的活动。"1999年通过的《关于国有企业改革和发展的若干重大问题的决定》指出，"国有独资和国有控股公司的党委负责人可以通过法定程序进入董事会、监事会，董事会和监事会都要有职工代表参加"，"坚持党的领导，发挥国有企业党组织的政治核心作用，是一个重大原则，任何时候都不能动摇"。2006年开始实施的新的《中华人民共和国公司法》第十九条规定："在公司中，根据中国共产党章程的规定，设立中国共产党的组织，开展党的活动。公司应当为党的活动提供必要条件。"2019年发布的《中共中央、国务院关于营造更好发展环境支持民营企业改革发展的意见》指出："建立健全民营企业党建工作机制。坚持党对支持民营企业改革发展工作的领导，增强'四个意识'，坚定'四个自信'，做到'两个维护'，教育引导民营企业和企业家拥护党的领导，支持企业党建工作。"

根据中国共产党党内统计公报的数据，截至2022年12月31日，中国共产党党员总数为9804.1万名，中国共产党现有基层组织506.5万个，其中基层党委28.9万个，总支部32.0万个，支部445.6万个，企业基层党组织157.1万个。

（三）非公企业党建的重要性

党的十八届五中全会指出，要完善党领导经济社会发展工作体制机制，加强党的各级组织建设，强化基层党组织整体功能。党的二十大报告强调要加强混合所有制企业、非公有制企业党建工作。而随着社会主义市场经济的不断发展和非公企业的大量涌现，非公企业党建工作已经成为党领导经济社会发展工作的重要组成部分。如何加强非公企业党建工作，完善非公企业党建工作的体制机制，强化非公企业中党组织的整体功能，日益成为各级党组织的一项重要任务。

非公企业党建自20世纪80年代后期起步，到现在已近40年，在理论和实践上都进行了初步的探索，积累了丰富的经验，取得了非凡的成绩。但也要看到，随着改革开放的深入，各种形式的非公企业大量涌现，非公企业的从业人员在我国的工人阶级队伍中已占多数，且党组织和党员已经具有相当大的规模。在这样的背景下，加强非公企业党建工作的重要性和紧迫性就越发凸显了。

同时，我们也要看到，非公企业党建还是一项比较新的事业，面临着很多实际的困难，有相当多的已经具备了建立党组织条件的非公企业仍没有建立党组织。不仅很多规模以上的非公企业没有建立党组织，就是很多知名的规模很大的非公企业至今也没有建立党组织。这种局面，既与企业家对非公企业党建的认识不够有关，也与相关部门的重视和支持不够有关。就目前对部分地区非公企业党建的调研来看，非公企业党建取得的成绩与相关部门的重视和支持的程度有很大关系：如果相关部门重视和支持，这项工作就会开展得有声有色；相反，效果就会不尽如人意。而相关部门是否重视和支持则取决于其对非公企业党建的意义和作用的认识是否到位。

非公企业党建是巩固党的执政地位、扩大党的群众基础的需要。中国共产党自成立以来，就把在全国范围内建立基层党组织作为重要抓手，而在工厂、企业、学校等各种形式的经济社会组织中建立健全党组织是中国共产党赢得民心和不断发展壮大的重要原因之一。如果大量的非公企业没有建立党组织，不开展党建工作，就无从体现执政党的地位，无法扩大党在群众中的影响力，这样必然会削弱党的群众基础。目前，在具备条件的非公企业建立党组织，在不具备条件的非公企业开展党建工作，实现“两个全覆盖”，仍是艰巨的任务，应当引起高度重视。

非公企业党建是实现党对社会主义市场经济的领导的重要保证。习近平总书记指出，党的领导是社会主义市场经济的重要特征。非公企业建立党组织并开展党建工作，保证党的路线、方针、政策的贯彻落实，是党的领导在非公经济组织中的重要体现。不在非公企业开展党建工作，既无法体现党的领导地位，事实上也不利于企业的发展。我们在调研中了解到，那些党建工作搞得好的非公企业，党组织都充分发挥了对企业的政治引领作用，能够组织企业领导及时学习领会党的路线、方针、政策，了解国家和本地区的政治、经济、社会发展走向，有利于企业发展战略及决策的制定。必须要看到的是，在微信等网络媒体的影响力日益扩大的当下，人们的思想和价值观日益多元化，特别是在青年职工不断增多、职工思想更加活跃的背景下，非公企业建立党组织并开展党建工作，扩大党在意识形态领域的影响的迫切性和重要性就越发凸显。

非公企业党建是党的群众路线的必然要求。群众路线是党的根本工作路线，即通过党组织始终保持党和人民群众的血肉联系。非公企业不但有大量的党员，更有广大的职工群众，如果非公企业没有建立党组织，也不开展党建工作，一方面党员找不到党组织，没有政治归属感，另一方面党不能通过基层党组织去影响群众、服务群众、关心群众的疾苦，党在群众中的影响力，以及党和群众的联系也就无从谈起。所以，做好非公企业党建工作，必须牢固树立群众观念，必须把非公企业党建看作党的群众路线优良传统在社会主义市场经济条件下的延伸和拓展，是密切党和群众关系、树立党的威信的重要途径。

非公企业党建是保持党的先进性的重要举措。党的先进性建设在非公企业党建中表现为党组织在企业的生产经营活动中发挥战斗保垒作用，党员在具体的工作岗位上发挥先锋模范作用，在创先争优活动中发挥表率和榜样作用。我们了解到，不少非公企业都注重通过使党员亮明身份、工位贴上“共产党员”的标志，组织党员创新小组进行技术攻关，把学习型党组织建设与提升企业的创造力结合起来等举措发挥党组织的战斗保垒作用和党员的先锋模范作用。作者通过调研了解到，那些通过党建推动创造力提升的企业，大都有一个来自部队、机关等从事过党建工作的书记，他们自觉地把党建工作作为企业的“软实力”来抓。这说明，非公企业党组织在提升企业的创造力等方面大有可为。非公企业的发展历史较短，企业的组织和制度建设亟待加强。在这样的背景下，发挥好党组织在非公企业中的作用，能够促进企业组织和制度的建设。历经100多年的发展，中国共产党有着丰富的组织建设、制度建设的经验和一整套成熟的工作方法，如果能够深入地挖掘这些宝贵资源，并将其和现代企业制度结合起来，肯定能够助力非公企业的发展壮大。

非公企业党建有利于企业的发展。毋庸讳言，相当多的具备了建立党组织条件的民营企业和外资企业等非公企业并没有建立党组织，主要原因是企业的领导不够重视。大量的事实证明，党建工作开展得好是推动企业发展壮大的重要因素之一。因为非公企业党组织通过发挥党员的先锋模范作用，锻炼和培育了人才和业务骨干；通过开展丰富多彩的党建工作和各种面向社会的公益活动，引导企业履行社会责任，树立良好的公众形象；通过发挥党组织的核心凝聚作用来促进企业的文化建设等活动。

第二节 研究理论基础

一、利益相关者理论

（一）利益相关者理论的内涵

传统的企业理论坚持“股东至上”的观点，即将股东视为企业唯一需要负责的对象，企业应以股东利益最大化为目标，企业的一切行为都要为股东服务。然而，现代企业既是经济系统中的经济主体，也是社会环境中的复合主体，其生存和发展需要依赖多种条件（李海舰和原磊，2005）。利益相关者理论认为，企业的本质是一系列利益相关者组成的联合体（Jensen & Mecking，1976），企业的生存和发展必须依赖一系列利益相关者的支持，同时，企业生存和发展不可或缺的资源也都是各利益相关者共同投入的（Pfeffer & Salancik，2003），而不仅仅包括股东投入的股权资本。因此，企业在经营过程中必须兼顾股东以外的其他利益相关者的利益（Mitchell，Agle & Wood，1997）。

企业的利益相关者是指影响企业行为或者受到企业行为影响的个体或者组织团体（Freeman，1984）。Clarkson（1995）根据利益相关者与企业关系的紧密程度，将利益相关者划分为关系紧密型和关系不紧密型两类，紧密型利益相关者对企业的生存和发展非常重要，包括股东、债权人、员工、客户、供应商、政府和社区等，不紧密型利益相关者只对企业的生产运营和企业利益施加比较大的影响，包括社会媒体等。陈宏辉和贾生华（2004）将利益相关者划分为内部型、外部型和社会公众型三类，内部型利益相关者包括股东、管理层和员工，外部型利益相关者包括债权人、供应商、分销商和顾客，社会公众型利益相关者包括政府、非营利机构和社区。虽然企业要对所有的利益相关者负责，但是不同的利益相关者的利益要求、重视程度和实现程度都存在较大差异（陈宏辉和贾生华，2003），因此，企业在满足各利益相关者利益要求的同时还要协调好各利益相关者之间的利益冲突。

学者往往采用利益相关者的关系质量来衡量企业与利益相关者之间的关系好坏程度，既反映了企业与利益相关者沟通、协调、互动的质量以及相互信任水平，也反映了这种关系状态对各方需求和期望的满足程度，以及关系各方对这种状态的综合感知和评价。Gummesson（1987）侧重于从忠诚度、互动频率、关系持久性3个方面来衡量关系质量，Crosby，Evans & Cowles（1990）将关系质量划分为信任和满意两个维度，Storbacka，Strandvik & Gronroos（1994）侧重于从关系稳固性、持续性、互惠性等维度来构造关系质量。其中，信任、承诺、沟通、满意、适应、合作协调、参与治理、公平和互惠互利等维度往往被学者采用（Garbarino & Johnson，1999；Fynes & Voss，2002；贾生华、吴波和王承哲，2007）。

由于企业是一系列利益相关者组成的联合体，企业与所有利益相关者不只是企业与单一利益相关者的二元简单联系，而是企业与多数利益相关者的多元复杂关系（Post， Preston & Sachs，2002），这就形成了一个利益相关者网络。在这个利益相关者网络中，企业与各利益相关者之间相互影响、相互约束（Rowley，1997），利益相关者网络有助于企业实现信息交换与资源共享，有助于企业明晰社会责任，优化管理策略和资源，加强研发创新，促进企业绩效的实现。

（二）非公企业党建与利益相关者理论

正如前文所述，非公企业党建在中国是指中国共产党在企业的基层组织建设，而中国共产党在国家居于核心地位。初明利和贾元昌（2012）认为，非公企业党组织作为与企业发展休戚相关的利益主体介入公司治理监事会，能够形成利益相关者共同监督机制，符合公司治理的基本原则。企业基层党组织的建立，一方面能够为企业提供一个获得政治关联的渠道，为企业在融资便利、产权保护、税收优惠、政府补贴、行业准入、获取资源等方面获得优势（胡旭阳，2006；余明桂和潘红波，2008；罗党论和唐清泉，2009；吴文锋等，2009；Zhou，2013）；另一方面能够有助于企业和谐劳动关系的构建，包括抑制高管攫取超额薪酬以缩小高管与员工之间的薪酬差距（马连福等，2013），显著提高企业员工工资以外的福利，维护员工利益，促进劳动生产率的提高（龙小宁和杨进，2014），等等。因此，非公企业党建对企业利益相关者的影响，主要表现为影响政府、管理层和员工。

首先，从政府方面来看。政府是企业一个重要的利益相关者，其在企业中的利益要求包括提供就业、税收收入、企业长期发展、企业社会责任等。政府在与企业的关系中处于主导地位，这种主导地位主要体现在政策的制定和资源的分配，与政府关系密切的企业相比于与政府关系疏远的企业更容易获得这些资源，培育良好的政企关系有利于企业获得更多的资源和优惠的政策，为自身赢得更加宽松的发展环境（王晓巍和陈慧，2011）。企业党组织是党的基层组织，能够使得企业无成本地与政府建立政治关联，而这种政治关联可以为企业带来诸多便利，包括获得市场准入机会、融资、财政补贴等（邓新明，2011；Allen， Qian & Qian，2005；余明桂、回雅甫和潘红波，2010）。

其次，从管理层和员工方面来看。管理层和员工是企业的核心利益相关者，其在企业中的利益要求包括工资报酬、福利、工作稳定、晋升机会、工作环境、人力资本提升、企业形象等。管理层和员工为企业的生产提供人力资本，是企业生产经营活动的具体实施者，直接影响着企业的生存和发展（纪建悦、刘艳青、王翠和吕帅，2009）。企业党组织的建立，不仅能够代替国有企业的委托人——国家和全体人民有力地监督和约束代理人的行为，对企业内部控制进行有效的监督和管理，制约内部人控制，抑制国有资产的流失（陈仕华和卢昌崇，2014），抑制大股东窃取公司的利益（Chang & Wong，2004）。而且企业党组织能够突破公司经营中追求短期或者单一主体利益的局限，使得国有企业高管出于政治晋升的动机而积极迎合国家的“限薪令”以达到政治表率的作用，缩小高管与员工之间的薪酬差距（马连福等，2013），成为企业重要的利益与关系平衡的力量（黄文锋等，2017）。同时，企业党组织与企业工会的职能和作用存在较大的交叉之处，部分企业的党组织承担着工会的职能和作用，所以非公企业党组织能够维护员工的利益，提升员工的归属感，激发员工的角色外行为，促进组织公民行为的发生。

二、社会资本理论

（一）社会资本理论的内涵

社会资本是指嵌入个人或社会组织占有的关系网络中的，通过关系网络可获得的，来自关系网络的实际或潜在资源的总和（Nahapiet & Ghoshal，1998）。社会资本既是一种资源，也是一种能力，更是一个网络（Coleman，1988；Portes，1998；Burt，1992）。一切经济行为都是嵌入各种社会关系之中的（Granovetter，1985），企业是与经济领域各方面发生种种联系的社会网络上的节点（边燕杰和丘海雄，2000）。企业社会资本是企业竞争优势的重要来源（李巍和许晖，2012），每个企业所拥有的社会资本具有特殊性，在短期内难以被竞争者模仿和复制，这使得企业可以获得其他竞争者难以获得的信息和资源。同时，企业可以依靠所具备的独特的社会资本与外部利益相关者之间建立良好的合作关系（Chung & Labinaca，2004）。

按照不同的标准，企业社会资本可以划分为不同的类型。首先，按照组织边界，企业社会资本可划分为外部社会资本与内部社会资本两类。

由于单个企业所能掌握的资源和技术有限，企业不得不从外部获取所需的资源和技术，而外部社会资本的存在为企业从社会网络中获取资源和技术提供渠道。内部社会资本能够鼓励企业职能部门之间加强沟通与协调，加强信息分享与合作，并促使企业充分吸收与利用外部社会资本，有利于企业减少内部交易成本。其次，按照本质属性，企业社会资本可划分为结构性社会资本、关系性社会资本和认知性社会资本三类。结构性社会资本是指企业社会网络的广度和密度以及互动强度和交流频度；关系性社会资本是指企业社会网络中行动者之间的信任水平和互惠行为；认知性社会资本是指企业社会网络中行动者之间的共同愿景和行为规范（Nahapiet & Ghoshal，1998）。最后，按照联系对象，企业社会资本可划分为横向联系、纵向联系和社会联系三类。横向联系是指与其他企业包括上游供应商、下游经销商和其他利益相关企业的联系，主要是业务上的合作、控股、借贷等关系；纵向联系是指与政府部门等的联系，主要是上级和下级、管理和被管理的关系；社会联系是指企业经营者的社会交往和联系，这类联系主要是沟通和交流的关系（边燕杰和丘海雄，2000）。

（二）非公企业党建与社会资本理论

社会资本属于企业的非正式制度，既是企业正式制度的“替补”，也是适应当前制度环境的结果，社会资本弥补了企业生存和发展所缺的各种资源。其中，良好的银企关系资本能够给企业带来融资便利性，良好的供应商关系资本能够让企业获得更好的商业信用和更多的经营和投资机会，良好的客户关系资本能够帮助企业获得更多的市场份额，良好的社区关系资本有利于企业提升在市场上的影响力和竞争力，而良好的政企关系资本能够给企业带来税收优惠、信贷便利、财政补贴、行业准入、宽松的行政审批等优惠（李四能，2014）。例如，受中国传统文化的影响，民营企业普遍倾向于运用人际关系去获取经济资源（Wu & Cheng，2011）。在中国市场化程度较低、金融发展水平较差以及法治建设缓慢的区域，民营企业家会主动寻求政治参与和建立政治联系（吴克平和于富生，2013），以便从政府部门获得资源与便利。同时，相较于大型国有企业，民营企业往往将与政府的关系视为企业的一种竞争力（Chen，Sun，Newman & Xu，2012）。

企业党组织是企业建立政治关联的渠道之一，中国共产党与非公企业是一种相互融入的共生关系（何轩和马骏，2016）。一方面，对执政党而言，党组织为了获得更多阶层的政治认同和发挥其他阶层的资源优势和经济社会建设功能，往往会依靠自身的政治优势和组织资源，以政治吸纳和组织嵌入的方式将非公企业纳入党组织和国家机构的组成之中，使他们成为与“政党—国家”体制“共谋”的一部分，并缓和与非公企业的关系（黄冬娅，2014）。企业党组织的存在，能够协调社会、政府、员工等各方的关系，有助于企业经济效益的提高，增强员工对党组织的认同感（李少斐，2008）。另一方面，对于私营企业和企业主而言，他们长期受益于中国的经济制度和政局稳定，有强烈地进入体制内、参政议政和建立党支部的欲望（Pearson，1997；陈钊、陆铭和何俊志，2008；曹正汉，2006），因而成为现行体制的积极维护者（Chen & Dickson，2010）。企业党组织的建立和私营企业主的党员身份，充当了正式制度的一种替代机制（Zhou，2013），增强了企业的产权保护，并使企业以低成本获取政治租金，为企业创造了有利的政策环境，最终有助于企业增加对生产性活动和长期导向活动的投入。同时，党员选拔往往偏向于社会精英群体，他们具有较高的人力资本或社会资本，这使得非公企业基层党组织具有吸纳优秀人才和发挥人力资本优势的作用，能够为企业的生产、经营和创新活动提供强大的中坚力量。

第三节　企业党建的文献回顾及评述

企业党组织是党的基层组织，企业党组织的建立是为了引导企业走上符合国家方针和政策的发展道路。国有企业党组织直接参与并主导企业的经营和决策，而非公企业党组织以间接的形式监督和引导企业的经营和决策。党组织在国有企业和非公企业中地位与作用的差异，导致国有企业党组织对企业绩效的影响和非公企业党组织对企业绩效的影响存在差异。

因此，梳理企业党组织的地位和作用、企业党建对企业绩效的影响这两个方面的文献，有助于深化对中国企业党建的认知，明确非公企业党建的地位和作用，为分析非公企业党建对企业绩效的影响提供新的路径。

一、企业党建的地位和作用

（一）国有企业党建的地位和作用

在国际上，国有企业仅指一个国家的中央政府或联邦政府投资或参与控制的企业，而在中国，国有企业既包括中央政府投资或参与控制的企业，也包括由地方政府投资或参与控制的企业（赵海燕，2017）。国有经济控制国民经济命脉，国有企业属于全民所有。1997年颁布的《中共中央关于进一步加强和改进国有企业党的建设工作的通知》明确指出，以公有制为主体的现代企业制度是社会主义市场经济体制的基础，必须坚持中国共产党对国有企业的政治领导。

中国共产党对国有企业的政治领导具体体现在5个方面：第一，政治方面，企业党组织监督中国共产党和国家的方针政策在本企业内的贯彻执行；

第二，经营方面，企业党组织必须参与企业重大问题的决策，支持厂长(经理)、股东会、董事会、监事会依法行使职权；第三，思想和文化方面，企业党组织领导企业的思想政治工作和精神文明建设，建设一支有理想、有道德、有文化、有纪律的职工队伍；第四，人才方面，企业党组织必须按照管理权限，依法选派、推荐国有资产产权代表和企业经营管理负责人，并对他们实施教育、培养、考核、监督；第五，职工方面，企业党组织必须全心全意依靠职工群众，支持职工代表大会开展工作，并领导和支持工会、共青团等群众组织依照法律和各自的章程，独立自主地开展工作。通过以上5个方面，中国共产党在国有企业之中，重点强调中国共产党对企业的政治领导，但是不能以党代政、以党代企①，忽视企业经营的规律。

中国共产党在国家机构中居于核心地位，党政合一的政治格局使得中国共产党和政府的关系具有很强的内在统一性（马连福等，2012）。党组织参与公司治理既是这种统一性的表现，也是国有企业的一大特色。虽然党组织在企业经营、公司治理中的地位和作用随着中国经济建设、国有企业改革的进程经历了数次改革和制度调整，但是，党政共管的二元体制格局和党组织在国有企业中依然处于政治核心地位，并且国家以法律的形式确定了国有企业党组织参与公司治理的法定资格，尤其是《中华人民共和国宪法》明确了中国共产党是建设中国特色社会主义事业的领导核心。1999年通过的《中共中央关于国有企业改革和发展若干重大问题的决定》第一次对国有企业党组织的领导权限给予比较明确的界定，提出了“双向进入、交叉任职”的领导体制，从组织上明确了党委会参与公司经营决策的具体途径和方式，为国有企业党委会参与企业的重大问题的决策提供了基础。

党委会即党的常务委员会，是一种常设机构，企业党委会由多名常务

① 参见《中共中央关于进一步加强和改进国有企业党的建设工作的通知》(中发〔1997〕4号)。

委员或委员组成，常务委员或委员通过党员代表大会选举产生。国有企业党委会参与国有企业的重大问题决策，是党组织参与公司治理的核心，目的在于更好地支持董事会的科学决策，避免和减少失误。一般情况下，党委会和董事会在决策前会相互交流，以便董事会作出的最终决策能够与党委会达成共识。因此，党委会与董事会成员的重合与交叉任职，有助于提高决策制定与执行的效率，避免程序上的烦琐和时间上的浪费，也可以避免执行过程中出现的推诿现象，能够以精简高效的方式将国家的政策与企业的经营决策协调地融合在一起（马连福等，2012）。

国有企业党组织形成了国家与国有企业的委托代理关系，国有企业党委会代表国家和政府利益，参与国有企业生产和经营的决策，能够将社会性目标内化为企业经营目标，保障国民社会发展的经济基础。同时，国有企业党组织坚持“党管干部”“党管人才”的原则，掌握着国有企业的人事任免权，对企业的事务进行直接干预和影响。因此，国有企业的发展离不开党组织，国有企业党组织能够保证企业在追求利润最大化的同时，也能够承担一定的政治和社会责任，为中国的发展提供强有力和稳定的经济基础（郭永军，2014）。

综上可知，企业党组织在国有企业之中处于政治领导核心地位，能够直接参与企业的经营。

（二）非公企业党建的地位和作用

企业党组织在非公企业中的地位和作用，与企业党组织在国有企业中的地位和作用不同。在中国，国有企业党组织直接参与并领导企业的经营和决策，而非公企业党组织以间接的形式监督和引导企业的经营和决策。非公企业在社会主义市场经济中占据较大的数量并起着重要的作用，这使得非公企业党建越来越重要。中共中央办公厅于2012年发布的《关于加强和改进非公有制企业党的建设工作的意见（试行）》明确指出，非公企业党组织是党在企业中的战斗堡垒，在企业职工群众中发挥政治核心作用，在企业发展中发挥政治引领作用。

非公企业的党组织利用自身的组织资源优势，以间接的形式参与企业的经营，并支持和促进企业的发展。这种参与主要体现在提供信息沟通渠道、吸纳人才、激励人力资本等方面，主要的目的是激励企业提升生产性活动的意愿和能力（何轩和马骏，2018）。

然而，由于所有制性质、产权关系、经营方式、领导体制和运行机制等方面的差异，非公企业党建有别于国有企业党建，同时非公企业开展党建所遇到的困难也远远高于国有企业。这是因为在中国，企业党建和公司治理属于两类完全不同的内容，非公企业党组织的工作目标是追求建设成为“服务型”的党组织，而公司治理的目标是解决企业的生存与发展问题（初明利和贾元昌，2012），两者所表现出来的主要目标不统一，使得非公企业党组织的作用和职能的发挥受到限制。同时，企业家往往将成立非公企业党组织视为建立政治关联的一种渠道，而企业家的政治背景和非公企业党组织的组织依赖之间呈现出多元共生的关系。

目前，非公企业党建存在较多问题，包括党组织不健全、党组织地位“边缘化”、党员隶属关系不明确、工作制度不规范和工作经费不足等问题（刘畅，2012）。而建立健全非公企业工作协调配合机制和党建意识，是目前解决非公企业党建困境的有效途径。这主要是因为，非公企业党组织首要的任务是妥善处理并协调党组织与国家、集体、企业经营管理者和广大职工群众各种利益主体之间的关系，党组织在这些利益主体之间充当润滑剂的作用，尤其是要协调“劳动者—资本方—管理者（劳—资—管）”这三方的关系。同时，非公企业党组织强调的是“服务型”的组织，企业发展是第一位的，服务与监督是第二位的。

虽然非公企业党组织对非公企业的助力作用相较于国有企业党组织对

国有企业的助力作用有限，但是企业党组织作为中国共产党的基层组织，在促进非公企业发展方面具有其他政治组织所不可替代的优势，这种优势主要表现在3个方面（初明利和贾元昌，2012）：其一，非公有制经济虽然不是社会主义市场经济的主体，却是中国共产党领导下的中国特色社会主义实践的产物，其成长和发展壮大都是在中国共产党的鼓励、支持和引导之下进行的，中国政府承认非公企业与公有制企业在市场中具有平等的地位；其二，中国共产党在长期的建设过程中所积累起来的组织管理和经营经验有助于企业的生产和经营，同时其积累的思想政治教育经验有助于协调企业的各类关系；其三，党组织成员都是各行各业、各个阶层筛选出的顶尖人才，党组织集中了中国素质最优良的人才资源，非公企业党组织的建立能够为企业的生产和经营管理提供大量的高素质的人才，保障企业人才的供给。因此，这些优势使得非公企业党组织在促进非公企业发展方面具有其他政治组织所不可替代的优势。

对于非公企业尤其是民营企业而言，在其创办的初期规模较小、资源有限、融资需求较小、管理模式简单，家族式管理可以支撑企业的经营。但是，随着企业规模、人员和机构设置的扩大，非理性的家族式管理模式易呈现出个人主义、“近亲繁殖”、战略规划短视、战略目标模糊等问题，这使得企业在经营和发展的过程中无法作出最优的决策（叶帆，2010）。而非公企业党建能够改善非公企业发展过程中出现的这些问题，并有助于非公企业的可持续发展和软实力提升（谢健和付映杰，2013）。这种软实力主要体现在企业的文化、和谐和创新3个方面：其一，在企业文化方面，非公企业党组织重视企业文化对企业发展的促进作用，善于搭建全员参与的企业文化平台，能够将企业文化普及到员工，并及时顺应外部市场环境的变化来不断调整和更新企业文化；其二，在企业和谐方面，促进劳动关系和谐是非公企业党组织的主要职责，非公企业党组织能够充当执政党与职工群众的桥梁和纽带，调动各方面的积极性，营造促进企业和谐发展的良好氛围，监督和引导企业合法用工，促进企业实行民主管理制度，指导工会合理维护职工权益；其三，在企业创新方面，非公企业党组织能够促进企业产权制度、组织制度和管理制度的创新，非公企业党组织并不代表某部分人或自己特殊的利益，而是代表整体的利益，能够引导企业从家族式管理向现代企业管理制度转变，并协调职业经理人与股东的矛盾，推动企业的管理机制向着“人本化”转变，提升企业的民主管理水平和员工的参与度。非公企业内部环境的不断完善，即组织机构的完善、规章制度的规范化和公司治理结构的形成，反过来又为非公企业党组织工作的全面有序开展提供内生制度性的支持（黄琦和容剑锋，2011）。

综上可知，非公企业党组织在非公企业中起着引导和监督的作用，并通过间接的方式参与企业的经营。同时，非公企业党组织的工作目标集中体现在3点，即监督企业遵守国家的法律法规、团结凝聚职工群众、构建和谐的劳动关系。因此，非公企业党建的出发点和落脚点是促进企业的快速、健康发展。

二、非公企业党建对企业绩效的影响

现有文献从不同的视角探讨了非公企业党建对企业绩效的影响，并且尝试从不同角度来解释非公企业党建影响企业绩效的途径。

其一，从不同对象方面来看。利益相关者理论（Freeman，1984）认为，企业的经营管理者为综合平衡各个利益相关者的利益要求而进行管理活动，企业追求的是利益相关者的整体利益，而不仅仅是某些主体的利益。这些相关者包括所有权利益相关者、经济依赖性利益相关者和社会利益相关者。股东、董事会和经理人是企业最主要的所有权利益相关者，是公司治理制度的核心组成部分，对企业绩效起着显著的影响（Jensen & Meckling，

1976；Harris & Shimizu，2004；张耀伟等，2015；于东智和池国华，2004；杨青等，2009）。员工、工会、债权人、内部服务机构、地方社区、消费者、供应商、竞争者等构成了企业的经济依赖性利益相关者，是公司治理环节的重要组成部分，也影响着企业绩效（Iverson & Currivan，2003；Clark，1984；Monastiriotis，2007）。政府机关、媒体、社会团体和特殊群体等作为企业的社会利益相关者，从外部影响着企业绩效（夏立军等，2011；徐业坤等，2013；潘红波等，2008）。因此，这些利益相关者都能影响企业的经营和管理决策，只是不同类型的利益相关者对于企业管理决策的影响是不相同的（贾生华和陈宏辉，2002）。

其二，从不同所有制企业来看。企业党组织作为中国共产党的基层组织，具体执行着中国共产党的执政理念和政治追求（蒋铁柱和沈桂龙，2006）。由于国有企业是中国经济发展的重要支柱与中坚力量，党组织参与公司治理成了国有企业的一大特色（马连福等，2012）。因此，国内学者多数从国有企业的视角入手，探讨党组织对企业绩效的影响（马连福等，2013；陈仕华和卢昌崇，2014；黄文锋等，2017）。尤其是具有政治关联的企业能够在融资便利、产权保护、税收优惠、政府补贴、行业准入、获取资源等方面获得优势（胡旭阳，2006；余明桂和潘红波，2008；罗党论和唐清泉，2009；吴文锋等，2009；Zhou，2013）。但是，由于党组织在国有企业与非公企业中的地位、作用、约束力等方面的差异，党组织对国有企业与非公企业的影响存在差异。同时，随着非公企业在中国经济中的比重和影响越来越大，中国共产党逐渐提升发展非公企业党建的力度，这些非公企业越来越迫切地需要了解非公企业党建与企业经营的关系。因此，近年来越来越多的学者开始关注企业党组织对非公企业影响这一问题（梁雄军等，2004；蒋铁柱和沈桂龙，2006；刘畅，2012；陈勋楠，2014；寇政文，2017）。这些研究大多停留在理论阐述和定性研究方面，缺乏定量研究，即关于非公企业党组织对非公企业绩效影响的实证研究较少。即使现存少量的关于非公企业党组织对非公企业影响的实证研究，这些研究都是将企业党组织这一变量设定为虚拟变量，即以0或1表示企业中是否存在党组织，简单地分析有无党组织对企业绩效带来的影响差异（龙小宁和杨进，2014；陈东等，2017；何轩和马骏，2018）。由于不同企业间党组织开展活动的水平和功能存在明显的差异，这种处理方式无法反映党建活动及功能的差异，更难以说明党组织不同活动的影响程度和作用路径。

本书重点研究的是非公企业党建对企业绩效的影响，虽然非公企业与国有企业的党组织所起的职能和作用不相同，但是都兼具监督企业合法经营、构建和谐劳动关系和促进企业健康发展的职能。因此，基于现有关于国有企业党建对企业绩效影响的研究，探讨非公企业党建对企业绩效的影响，既能根据企业党建在国有企业与非公企业中职能和作用的差异，找出适合探究非公企业党建影响企业绩效的机制和路径，又能借鉴现有的大量关于国有企业党建对企业绩效影响的实证研究的思路和方法。

（一）国有企业党建对企业绩效的影响

正如前文所述，国有企业党组织在国有企业中起着政治核心的作用，这使得基层党组织成为继政府部门、政府控制股东之后，国家管理国有企业的第三个渠道（Chang & Wong，2004），即国家可以通过基层党组织来影响国有企业的经营。因此，基层党组织也能对国有企业绩效产生影响。

已有研究主要集中于两个视角来考察国有企业党建对企业绩效的影响：第一，从内部人控制的视角来考察国有企业党建对企业绩效的影响；第二，从国有资产维护的视角来考察国有企业党建对企业绩效的影响。

1. 制约内部人控制

党组织参与公司治理是中国公司治理最大的特点，同时也是制约内部人控制的重要的平衡力量（马连福等，2012）。内部人在追求自身利益最大化的过程中可能会损害股东的利益，导致资源错配，进而产生代理成本（Jensen & Meckling，1976），最终不利于企业绩效的提升和企业的健康发展（青木昌彦、张春霖，1994；张春霖，1995）。

董事会、监事会和管理层在公司治理系统中能够实现各司其职、相互制衡的稳定态势。然而，国有企业作为国家和全体人民的资产，其所有者——国家和全体人民是一个相对抽象的概念，这种国有产权“所有者缺位”的现象使得国有企业所有者并不具有足够的能力去监督和约束国有企业代理人的行为（张维迎，1995）。这也意味着单单依靠公司治理系统来治理国有企业，无法保证董事会、监事会和管理层之间具有足够的约束力。党组织作为企业的第四方力量，可以代替国有企业的委托人——国家和全体人民，对企业内部控制进行有效的监督和管理。《中共中央关于国有企业改革和发展若干重大问题的决定》中提出了党组织对国有企业实行“双向进入、交叉任职”的领导体制，即党委会成员通过“双向进入、交叉任职”的方式进入公司董事会、监事会以及管理层，具体化为国有独资和国有控股公司的党委（党组）书记、董事长由一人担任，党委成员通过法定程序分别进入董事会、监事会和管理层，董事会、监事会、管理层中的党员依照有关规定进入党委会。同时，国有企业党组织坚持“党管干部”“党管人才”的原则，掌握着国有企业的人事任免权，对企业的事务进行内部性的直接干预和影响。

吴秋生和王少华（2018）将国有企业党组织影响的企业内部控制划分为内部控制环境、风险评估、控制活动、信息与沟通和监督等5个方面。其一，党组织可以通过引领企业文化建设实现对国有企业内部环境的控制；其二，党组织可以通过履行主体责任和评估违规违纪风险实现对国有企业内部风险的控制；其三，党组织可以通过参与重大决策和重大人事决定实现对国有企业内部活动的控制；其四，党组织可以通过党委会实现对国有企业内部信息与沟通的控制；其五，党组织可以通过严格执行党的纪律实现对国有企业内部的监督。国有企业党组织通过对这5个方面的内部控制，能够全面提高国有企业内部控制的有效性。同时，党组织参与国有企业公司治理坚持“有限参与”的原则（王新红和武欣玲，2017），这是因为，过度的政府干预会削弱国有企业内部控制的有效性（赵惠芳、汪小丽和张璇，2015）。国有企业党组织与董事会、监事会和管理层各自承担着不同的职责，党组织承担政治责任，董事会承担决策责任，监事会承担监督责任，管理层承担执行责任，党组织不能完全承担所有的职责。当党组织过度参与内部控制时，不仅会影响党组织和其他内部控制主体间的关系，而且会降低董事会、监事会与管理层的工作效率，甚至会导致企业承担过重的政治负担和社会负担。

马连福等人（2012）采用2008—2010年中国A股上市公司中披露的党组织情况的数据，实证了党委会“双向进入、交叉任职”这一领导体制对国有企业公司治理和董事会效率的影响。研究结果表明，党委会“双向进入”程度与公司治理水平呈倒U形关系，与董事会效率呈正相关，而“交叉任职”可以显著影响公司治理水平，但董事长担任党委书记不利于公司治理水平的提高。之后，王元芳和马连福（2014）依旧采用此数据，并基于内部人控制的视角实证了企业党组织是否有效降低国有企业代理成本这一问题。研究结果表明，党委会与董事会的“双向进入、交叉任职”会增加国有企业的代理成本，而与监事会、高管层的“双向进入”可以显著降低国有企业的代理成本，同时，党委副书记兼任董事长、监事长或总经理有助于抑制国有企业代理成本的产生。因此，国有企业党组织可以通过影响国有企业的代理成本这一途径来影响企业的价值。吴秋生和王少华（2018）采用2012—2014年沪深A股国有企业上市公司的数据，实证了党组织治理参与程度与内部控制有效性的关系。研究结果表明，党组织治理参与程度与内部控制有效性呈倒U形关系，党组织参与董事会治理程度与内部控制有效性也呈倒U形关系。同时，高资本混合度和国有企业的性质使得这种倒U形关系更加显著。

黄文锋等人（2017）认为，国有企业党组织是国有企业公司治理的重要参与力量之一，党组织的政治秉性使得党组织能够超越公司经营中追求短期或者单一主体利益的局限，成为公司重要的利益与关系平衡的力量。国有企业党组织参与治理能够影响国有企业内部的非正式等级的平等化，而这种非正式等级的平等化在面临较高的环境不确定性时会对企业绩效产生显著的正向影响。

2. 防止国有资产流失

党组织参与治理有助于防止大股东窃取企业的利益（Chang & Wong，2004），抑制并购中的“国有资产流失”现象的发生（陈仕华和卢昌崇，2014）。同时，国有企业党委会参与企业治理会降低企业高管的绝对薪酬，防止高管攫取超额薪酬，缩小高管与员工之间的薪酬差距，保持企业内部的和谐（马连福等，2013）。

陈仕华和卢昌崇（2014）采用国有上市公司的数据，实证了国有企业党组织的治理参与对国有企业出售国有资产或股权时索要并购溢价水平的影响。研究结果显示，国有企业党组织参与公司治理时比不参与时的国有资产或股权出售的并购溢价水平更高，同时，这种影响在党组织成员参与董事会或监事会治理时比党组织成员参与高管团队治理时更为显著。此外，党组织的治理参与卖方为地方国有企业时比卖方为中央国有企业时的并购溢价水平的正向影响更为显著。马连福等人（2013）采用2008—2010年沪深A股国有非金融类344家上市公司的数据，实证了国有企业党组织参与治理能够使得国有企业高管出于政治晋升的动机而积极迎合国家的“限薪令”以达到政治表率的作用，主动降低自身的薪酬，缩小了高管与员工之间的薪酬差距。

无论是从内部人控制的视角还是从国有资产维护的视角来考察国有企业党建对企业绩效的影响，都是基于党建对企业绩效的影响受到政治成本和代理成本这两个作用相反的方面影响的结果，这也使得现有研究将企业党组织对企业绩效的影响结果分为有益论、有害论和无关论3种。一方面，政治控制增加了企业的成本，不利于提升企业绩效，这是因为企业必须完成一些政治和社会的任务；另一方面，政治控制约束了管理者的自利行为，有利于提升企业绩效，这是因为企业管理中存在着委托代理的难题。由于股东追求利润最大化，而经理人则追求最大化销售、员工支出、管理薪酬和可自由支配资金的可能性，两者所追求的目标不相同，使得企业党组织对这两者在企业经营管理中的行为产生不同的影响，进而对企业绩效产生不同的影响。

（二）非公企业党建对企业绩效的影响

正如前文所述，党组织在非公企业中的作用不同于党组织在国有企业中的作用。党组织在非公企业中起着引导和监督的作用，其工作目标集中体现为监督企业遵守国家的法律法规、团结凝聚职工群众、构建和谐的劳动关系。

目前有大量关于国有企业党建对企业绩效影响的实证研究，但是，关于非公企业党建对企业绩效影响的实证研究却较少。由于非公企业的数据较难获得，关于非公企业党建的研究主要集中于描述性的研究，少量研究采用企业数据实证了非公企业党建对企业绩效的影响。

由于关于非公企业党建的研究起步较晚，目前关于非公企业党建的实证研究相对较少，研究非公企业党建对企业绩效影响的实证文献则更加缺乏。这类文献虽然实证了非公企业党建对企业绩效的影响，但是，缺少清晰的、完整的非公企业党建对企业绩效影响的机制和路径分析的整体脉络和范式分析。

关于非公企业党建的描述性研究，主要集中于研究非公企业党建的意义、现状和机制构建与制度完善等方面（梁雄军等，2004；蒋铁柱和沈桂龙，2006；刘畅，2012；陈勋楠，2014；寇政文，2017）。关于非公企业党建的实证研究，主要采用企业层面的数据实证了非公企业党建对非公企业绩效的影响。这些实证研究尝试从不同的路径探讨非公企业党建对非公企业绩效的影响，包括协调劳动关系、激发企业投资活力、获取外部资源等。

龙小宁和杨进（2014）从协调劳动关系和维护员工利益这一路径，考察了民营企业党组织对企业绩效水平的影响。他们基于第七次全国私营企业抽样调查的数据，实证了民营企业党组织对职工福利的影响以及对企业绩效的影响。研究结果表明，民营企业党组织的建立能够显著提高企业员工工资以外的福利，肯定了民营企业党组织在构建和谐的劳动关系、维护员工利益方面发挥的作用。同时，虽然民营企业党组织有利于促进劳动生产率，但是对于企业利润率却没有显著的影响，这可能是因为党组织在提高员工福利的同时也提高了企业的用工成本。

何轩和马骏（2018）从鼓励和引导民营企业将更多的精力和资源投入生产性活动这一路径，考察了民营企业党组织对企业绩效的影响。他们基于第九次全国私营企业抽样调查的2183家企业数据，实证了民营企业党组织对企业绩效的影响，研究结果表明，党组织通过发挥组织资源优势，鼓励民营企业投入更多的生产性活动，这使得建立党组织的民营企业绩效明显高于没有建立党组织的民营企业绩效。陈东等人（2017）采用第十二次全国私营企业抽样调查中江苏省的有关数据，也实证了民营企业党组织能够显著推动民营企业增加投资，尤其是民营企业党组织对研发性投资的推动作用强于对规模性投资的推动作用，同时，民营企业党组织对民营企业绩效也有着显著的提升作用。

叶建宏（2017）采用2008—2014年民营企业上市公司的数据，检验了民营企业党组织参与公司治理的外部效应和内部效应。研究结果显示，民营企业党组织参与公司治理可以帮助企业获得外部资源，却无法降低企业内部代理成本。

三、企业的政治关联对企业绩效的影响

虽然学术界关于非公企业党建对企业绩效影响的实证研究较少，但是，关于企业的政治关联对企业绩效影响的实证研究却较多。非公企业党组织能够为企业提供建立政治关联的渠道，因此，梳理企业的政治关联对非公企业绩效影响这方面的文献，有助于本研究将视角落在非公企业党建对企业绩效的影响。

企业的政治关联影响企业价值是一个普遍的事实（Johnson & Mitton，2003；Faccio，2006），企业家既可以通过正式的政治参与途径与政府建立政治关联，也可以通过非正式的政治参与途径与政府建立政治关联。非正式的政治参与途径是一种非制度性的接触，通过形成非正式的利益关系努力建立与政府官员之间的“共生关系”（王晓燕，2006）。关系无论是对个人还是对企业等组织都具有便于资源配置和获取资源的功能（刘少杰，2004），企业家花在社交活动上的时间显著提升了企业绩效（何晓斌、蒋君洁、杨治和蔡国良，2013）。例如，政治关联对于民营企业能够在较差的制度环境中产生一定的产权保护效应（田利辉和张伟，2013），政治关联显著增强了企业的生存前景（Du & Girma，2010）。

非公企业党组织是企业建立政治关联的渠道之一，通过非公企业党组织，企业可以低成本甚至无成本地与政府建立政治关联，而这种政治关联可以为企业带来诸多便利，包括获得市场准入机会、融资、财政补贴等。

（一）获得市场准入机会

由于政府对行业准入的严格管制，部分行业的进入壁垒很高，一些非公企业遭受着市场准入方面的政策“歧视”而无法进入这些行业，企业家的“政治企业家能力”对于突破壁垒能起到关键性的作用，换言之，非公企业的政治关联有助于企业突破各种行政性准入壁垒而进行非相关的多元化投资（邓新明，2011）。例如，民营企业拥有的政治资源，通过影响民营企业多元化投资的动机和多元化策略的选择，可以影响民营企业的发展，拥有政治资源的民营企业更可能实施多元化策略（胡旭阳和史晋川，2008）。罗党论和刘晓龙（2009）采用2004—2006年民营上市公司的数据进行实证，验证了民营企业采取政治策略能有效帮助其进入政府管制行业，进而显著提升企业绩效。这也说明了民营企业拥有的政治资源越多、与政府的政治关联越好，其进入政府管制的高壁垒行业的可能性越大。胡旭阳（2006）采用浙江省2004年营业收入总额排名居前100位的民营企业的数据，实证了民营企业家的政治身份降低了民营企业进入金融业的门槛。这是因为，民营企业家的政治身份传递出了民营企业的质量信号，能够为民营企业提供产权保护和降低民营企业进入管制行业的门槛，促进民营企业的发展。因此，非公企业党组织能够为企业提供一个与政府建立良好政治关联的渠道，而这种政治关联可以通过打破进入壁垒这一路径影响企业绩效。

（二）获得融资

国有银行体系往往对本土民营企业的贷款存在偏见，政治关联可以作为中国市场化制度不健全情况下的一种替代性的非正式机制（罗党论和唐清泉，2009），缓解落后的制度对民营企业发展的阻碍作用，缓解民营企业因制度缺陷而遭遇的银行贷款困难的问题（Allen et al.，2005），最终有助于民营企业的发展。余明桂和潘红波（2008）采用1993—2005年沪深A股118家非金融类民营上市公司的数据，实证了政治关联有利于民营企业获得银行贷款，这主要表现为有政治关联的企业比无政治关联的企业能够获得更多的银行贷款和更长的贷款期限，同时，在金融发展越落后、法治水平越低和政府侵害产权越严重的地区，政治关联的这种贷款效应越显著。例如，吴文锋、吴冲锋和刘晓薇（2008）发现，民营企业的绝大部分经营活动主要受地方政府的管辖，因此，民营企业高管的地方政府背景对公司的正面影响要显著大于民营企业高管的中央政府背景。同时，政府干预程度越严重，企业高管的地方政府背景越能提升公司价值，这主要是因为民营企业高管的地方政府背景有助于企业获得地方政府的短期贷款融资。因此，由非公企业党组织建立的政治关联可以通过获得融资便利这一路径影响企业绩效。

（三）获得财政补贴

民营企业建立政治联系有利于社会稀缺资源的有效配置（Li，Meng，Wang & Zhou，2008），政府向企业提供财政补贴的目的在于鼓励企业的技术创新以实现提高社会效益的目标。由于市场中存在着信息不对称，政府无法有效识别财政补贴的对象，而民营企业建立的政治联系是企业具有良好发展前景、社会贡献和高效率的一种信号（Cull & Xu，2005；吴文锋等，2008），这有助于企业获得政府补贴。余明桂等人（2010）采用2002—2007年沪深A股非金融类230家民营上市公司的数据，实证了民营企业与地方政府建立政治关联有助于企业从地方政府获取更多的财政补贴。但是，实证结果发现民营企业通过政治关联获取的财政补贴是一种非生产性的寻租行为，这种补贴并不利于企业绩效的提升，即民营企业的政治关联并不利于企业绩效的提升。因此，政治关联可以通过获得财政补贴这一路径影响企业绩效。

因此，对于非公企业尤其是民营企业而言，企业家努力成为党员是现阶段企业常用的一种政治参与策略（张建君和张志学，2005），这种政治参与策略能够巩固和提高企业家的政治地位，即为企业的发展创造良好的外部环境，也促进了企业内部的有效运行，有利于企业绩效的提升。从企业经营的外部环境来看，非公企业党组织的建立为企业提供了一个参政议政、反映自己利益的渠道，以此增加企业的政治资本，制约某些政府部门滥用权力，保护企业和本人的财产不受侵犯；从企业内部运行来看，党组织的建立能弥补企业刚性管理有余、柔性管理不足的缺点，促进企业文化建设和对员工的管理与激励（梁建、陈爽英和盖庆恩，2010）。

然而，上述研究主要集中于探讨企业家或管理层所具有的政治背景对非公企业绩效的影响，并未探讨企业员工和组织层面的政治背景对企业绩效的影响，这主要是因为在非公企业中企业家个人对企业有着非常大的影响力（张建君和李宏伟，2007），员工缺乏利用其所具有的政治背景的渠道，使得其对企业的影响较小。同时，上述研究多数将企业所具备的这种政治关联只看成影响企业外部经营环境的一个外部变量，即将这种政治关联视为企业与外界党组织和政府建立联系的一种渠道，并没有就政治关联对企业中的行为选择和作用机制进行研究。

非公企业党组织的建立，不仅能够利用非公企业的股东和管理层所拥有的政治背景，而且能够利用员工和组织所拥有的政治背景。正如何轩和马骏（2018）所认为的，组织层面的政治背景所表现出的“内向组织变革型”特征有别于个体层面的政治背景所表现出的“外向个体谋取型”特征，不具有寻租性、功利性和投机性特征。例如，民营企业党组织架设了民营企业和执政党互动的桥梁，建立了两者之间的互惠性和情感性的“关系”纽带，增进了彼此之间“共同体”的认同感和归属感，形成了一种新型政企互动、互信的关系，党组织嵌入是执政党与非公企业间组织化、制度化、常态化的互动治理机制。

四、企业党组织与管理层关系对企业绩效的影响

正如前文所述，一方面，企业家和管理者通过努力成为党员的这种政治参与战略来巩固和提高自身的政治地位，进而提升企业绩效；另一方面，无论是国有企业还是非公企业，企业党组织重点关注和谐劳动关系的构建。虽然这两个方面都从企业党组织对管理层的影响来考察党组织对企业绩效的影响，但是并未考察企业党组织与管理层关系的和谐与否对企业绩效的影响。企业党组织与公司治理属于两种完全不同的制度，要想将企业党组织较好地融入公司治理的过程，就必须重点关注企业党组织与管理层关系。

现有研究鲜有直接探讨企业党组织与管理层关系对企业绩效的影响，更多采用的是间接的方式来探讨此问题。由于中国与其他国家的社会和经济制度存在较大差异，国外学者很少探讨企业党组织与管理层关系对企业绩效的影响，外国文献更多地集中于探讨工会与管理层关系对企业绩效的影响。而由于中国现实经济社会发展的需要，中国学者则集中于从企业党组织对管理层影响的视角来探讨企业党组织对企业绩效的影响。

（一）工会与管理层关系

工会与管理层关系是指工会与管理层关系的和谐程度，反映了管理层与工会相互作用的公平性以及工会与管理层在解决共同问题中所表现出来的和谐程度（Iverson，1996），这种和谐度用来衡量工会与管理层双方相互尊重彼此目标和共同解决问题的程度（Deery et al.，1999；Deery & Iverson，2005）。因此，这一关系可以用来直接反映企业的劳动关系质量（Blyton，Dastmalchian & Adamson，1987）。

和谐的工会与管理层关系通过对企业和员工产生积极的影响，进而促进企业绩效的提升。对企业而言，工会与管理层的合作关系有利于和谐的产业关系的产生和公平竞争的商业环境的形成（Brissenden & Keating，

1948），能够降低企业的雇佣成本，以及企业员工的旷工率和流动率（Harrison & Martocchio，1998），提高企业管理的效率（Wu & Lee，2001），促进企业生产成本的下降和企业生产率的提高（Katz，Kochan & Gobeille，1983；Nee，Kennedy & Langham，1999）；对员工而言，工会与管理层的合作关系有利于员工获得安全和健康的工作环境，获得更多的培训和参与企业管理的机会（Oxenbridge & Brown，2004），提高员工的工作生活质量，改善工会成员的态度和行为（Angle & Perry，1986）。

（二）企业党组织对管理层的影响

现有学者的研究发现，企业党组织对管理层的影响主要表现为企业党组织对管理层的约束，而这种约束主要表现为减少经理人与股东之间的委托代理冲突以降低代理成本（杨玉凤、王火欣和曹琼，2010），将管理层利益与股东财富和企业业绩挂钩（Jensen & Meckling，1976；Aggarwal & Samwick，1999），进而抑制高管通过非正规渠道获取超额薪酬，降低高管的绝对薪酬，缩小高管与员工之间的薪酬差距（马连福等，2012）。同时，企业党组织参与公司治理能够有效约束管理者的权力，抑制超额雇员的规模。因此，企业党组织能够在企业利益分配时兼顾公平和效率（陈红、胡耀丹和纳超洪，2018），约束管理者的自利行为。这些研究肯定了企业党组织对企业关系尤其是对管理层关系的推动作用（韩旭，1999），但也有部分研究否定了企业党组织对管理层的积极作用。企业党组织和董事会对企业的交叉管理会带来多头领导的弊端，会给企业管理层的决策带来偏差性的指导（刘银国和吴成凤，2007）。同时，企业党组织和管理层交叉式的决策模式有着本质性的理念差异（董学群，2009），企业党组织对企业决策过度的干预会影响战略目标的实现（Chang & Wong，2004），减弱企业的执行力甚至降低企业的价值，最终阻碍企业的发展。

管理层在公司战略决策中起决定作用（Bertrand & Schoar，2003），现有文献一方面侧重于研究管理层自身具备的能力、技能、风格对企业价值和企业绩效的影响（Chemmanur，Paeglis & Simonyan，2010；Bamber，Jiang & Wang，2010；Demerjian，Lev，Lewis & McVay，2013），另一方面侧重于研究管理层与工会关系对企业绩效的影响（Brissenden & Keating，1948；Harrison & Martocchio，1998），很少有文献侧重于从企业党组织与管理层关系这一方面来研究其对企业绩效的影响。而梳理企业党组织与管理层关系，一方面有助于学者从管理层的视角厘清企业党组织对企业劳动关系的影响，进而理解企业党组织影响企业绩效的机制和路径；另一方面有助于企业管理层在日常经营中实现企业党组织与公司治理这两种完全不相同的制度的最佳融合。

第四节　企业绩效影响因素分析的文献回顾

正如前文所述，党组织在非公企业中的工作职能和目标集中体现为监督企业遵守国家的法律法规、团结凝聚职工群众、构建和谐的劳动关系这三点。非公企业党组织以间接的形式参与企业的经营，这种参与主要体现在提供信息沟通渠道、吸纳人才、激励人力资本等方面，尤其是要协调好企业中“劳动者—资本方—管理者（劳—资—管）”这三方的关系。这是因为，根据利益相关者理论，企业的管理者必须综合平衡各个利益相关者的利益要求而进行管理活动，企业追求的是利益相关者的整体利益，而不仅仅是某些主体的利益（Freeman，1984）。劳动者、资本方和管理者分别代表企业中最重要的三类利益相关者，这些利益相关者都能影响企业的经营和管理决策，只是不同类型的利益相关者对于企业管理决策的影响是不相同的（贾生华和陈宏辉，2002）。然而现有的研究并未基于这三类利益相关者对于企业管理决策影响的差异来研究非公企业党组织对企业绩效的影响。

同时，已有文献从协调劳动关系、激发企业投资活力、获取外部资源等方面验证了非公企业党组织对非公企业绩效的影响，但是，这些研究并未根据非公企业党组织在企业中所起的作用或职能，对非公企业党组织影响企业绩效进行系统的研究。

因此，本节系统梳理企业社会资本、组织公民行为、工会对企业绩效的影响，既有助于根据党组织在非公企业中所发挥的职能这一路径研究非公企业党建对企业绩效的影响，也有助于根据非公企业党建影响企业内部不同主体的行为这一路径研究非公企业党建对企业绩效的影响。

第一，中国多数非公企业党组织与非公企业工会的职能和作用存在较多的交叉之处，或者非公企业党组织完全承担着工会的职能和作用。因此，梳理工会对企业绩效影响的相关文献，有助于本研究借鉴工会与非公企业党组织交叉职能对企业绩效的影响，并将研究视角落到非公企业党组织对非公企业绩效的影响。

第二，非公企业党组织在企业职工群众中发挥引领和凝聚作用，不仅影响着非公企业企业家的行为，也影响企业管理层的行为，更影响着员工的行为。因此，从企业社会资本、组织公民行为和工会这3个方面探讨非公企业党建对企业绩效的影响，有助于从非公企业党组织在企业中所起的作用或职能出发，并根据非公企业党组织对企业内部不同主体所产生的不同影响，系统地研究非公企业党建对企业绩效的影响。

一、企业社会资本对企业绩效的影响

社会资本是一个抽象的概念，既可以将社会资本视为资源（Coleman，1988；陈晓红和吴小瑾，2007），也可以将社会资本视为能力（Portes，1998；马宏，2010），还可以将社会资本视为网络（Burt，1992；边燕杰和丘海雄，2000）。从资源的视角来看，社会资本是指个人或组织通过与外界建立的强联系获取或掌握的实际或潜在资源的集合（Kreiser， Patel & Fiet，2013）；从能力的视角来看，社会资本是指个人或组织利用其所具有的社会关系获取资源以及优化自身资源配置的能力（彭正龙和姜卫韬，2008）；从网络的视角来看，社会资本是指一种嵌入不同个体之间的社会关系网络，包括与组织内部之间的关系、与组织外部其他利益相关者的关系（Adler，2002），这些网络关系可以使组织获取大量有用的资源。

企业是与经济领域各方面发生种种联系的社会网络上的节点（边燕杰和丘海雄，2000）。早期的研究只将社会资本视为个人层面的资源，之后才逐步将社会资本拓展至企业和组织层面。个人层面的社会资本是将单个个体作为社会资本建构和获利的行动者，组织层面的社会资本是将组织视为社会网络中的节点和行动主体（李巍、代智豪和丁超，2018）。虽然个人层面和组织层面的社会资本存在差异，但实质上这两个层面的社会资本都是通过个人或者组织中的个人发挥作用（耿新和张体勤，2010）。

企业社会资本是企业竞争优势的重要来源（李巍和许晖，2012），每个企业所拥有的社会资本具有特殊性，在短期内难以被竞争者模仿和复制，这使得企业可以获得其他竞争者难以获得的信息和资源。同时，企业可以依靠所具备的独特的社会资本与外部利益相关者之间建立良好的合作关系（Chung & Labinaca，2004）。因此，企业社会资本作为企业的重要资源，能够影响企业绩效。同时，企业社会资本能够通过各种渠道影响企业绩效。这些渠道包括影响企业的融资约束（王雷和陈梦扬，2017；赵丽丽，2016；余汉、蒲勇健和宋增基，2017）、企业的技术创新绩效（曾明彬、李婵和李玲娟，2018；侯广辉和张键国，2013；陈宏波、李思飞和王莅静，2018）、企业的资本结构（辛琳、张萌、曾辰寒和康天然，2017）、企业多元化战略（巫景飞、何大军、林暐和王云，2008）、企业投资（赵瑞，2013）、企业信用风险（刘鹏飞和晏艳阳，2016）。这些研究不仅探讨了企业社会资本对企业绩效的影响，更关注的是企业社会资本影响企业绩效的渠道和路径，尝试从企业的各个方面解释企业社会资本给企业所带来的影响。

王雷和陈梦扬（2017）采用2009—2014年深圳中小板上市公司的数据进行实证后发现，企业社会资本能够充当风险投资与企业融资约束的中介作用，即风险投资通过增强企业社会资本缓解了企业的融资约束。巫景飞等人（2008）采用中国沪市210家上市公司2004—2006年的面板数据实证了企业家拥有的企业社会资本对企业多元化的影响，研究结果显示，政治网络对于企业业务和地域多元化均有积极的促进作用。赵瑞（2013）采用2007—2010年沪深A股3862家上市公司的数据实证了企业社会资本对企业投资机会和投资效率的影响，研究结果表明，企业社会资本能够促进企业投资机会的增加和投资效率的提高。刘鹏飞和晏艳阳（2016）采用2010—2012年中国深市686家上市公司的2058个样本数据实证了企业内部和外部所拥有的宏观、中观和微观3个层面的社会资本能够显著降低企业的信用风险。因此，企业社会资本能够通过影响企业的融资约束、技术创新绩效、资本结构、多元化战略、投资机会、投资效率和信用风险来影响企业绩效。

上述研究尝试从不同的渠道探讨企业社会资本对企业绩效的影响，也有一部分研究基于企业社会资本的划分来探讨不同类型的社会资本对企业绩效的影响。这类研究主要将企业社会资本按照不同的标准进行划分，探讨划分后的不同类型的企业社会资本对企业绩效的影响。

（一）外部社会资本与内部社会资本

按照组织边界，企业社会资本可划分为外部社会资本与内部社会资本两类。外部社会资本可以直接向企业提供市场信息、产品创意和资源（Ring & Van de Ven Andrew，1992），或者企业所需信息的关系网络（王凤彬、江鸿和吴隆增，2008）。由于单个企业所能掌握的资源、技术和能力有限，企业不得不从外部获取所需的资源、技术和能力，而企业外部社会资本的存在为企业从社会网络中获取稀缺资源提供了渠道。外部社会资本有利于企业减少外部交易成本，促进组织间的知识交换（Lee & Cavusgil，2006）。内部社会资本能够鼓励企业职能部门之间增加沟通与协调，加强信息分享与合作，并促使外部社会资本得到充分的吸收与利用，有利于企业减少内部交易成本。辛琳等人（2017）对2012—2014年挂牌上市的A股上市公司的1974个样本数据进行分析，研究结果显示，企业社会资本对资本结构具有负向影响，同时，内部社会资本与外部社会资本对资本结构的作用相反。

孙善林、彭灿和杨红（2017）基于214个企业高管团队的问卷调查数据，实证了高管团队的内外部社会资本对企业开放式创新能力的影响。研究结果显示，高管团队的外部社会资本对企业外部资源获取有显著的正向影响，高管团队的内部社会资本对企业内部和外部资源整合有显著的正向影响，企业社会资本可以通过影响资源获取和资源整合影响企业的开放式创新水平。因此，企业高管团队成员应加强与政府部门、金融机构、科研机构和高校以及外部合作伙伴之间的联系。张骁、李群和周霞（2017）基于中国珠三角、长三角及中三角地区成立5年以上的238个生物医药企业的问卷调查数据，实证了企业内外部社会资本协同效应对企业能力的影响。研究结果显示，企业内外部社会资本的协同效应能够促进企业能力的提升，同时，内外部社会资本的平衡度与企业能力呈倒U形关系，企业应当通过补弱或增强的方式协调内外部社会资本的平衡关系，以实现协同效应的正向循环。

（二）结构性社会资本、关系性社会资本和认知性社会资本

企业社会资本按照本质属性可划分为结构性社会资本、关系性社会资本和认知性社会资本三类。结构性社会资本是指企业社会网络的广度和密

度以及互动强度和交流频度，关系性社会资本是指企业社会网络中行动者之间的信任水平和互惠行为，认知性社会资本是指企业社会网络中行动者之间的共同愿景和行为规范（Nahapiet & Ghoshal，1998）。

李巍和许晖（2012）基于中国京津地区和成渝地区的328家民营企业的问卷调查数据，实证了企业社会资本与企业绩效的关系。研究结果显示，虽然结构性、关系性和认知性社会资本都能促进企业市场知识能力的提升，但是，只有结构性社会资本能够对企业的经营绩效产生显著的影响。李鸿雁、吴小节和王勇（2013）基于高新技术企业的中高层主管与业务主管的176个问卷调查数据，实证了企业社会资本通过技术创新对企业绩效的影响。研究结果显示，结构性、关系性和认知性社会资本都与企业技术创新行为存在显著的正相关关系，同时，技术创新行为对企业绩效也具有显著影响，这说明，企业社会资本通过技术创新行为能够间接地提升高新技术企业的企业绩效。

（三）横向联系、纵向联系和社会联系

按照联系对象，企业社会资本可划分为横向联系、纵向联系和社会联系三类。横向联系是指与其他企业的联系，包括上游供应商、下游经销商和其他利益相关企业，这类联系主要是业务上的合作、控股、借贷等关系；纵向联系是指与政府部门的联系，包括工商局和税务局等政府机构，这类联系主要是上级和下级、管理和被管理的关系；社会联系是指企业经营者的社会交往和联系，这类联系主要是沟通和交流的关系（边燕杰和丘海雄，2000）。正如前文所述，较多学者集中探讨企业纵向的社会资本对企业绩效的影响，这种纵向社会资本主要体现为企业的政治关联（田利辉和张伟，2013；Du & Girma，2010）。

边燕杰和丘海雄（2000）基于1998年随机抽取的广州市188家关于工资及经营情况的问卷调查的企业数据，实证了纵向联系、横向联系和社会联系是企业社会资本形成的重要渠道，同时这三类社会资本对企业的经营能力和经济效益都有直接的提升作用。侯广辉和张键国（2013）的实证研究结果显示，企业的社会关系资本对技术创新绩效具有显著的正向影响，纵向关系资本具有显著的负向影响，而横向关系资本则没有显著影响。于洪彦、黄晓治和曹鑫（2015）在探讨企业社会资本在企业社会责任与企业绩效关系中的影响作用时区分了企业横向联系与企业纵向联系，研究结果虽然实证了企业横向联系在企业社会责任与企业绩效关系中起着倒U形调节作用，但是，并未找到企业纵向联系在企业社会责任与企业绩效关系中起着倒U形调节作用的证据。黄林和朱芳阳（2018）采用广东省和江西省320家民营科技企业的问卷数据，实证了民营科技企业的横向社会资本与纵向社会资本都能促进企业绩效的提升，同时，企业社会资本也是民营科技企业社会责任影响企业绩效的重要传导机制。

李巍等人（2018）将企业社会资本划分为商业社会资本与政治社会资本两类。商业社会资本是指与商业伙伴建立的联系，包括中间商、供应商以及战略合作伙伴；政治社会资本是指与政府及行业主管部门建立的联系，包括工商、税务等政府管理机构和行业协会等。他们采用自身设计的问卷调查表收集了192个样本数据，基于商业模式创新的视角实证了企业社会资本与经营绩效的关系。实证结果表明，商业社会资本积极影响效率型与新颖型的商业模式创新，而政治社会资本仅对新颖型商业模式创新的影响效果显著。沈颂东和房建奇（2018）将企业社会资本划分为制度社会资本、市场社会资本和技术社会资本三类。制度社会资本是指与政府规制机构的联系，市场社会资本是指与企业外部商业组织的联系，技术社会资本是指与高校、科研院所、行业协会等的技术专家或相关技术人员的联系。他们采用234家民营企业的问卷调查数据，实证了不同类型的企业社会资本对技术创新绩效的影响，研究结果显示，不同类型的企业社会资本对技术创新绩效的影响不相同，市场社会资本和技术社会资本对技术创新绩效具有显著正的向影响，而制度社会资本对技术创新绩效的影响呈倒U形关系。这说明，企业社会资本对企业绩效的影响并不是简单的线性关系，不同类型的企业社会资本对企业绩效的影响存在着差异。

二、组织公民行为对企业绩效的影响

正如前文所述，非公企业党组织在企业中的职能主要体现为监督企业遵守国家的法律法规、团结凝聚职工群众和构建和谐的劳动关系，其中，协调好“劳动者—资本方—管理者（劳—资—管）”这三方的关系是其最重要的职能之一。“劳动者”指的是企业的员工，员工是企业最有价值的资产，也是企业竞争优势的关键来源（Flammer & Luo，2017）。劳动关系重点刻画的是劳动者与资本方双方之间的关系，而组织公民行为则重点刻画劳动者在组织中所表现出的员工角色外行为，因此，劳动关系和组织公民行为这两个概念的侧重点不相同。

组织公民行为是员工自发地表现出来的，有利于组织社会环境和工作氛围改善以及组织绩效提升的行为，这种行为是一种员工角色外的社会心理行为，并不属于员工的职责范围，也不在员工激励绩效体系的规定之内（Organ，1988）。因此，组织公民行为呈现出自发性、自愿性、利他性和无偿性的特征（Podsakoof，MacKenzie & Maynes，2014）。

组织公民行为是员工与组织之间的重要纽带，是组织有效运行、健康发展的“润滑剂”（Podsakoof，Ahearne & Mackenzie，1997）。任何组织系统的设计在只依靠员工角色内行为的情况下无法有效地达成组织目标，必须依靠员工角色外行为来弥补员工角色内行为的不足。组织公民行为作为员工实施、组织受益的员工角色外行为，能够促进组织有效运行，提升组织竞争力和组织绩效（Organ，1988；Farh，Earley & Lin，1997）。组织公民行为主要通过7个方面影响组织绩效：第一，提高同事及管理者的工作效率；第二，获取更多的资源以用于更多的生产活动；第三，减少用于维持组织正常运行所需要的稀缺资源；第四，帮助协调工作群体内和群体间的活动；第五，增强组织吸引和保留优秀员工的能力；第六，增强组织的稳定性；第七，使组织更能适应环境的变化（Podsakoof，MacKenzie，Paine & Bachrach，2000）。

组织公民行为可以通过上述多个渠道影响组织绩效，这主要是由学者对组织公民行为的划分所导致的。组织公民行为是一系列的员工角色外行为的总和，因此学者对组织公民行为的划分存在较大差异。Organ（1988）将组织公民行为划分为5个维度：利他行为、事先知会、责任意识、运动员精神和公民道德；Farh，Zhong & Organ（2004）也将组织公民行为划分为5个维度：认同组织、协助同事、不生事争利、保护公司资源和敬业精神。Podsakoof等人（2000）将组织公民行为拓展为7个维度：助人行为、运动员精神、公民道德、组织忠诚、组织遵从、个人主动性和自我发展。肖石英（2005）将组织公民行为拓展为9个维度：自我发展、信息分享、公民道德、互帮互助、运动员精神、维持公共关系、自我创新性、组织忠诚和意见表露。Williams & Anderson（1991）将组织公民行为划分为两个维度：利于人际关系的组织公民行为、利于组织的组织公民行为。刘朝、张欢、王赛君和马超群（2014）也将组织公民行为划分为人际公民行为和组织公民行为两个维度。

由于组织公民行为是使组织受益的员工角色外行为，其对组织绩效的提升作用显而易见，组织氛围的可变方面与员工行为密切相关。组织氛围是指组织成员共有的关于组织政策、实践、程序和目标的感知（Schneider，1990），包括信任氛围、公平氛围、沟通氛围、情绪氛围、安全氛围等方面。

组织信任是企业非常重要的社会资本，它会对组织中个人的行为和整个组织产生巨大的影响。组织信任是领导者提高组织有效性的一个最直接、最经济、最有效的途径，这是因为在不需要改变组织生产流程的同时也能提高组织的生产力。同时，组织信任能够消除组织内部部分冲突的内耗，促进组织更加有效地运转（Kramer，1999）。当组织成员之间缺乏足够的信任度时，员工会将更多的个人资源投入对他人行为的监督，以避免他人对自己利益所造成的潜在负面影响；当组织成员之间具有一定的信任度时，员工会将更多的个人资源投入工作之中。因此，组织信任能够有效地降低组织的监督成本，促进组织成员之间的协作行为，最终促进组织公民行为的发生。

员工既是企业利润的创造者也是企业社会责任最主要的利益相关者，员工感受到来自组织的公平感越强，则说明员工所受到的人际对待越好（Colquitt，2001），员工越能感受到来自组织的支持，因而会表现出越多的组织公民行为（Eisenberger，Stinglhamber & Vandenberghe，2002）。员工的公平感来自组织对待员工的方式，同样也来自组织对待其他人的方式，因为员工会根据组织对待其他人的方式来判断组织对待他们自己的方式（Cropanzano，Byrne，Bobocel & Rupp，2001）。依据社会交换理论，在人与人社会交往的过程中，当某人受到他人有形资源或无形资源的支持时，会表现出情感、态度或行为上的回馈（Blau，1964），这种回馈会通过知识共享和增加对组织忠诚度的方式表达出来。姚凯和汤建影（2016）采用自己设计的问卷调查表收集的596个样本数据，实证了组织公平对知识共享意愿的影响，研究结果显示，分配公平与互动公平能够明显影响知识共享的意愿。张同健、蒲勇健和刘敬伟（2009）采用自己设计的问卷调查表收集的240个样本数据，实证了民营企业的雇主的互惠性动机和互惠性行为明显地提高了员工的忠诚度与敬业度，进而提升了企业绩效。郑景丽和郭心毅

（2016）采用自己设计的问卷调查表收集的10个省市56家企业的849个样本数据，实证了组织公平对员工组织公民行为具有明显的影响。

组织内部良好的沟通氛围能够促进成员与领导者之间、成员与成员之间建立信任的关系，有助于组织内部的信息分享和知识交流（Samsup & Shim，2005）。积极的情绪表现和行为会鼓励员工表现出更多的互助行为和合作意向，使员工更愿意表现出组织公民行为（Ramachandran，Jordan，Troth & Lawrence，2011）。不安全的工作氛围是组织内一种重要的“压力氛围”，当员工较多地感受到不安全的工作氛围时，员工会表现出较为明显的无助感和较大的工作压力，这会导致员工对工作和组织产生消极的态度（Chirumbolo & Hellgren，2003），因而不利于组织公民行为的产生。

三、工会对企业绩效的影响

工会是为了维持或改善劳动工人生活状况而设立的工人自我保护的团体（Webb & Webb，1959），最早出现于西方资本主义国家，其建立的目的是缓和资本主义国家工人阶级与资产阶级之间的剥削与被剥削、矛盾和对立的关系。因此，西方资本主义国家的工会职能主要体现为，保障工人在与资本方谈判的过程中能够获得更好的工作条件与福利待遇，努力缓和劳资关系（Thacker & Fields，1987）。这反映出，工会在代表员工与资本方谈判的过程中，既要促进双方的合作，也要指导员工在与资本方冲突中的行为和活动。

由于中国与欧美等资本主义国家在社会制度、文化和经济发展等方面存在较大差异，中国的工会职能与西方资本主义国家的工会职能存在较大差异。中国于1992年颁布的《中华人民共和国工会法》明确规定了工会的四大职能，即维护、建设、参与、教育。相比之下，中国的工会不仅要履行维护员工权益的职能，还要履行经济建设、参与国家和社会事务以及职工素质教育的职能，工会的职能在中国表现得更加多元化（胡恩华、张毛龙和单红梅，2016）。因此，中国的工会表现出双重角色，即工会既是员工权益的代表，也是党和政府职能在企业内部的延伸或者是企业连接政府资源的一个重要渠道（Chan，Qing-Tong，Redman & Snape，2006；魏下海、金钊和孙中伟，2018）。同时，中国的工会组建方式与西方资本主义国家的工会组建方式也存在差异。西方资本主义国家的工会是在工人与雇主群体谈判和维权过程中工人自发组织形成的，采用的是自下而上的组建方式；而中国的工会是在中国共产党的领导下组织建立的，采用的是自上而下的组建方式，政治上接受党的领导，是党和群众联系的桥梁，常常扮演“集体代言”和“党政代言”的双重角色。正是由于上述差异，西方资本主义国家的工会对企业绩效所产生的影响与中国的工会对企业绩效所产生的影响并不完全相同。

第一，国外研究主要根据工会对企业绩效的影响效果分为两个方面，即“有利说”和“非有利说”。

（1）工会对企业绩效影响的“有利说”认为，工会和工会实践有利于企业绩效的提升。工会或工会实践提升企业绩效，主要通过两个渠道：第一，工会通过维护员工利益的方式，促进企业绩效的提升，这些方式包括降低员工的离职率或缺勤率（Rees，1991；Deery et al.，1999；Iverson & Currivan，2003）、提高员工的工资水平（Walsworth，2010；Laroche & Wechtler，2011）、增加员工的技能培训（Green & Lemieux，2007；Mcilroy，2008；Rees，1991）、促使员工组织公民行为的产生（Skarlicki & Daniel，1996；Aryee & Chay，2001）、改善劳资关系氛围（Batt & Webourne，2002；Jódar，Vidal & Alós，2010）和激励企业创新；第二，工会通过激发员工参与企业管理热情的方式，促进企业绩效的提升（Belman，1992；Mishra & Shah，2009）。

（2）工会对企业绩效影响的“非有利说”认为，工会不利于企业绩效的提升，或者这种提升作用是有条件的。工会通常被视为“企业管理层的一个分支”，常常给企业管理层施加压力，并存在垄断的性质，这种特性可能会阻碍劳动力市场资源配置效率的优化，尤其会对企业的创新和投资的积极性产生负面影响。Fang & Ge（2012）发现，工会的寻租活动阻碍了研发投资，工会与管理层的集体谈判规则会限制管理的灵活性，尤其是工会利用强势地位提高工资、索取“准租金”的行为，抑制了企业新增投资（实物投资）和创新投资（研发投资）。Doucouliagos & Laroche（2013）基于美国、加拿大、英国、德国的数据发现，工会会抑制企业和行业层面的创新投资，然而这种不利影响将随着时间的推移持续下降，但会随着劳动力市场的灵活性而增加。Brunello（1992）基于日本的数据发现，在工作效率不变的情况下工会对员工工作时间的限制，会导致企业总产出的下降，因而降低了企业的生产率和利润率。Monastiriotis（2007）基于英国的数据发现，工会和企业生产率之间呈现倒U形的非线性关系。Kmenta（1967）基于美国的数据发现，工会实践对企业绩效具有负面的影响，并且这种负面影响随着工会谈判能力的增强而增大。

第二，工会对企业绩效影响的国内研究，主要围绕工会在中国履行的维护、建设、参与和教育这4个职能展开的。王永丽和郑婉玉（2012）基于广东省21个地级市的非公有制企业的717份问卷调查的数据，实证了工会通过采取跨界行为发挥了工会的维权、建设、参与和教育职能，从而对企业绩效、员工情感承诺以及工作满意度产生了正向影响。单红梅等人（2014）基于国外成熟量表并结合中国设计的问卷调查表收集的433份数据，实证了工会对企业绩效的影响。实证结果显示，工会的参与职能、教育职能和维护职能与企业绩效呈正相关，但是建设职能与企业绩效无明显的相关关系。顾桂芳和胡恩华（2016）基于江苏省13个地级市中有工会的43家非国有企业的1221份问卷调查的数据，实证了企业工会职能对员工工作满意度和企业绩效的影响。研究结果显示，工会的4个职能都对员工工作满意度和企业绩效存在不同程度的正向影响，其中，教育职能对员工工作满意度的影响力最大，其次是维护职能、建设职能和参与职能。魏下海等人（2018）采用第十次全国私营企业抽样调查的数据，实证了企业基层工会对新增投资的影响。研究结果表明，工会明显地促进了企业的原产品规模扩张、新产品研发以及工艺创新。因此，企业基层工会在适宜的劳动力市场制度下能够对非公企业的发展起到促进作用。

第五节　文献评述

非公企业党组织的建立是为了引导非公企业走上符合国家方针和政策的发展道路，势必会对企业尤其是企业绩效产生影响。首先，非公企业党组织是中国共产党在非公企业中的基层组织，其对企业绩效的影响受到非公企业党组织在非公企业中所处的地位和所产生的作用的影响。其次，企业党组织与企业工会的职能和作用存在较多的交叉之处，导致了非公企业党组织对企业绩效的影响与工会对企业绩效的影响存在相似之处。最后，非公企业党组织最主要的目的是协调好“劳—资—管”这三方的关系，这使得非公企业党组织通过员工、企业家和管理层这3个渠道对企业绩效产生影响。因此，梳理企业党组织的相关文献，以及梳理企业社会资本、组织公民行为和工会对企业绩效影响的相关文献，有助于本书从上述3个方面剖析非公企业党组织对企业绩效的影响。

一、企业党建的相关文献

党组织在非公企业中的地位和作用不同于党组织在国有企业中的地位

和作用，因此，现有的研究分别探讨了国有企业党建对企业绩效的影响和非公企业党建对企业绩效的影响。关于国有企业党建的研究主要集中在内部人控制和国有资产维护这两个视角，实证了国有企业党建对企业绩效的影响；关于非公企业党建的研究主要集中在对非公企业党建的意义、现状、机制与制度完善等方面的研究。但由于非公企业的数据较难获得，非公企业党组织对企业绩效影响的实证研究相对较少，现有的实证研究主要从协调劳动关系、激发企业投资活力、获取外部资源等方面探讨非公企业党建对企业绩效的影响。虽然关于非公企业党建对企业绩效影响的实证研究较少，但是关于企业的政治关联对企业绩效影响的实证研究却较多。多数学者将党组织看作为非公企业提供建立政治关联的一种渠道，并且从获得市场准入机会、融资、财政补贴、多元化投资等方面实证了这种政治关联对非公企业绩效的影响。然而，学者并未根据非公企业党建所起的作用而对非公企业党建影响企业绩效进行系统研究。

因此，梳理企业党建的相关文献，既有助于本书在大量的关于国有企业党建对企业绩效影响的实证研究的基础上，根据党组织在国有企业和非公企业中地位和作用的差异，找出适合探究非公企业党建对企业绩效影响的路径。同时，也有助于借鉴非公企业的政治关联对企业绩效产生影响这方面的实证研究，将研究视角落在非公企业党建对企业绩效的影响上。

二、企业绩效影响因素分析的相关文献

企业绩效受到多种因素的影响，现有文献探讨了企业社会资本、组织公民行为和工会对企业绩效的影响，这些研究既考察了企业中的组织或团体对企业绩效的影响，也考察了企业中的个体对企业绩效的影响。同时，企业中的组织或团体的职能又与企业党组织的职能存在交叉之处，企业中

的个体既包含了企业家和管理层，也包含了员工。但是，这些研究并未根据非公企业党建在企业中所起的作用而对非公企业党建所影响的企业家、管理层和员工这3个主体进行系统研究。

因此，梳理企业社会资本、组织公民行为和工会对企业绩效的影响，既有助于本书借鉴工会与非公企业党组织的交叉职能部分的这一路径，研究非公企业党建对企业绩效的影响，也有助于根据非公企业党组织影响企业家、管理层和员工等不同主体的行为这一路径，研究非公企业党建对企业绩效的影响。

第六节　研究假设和研究模型

一、非公企业党建与企业绩效的关系

龙小宁和杨进（2014）实证了民营企业党组织能够明显提高企业职工除工资以外的福利，有利于促进劳动生产率的提升。何轩和马骏（2018）发现，基层党组织通过其组织资源优势，鼓励民营企业投入更多的生产性活动，使得建立党组织的民营企业绩效明显高于没有建立党组织的民营企业绩效。陈东等人（2017）实证了民营企业党组织能够显著推动民营企业增加投资，最终有利于民营企业绩效的提升。叶建宏（2017）实证了民营企业党组织参与公司治理可以帮助企业获得外部资源，有助于企业绩效的提升。因此，本书提出假设1。

H1：非公企业党建与企业绩效正相关。

二、非公企业党建与企业社会资本和组织公民行为的关系

企业党组织是企业建立政治关联的渠道之一，通过非公企业党建，非

公企业可以与政府建立政治关联。吕劲松（2015）认为，企业党组织带来的政治关联可以为非公企业带来诸多社会资本。陈勋楠（2014）认为，企业党组织发挥政治引领作用，能够为企业家参与政治、获得各种政治资源创造条件；同时，非公企业党组织不断帮助员工提高劳动素质、拓宽发展空间、畅通上升渠道，让员工参与企业的生产经营活动，为员工实现自身价值提供舞台。寇政文（2017）认为，非公企业党组织和党员能够在企业外部反映企业的诉求，能够作为非公企业与政府部门互动的桥梁，定位较高、层级较少、沟通较易。魏下海、董志强和金钊（2015）的实证发现，民营企业党组织可以引起上级党政部门的关注，从而影响企业员工的雇佣期限结构，维护了员工的利益。因此，本书提出假设2。

H2a：非公企业党建与企业社会资本正相关。

H2b：非公企业党建与组织公民行为正相关。

三、企业社会资本和组织公民行为与企业绩效的关系

首先，从企业社会资本来看。边燕杰和丘海雄（2000）实证了纵向联系、横向联系和社会联系这三类企业社会资本对企业的经营能力和经济效益都有直接的提升作用。孙善林等人（2017）发现，高管的外部社会资本对企业获取外部资源有显著的正向影响，高管的内部社会资本对企业内部和外部的资源整合有显著的正向影响，企业社会资本可以通过影响资源获取和资源整合影响企业的开放式创新水平。张骁等人（2017）实证了企业内外部社会资本的协同效应能够促进企业的升级。其次，从组织公民行为来看。员工是企业最有价值的资产，也是企业竞争优势的关键来源（Flammer & Luo，2017），组织公民行为是员工角色外的社会心理行为，有利于组织社会环境和工作氛围的改善以及组织绩效的提升（Organ，1988）。Podsakoof等人（2000）发现，组织公民行为主要通过提高工作效率、释放

生产性资源、减少稀缺资源的消耗、协调工作群体、吸引优秀员工、增强组织稳定性和提高组织环境适应能力这7个方面来影响组织绩效。因此，本书提出假设3。

H3a：企业社会资本与企业绩效正相关。

H3b：组织公民行为与企业绩效正相关。

四、企业社会资本和组织公民行为的中介作用

陈勋楠（2014）认为，企业党组织发挥政治引领作用，能够为企业家参与政治、获得各种政治资源创造有利的条件。罗党论和刘晓龙（2009）发现，民营企业采取政治策略能有效帮助企业获得进入政府管制行业的社会资本，进而提升企业绩效。吴文锋等人（2008）发现，民营企业高管的地方政府背景有助于企业获得地方政府短期贷款融资的社会资本，进而有利于企业绩效的提升。黄林和朱芳阳（2018）发现企业社会资本是民营科技企业社会责任影响企业绩效的重要传导机制，并且实证了民营科技企业的社会资本能够促进企业绩效的提升。因此，正如叶建宏（2017）的实证结论所述，民营企业党组织参与公司治理可以帮助企业获得外部资源，有助于企业绩效的提升。

张同健、蒲勇健和刘敬伟（2009）实证了民营企业的雇主的互惠性动机和互惠性行为明显地提高了员工的忠诚度与敬业度，进而提升企业绩效。因此，本书提出假设4。

H4a：企业社会资本在非公企业党建与企业绩效之间发挥中介效应。

H4b：组织公民行为在非公企业党建与企业绩效之间发挥中介效应。

H4c：组织公民行为在企业社会资本与企业绩效之间发挥中介效应。

本书根据利益相关者理论和社会资本理论，通过H4a的建立过程分析了非公企业党建可能对企业社会资本存在的影响关系，通过H4c的建立过程分析了企业社会资本对组织公民行为的影响关系，通过H4b和H4c的建立

分析了组织公民行为和企业绩效的影响关系。综合上述变量之间可能存在的关系，本书认为非公企业党建可能先后通过企业社会资本和组织公民行为的链式中介对企业绩效产生影响。因此提出以下假设：

H4d：非公企业党建先后通过企业社会资本与组织公民行为对企业绩效产生正向影响。

五、和谐的企业党组织与管理层关系的调节作用

李少斐（2008）发现，企业党组织通过协调社会、政府、员工等关系，有助于非公企业经济效益的提高。由于中国多数非公企业的党组织与工会的职能和作用存在较多的交叉之处，企业党组织承担着部分工会的职能和作用。和谐的工会与管理层关系能够通过对企业和员工产生积极的影响，进而促进企业绩效的提升，其中工会与管理层的合作关系能够降低企业的雇佣成本以及员工的旷工率和流动率（Harrison & Martocchio，1998），提高企业的管理效率（Wu & Lee，2001），促进企业生产成本的下降和企业生产率的提高（Katz，Kochan & Gobeille，1983；Nee，Kennedy & Langham，1999）。同时，工会与管理层的合作关系有利于员工获得安全和健康的工作环境，获得更多的培训和参与企业管理的机会（Oxenbridge & Brown，2004），提高员工的工作生活质量，改善员工的态度和行为（Angle & Perry，1986）。另外，企业党组织能够在企业利益分配时兼顾公平和效率（陈红、胡耀丹和纳超洪，2018），约束管理者的自利行为，减少国有企业经理人与股东之间的委托代理冲突（杨玉凤、王火欣和曹琼，2010），缩小高管与员工之间的薪酬差距（马连福等，2012），有效约束管理者的权力，抑制超额雇员的规模。因此，本书提出假设5。

H5a：和谐的企业党组织与管理层的关系在企业社会资本与企业绩效之间起调节作用。也就是说，企业党组织与管理层的关系越和谐，企业社会

资本与企业绩效的关系越强。

H5b：和谐的企业党组织与管理层的关系在组织公民行为与企业绩效之间起调节作用。也就是说，企业党组织与管理层的关系越和谐，组织公民行为与企业绩效的关系越强。

六、研究模型

本书尝试从企业社会资本和组织公民行为这两个视角研究非公企业党建对企业绩效的影响。基于上述两个视角，该研究既有助于通过非公企业党建在非公企业中的职能这一路径，研究非公企业党建对企业绩效的影响，也有助于根据非公企业党组织影响企业家、管理层和员工等不同主体的行为这一路径，研究非公企业党建对企业绩效的影响。

基于前文对相关文献的论述，本书提出研究的模型思路（模型思路见图2-1），并依此提出相应的研究假设，作为实证研究的思路。非公企业党建能够通过影响企业社会资本和组织公民行为来影响企业绩效，同时，企业党组织与管理层的关系在企业社会资本和组织公民行为对企业绩效影响的过程中起到中介作用。

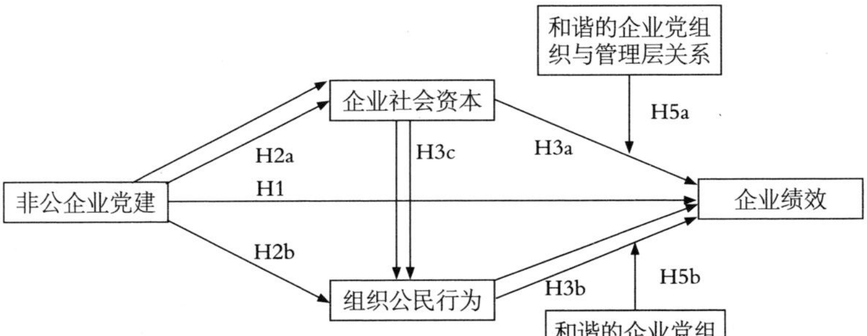

H4a=H2a+H3a；H4b=H2b+H3b；H4c=H3c+H3b；
H4d=H4a+H4b+H4c；H4e=H2a+H3c+H3b。由图中3段箭头表示。

图2-1　模型思路图

第七节 本章小结

本章系统地梳理和评述了非公企业党建和企业绩效影响因素的相关文献。首先，对非公企业和非公企业党建的概念进行了介绍，分别论述了国有企业党组织和非公企业党组织的地位和作用，并在此基础上分别梳理了国有企业党建对企业绩效影响的研究和非公企业党建对企业绩效影响的研究；其次，梳理了企业社会资本、组织公民行为和工会对企业绩效影响的文献；再次，对现有的企业党建和企业绩效影响因素的相关文献进行了简要的评述，并概括出了本研究的模型思路；最后，根据构建的模型思路提出实证研究的假设。

第三章 研究方法

本章主要介绍研究对象与数据收集过程，尝试从非公企业党建、企业社会资本、组织公民行为、企业绩效以及和谐的企业党组织与管理层关系等5个变量，构建测量量表，并详细介绍数据质量控制方法、统计分析方法以及变量的有效性检验方法。

第一节　调查对象与数据收集

本书的调查对象主要为非公企业党组织的负责人（一般为书记），原因有3个：第一，书记首先是党员，具备党组织成员的基本条件；第二，书记本身是企业的员工，对企业的具体情况是掌握的；第三，党建工作的开展具有专业性，非党务人员难以全面掌握。本研究的数据收集包括预测试和正式问卷调查两个阶段。

第一阶段：2020年1月3日，作者对初步设计的问卷进行预测试，主要目的是了解被测试的非公企业党组织书记能否正确读懂题意，然后对问卷进行完善。在银川市西夏区委组织部的组织下，党组织书记统一到西夏区委会议室进行问卷测试。此阶段共计发放问卷17份，其中16份有效，1份因被测试者来自社会组织而作废。1月6日，作者通过石嘴山市委组织部，利用石嘴山高新技术产业开发区党工委召开基层党组织负责人述职会议的机会，对所有参加会议的非公企业党组织书记进行问卷测试，共计发放问卷18份，其中17份有效，1份因填写不完整而作废。预测试结束后，作者根据答卷人提出的意见对问卷进行了完善；此外，对回收的33份有效问卷进行了初步的数据统计分析，并根据统计结果对问卷进行了调整和修改，进一步提升了问卷的质量。

第二阶段：正式发放问卷和收集数据的阶段。宁夏回族自治区党委组织部下发通知到各个市委组织部，各市委组织部对隶属市的非公经济组织和社会组织工委的企业组织开展问卷调查；各市委组织部再下发通知到下辖的县（市、区）委组织部，对辖区的非公企业党组织开展问卷调查。此阶段共计发放问卷775份。

比如，2020年1月13—14日，固原市委组织部对固原市所辖的一区三县的非公企业党组织负责人现场开展问卷调查，78份问卷被全部收回并有效；1月16日、19日、20日、21日，银川市经济技术开发区党工委，贺兰县委、灵武市委、西夏区委、金凤区委、兴庆区委的组织部对非公企业党组织负责人开展现场问卷调查，296份问卷被全部收回并有效。

再比如，2020年4月9日，中卫市所辖的中宁县、中卫工业园区、沙坡头区、海原县对非公企业党组织负责人开展现场问卷调查，98份问卷被全部收回并有效；4月14—15日，吴忠市所辖的盐池县、太阳山开发区、同心县、红寺堡区、金积工业园区、利通区、青铜峡市对非公企业党组织负责人开展现场问卷调查，202份问卷被全部收回并有效；4月16日，石嘴山市所辖的大武口区、石嘴山高新技术产业开发区、平罗县、惠农区、石嘴山经济技术开发区对非公企业党组织负责人开展现场问卷调查，101份问卷被全部收回并有效。

第三阶段：作者对回收的问卷进行数据录入，同时筛选出不合格的问卷。不合格问卷共计16份，其中13份因被测试者来自社会组织而作废，3份因填写不完整而作废。所以，有效问卷共计759份，其中银川市293份、固原市76份、中卫市94份、吴忠市200份、石嘴山市96份，问卷的有效率为98%。

第二节　变量测量

本研究借鉴国内外关于企业社会资本、组织公民行为、企业绩效以及和谐的企业党组织与管理层关系等4个方面的成熟量表，并根据中国的情况和本书的研究重点，编制了适合研究目的的量表。至于非公企业党建的情况，作者经过访谈自编了量表进行研究。除企业绩效用1—5分分别表示“绝对更差、更差、无变化、更好、绝对更好”外，其他变量的回答则设置了“非常符合=6”“符合=5”“基本符合=4”“基本不符合=3”“不符合=2”“非常不符合=1”等6个选项。

一、非公企业党建

本研究通过专家访谈，并结合非公企业党组织设置的基本制度和职能编制了适合测量非公企业党建的量表，内容包括组织架构、组织活动、班子建设和党员管理等4个方面。

（一）组织架构

1. 党组织设置规范并能够按期换届；

2. 党组织是企业组织架构的一部分。

（二）组织活动

1. 党组织有效参与企业经营管理活动；

2. 企业有经常性的党组织活动。

（三）班子建设

党组织班子健全，能正常开展工作。

（四）党员管理

党员管理台账健全，党员能按时足额交纳党费。

二、企业社会资本

本研究借鉴Nahapiet & Ghoshal（1998）的方法，以社会网络测量结构性社会资本，编制了企业社会资本的量表。

1. 企业与客户、供应商及其他企业联系非常频繁；

2. 企业与科研院所、高校及技术中介组织联系非常频繁；

3. 企业与人大、政协、所属行业主管部门等联系非常频繁；

4. 企业与金融机构（银行、证券、保险公司等）联系非常频繁；

5. 企业与行业协会联系非常频繁。

三、组织公民行为

本研究采用Farh，Earley & Lin（1997）针对中国开发的有关组织公民行为的测量量表，从组织认同感、利他主义、责任意识、人际关系和谐和保护公司资源等5个维度测量组织公民行为，并编制了量表。

（一）组织认同感

1. 员工愿意挺身而出保护企业的名誉；

2. 员工热心于告诉外人有关企业的正面新闻并对一些误会进行澄清；

3. 员工提出建设性建议以促进企业的运营；

4. 员工积极地参加企业的会议。

（二）利他主义

1. 员工愿意帮助新同事适应工作环境；

2. 员工愿意帮助同事解决与工作相关的问题；

3. 员工愿意帮助有需要的同事承担额外的工作；

4. 员工愿意与同事进行沟通协调。

（三）责任意识

1. 员工遵守企业的规章和程序，即使没人看见并且没有证据留下；

2. 员工认真对待工作并且很少犯错误；

3. 员工不介意新的工作或挑战；

4. 员工努力进行自我学习以提高工作成效；

5. 员工经常很早到达企业并马上投入工作。

（四）人际关系和谐

1. 员工为了获得个人影响力，使用一些非法手段影响企业内部人际和谐；

2. 员工使用职位权力追求个人利益；

3. 员工重视荣誉、逃避过失，为了个人利益而激烈争斗；

4. 员工经常在背后说上司或同事的坏话。

（五）保护公司资源

1. 员工在上班时间处理个人事务（如炒股、购物、理发等）；

2. 员工使用企业资源做个人的事（如使用公司的电话、电脑和汽车等）；

3. 员工把病假视作福利。

四、企业绩效

本研究借鉴单红梅等人（2014）关于企业绩效的测量方法，从组织绩效和市场绩效两个方面测量企业绩效并编制了量表。该量表可以相对准确地测量企业绩效。

（一）市场绩效

1. 自成立党组织以来企业的利润增长；

2. 自成立党组织以来企业的销售增长；

3. 自成立党组织以来企业的市场占有率。

（二）组织绩效

1. 自成立党组织以来党组织管理层关系的和谐程度；

2. 自成立党组织以来企业在养老、医疗、工伤、失业等社会保险方面的参与率；

3. 自成立党组织以来企业劳动纠纷的解决情况；

4. 自成立党组织以来企业员工主动离职率下降的情况；

5. 自成立党组织以来企业员工参与企业决策的情况；

6. 自成立党组织以来企业员工培训投入的情况。

五、和谐的企业党组织与管理层关系

本研究借鉴单红梅等人（2014）基于Dastmalchian，Blyton & Adamson（1989）所设计的量表，编制了和谐的企业党组织与管理层关系的测量量表。

1. 党组织和管理层共同努力改善工作环境；

2. 党组织和管理层相互尊重彼此的工作目标；

3. 党组织和管理层都十分重视对方的观点；

4. 党组织和管理层信守各自承诺；

5. 党组织和管理层携手共进，取得了实际成果；

6. 党组织和管理层对存在问题的协调沟通都是在融洽的氛围下进行的；

7. 党组织和管理层相处融洽；

8. 管理层总体上认为党组织有助于公司的经营和管理。

六、人口统计学变量

本书研究的是非公企业党组织对企业绩效的影响，重点研究的是非公企业党建、企业社会资本、组织公民行为、企业绩效以及和谐的企业党组织与管理层关系等5个变量。同时，为了检验人口统计学变量对其他因素的影响，本研究将企业特征方面的因素和受访者特征方面的因素作为主要变量。因此，本研究也对企业特征和受访者特征进行研究。其中，企业特征包括企业规模、企业所有制性质、企业所在地区等；受访者特征包括受访者的性别、年龄、教育程度、工作职位、工作年限、个人月收入等。

第三节　数据质量控制

（1）本研究的主要变量采用了成熟量表中的变量并在正式收集数据前进行了预测试。

（2）为保证录入数据的准确性，本研究采用两人同时录入、一主一辅的形式，并由录入者对纸质问卷进行数字编号；全部录入完毕后，第三人根据纸质编号重新核查，避免在此过程中因人为原因而污染数据。

（3）本研究先制作探索性因子分析预测试研究的量表，以求得量表最佳的因子结构，从而达到更为理想的建构效度。

第四节　统计分析方法

一、调查的信度分析

信度（Reliability）也被称为可靠性，指采用同样的方法对同一对象重复测量时所得结果的一致程度。信度分析的方法主要有：重测信度法、复本信度法、折半信度法、α信度系数法。本书采用α信度系数法，即使用克隆巴赫系数来表示调查数据的信度，这也是最常用的信度系数。按照标准，量表的信度系数最好在0.8以上，如果在0.6以下就要考虑重新编制问卷。

二、调查的效度分析

效度分析指尺度量表达到测量指标标准程度的分析。调查数据效度越高，说明调查数据与现实情况的吻合度越高，即越能反映实际情况。效度分析主要分为内容效度、结构效度和效标效度。针对问卷调查数据，本研究主要采用结构效度对数据进行效度检验。在通过探索性因子分析或验证性因子分析的方式进行结构效度检验时，常用的指标包括KMO值（用来衡量数据的离散程度的统计量）和巴特利特球形检验（一种检验各个变量之间相关程度的检验方法）结果。当KMO>0.7，因子载荷大于0.4，累积方差比例不低于60%，则认为变量测量有较好的收敛效度；同一变量下题项的相关系数大于其他变量的相关系数时说明区别效度良好（Wu，2003；Zhou，2017）。

三、调查的描述性统计分析

描述性统计分析主要指对变量的频率、频数、平均值、标准差等进行统计分析。本研究对问卷的第六部分即非公企业和党组织的基本信息进行描述性统计分析，以了解样本的基本情况和分布情况。

四、变量的相关性分析

相关性分析是基本的统计分析方法之一，本研究对非公企业党建、企业社会资本、组织公民行为、企业绩效以及和谐的企业党组织与管理层关系等5个被测变量进行相关性分析。相关性p值小于0.05时，说明变量间存在相关性，皮尔逊相关指数是衡量相关性的重要指标之一，指数越接近1，说明变量间的相关性越高。

五、独立样本T检验[①]和单因素方差分析

独立样本T检验和单因素方差分析均为用于均值比较的方法，常被用于比较差异性。本研究将问卷的第六部分的基本数据作为因子变量，将非公企业党建、企业社会资本、组织公民行为、企业绩效以及和谐的企业党组织与管理层关系等5个被测变量作为因变量，比较不同组别（即每个题项的选项）的被测变量的均值差异。

六、探索性因子分析与验证性因子分析

就使用目的而言，因子分析（factor analysis）可分为探索性因子分析（exploratory factor analysis，简称EFA）与验证性因子分析（confirmatory factor analysis，简称CFA）。EFA与CFA两种分析方法的不同之处在于，测量因子结构在分析过程中所扮演的角色与检验时机不同。就EFA而言，测量变量的理论架构是因子分析后的产物，因子结构是指由研究者在一组独立的测量指标或题项间，以主观判断来决定的一个具有计量合理性与理论适切性的结构，并以该结构来代表所测量的概念内容或概念特质，即因子结构的出现在EFA程序中是一个事后概念。EFA所要达成的目的是建立量表或问卷的建构效度，而CFA则是检验此建构效度的适切性与真实性。

本研究先采用探索性因子分析预测量表，从而求得量表最佳的因子结构，以建立问卷的建构效度。此时量表的各因子与题项均已固定，为探究量表的因子结构模型是否与实际收集的数据切合，指标变量是否可以有效

① 独立样本T检验，即Independent samples t test，一种用于检验两组数据的均值是否有显著差异的分析方法。

作为潜在变量的测量变量，本书采用验证性因子分析进行检验，检验过程将采用结构方程模型（structural equation model，简称SEM）来进行。

七、结构方程模型分析

结构方程模型分析也被称为潜变量模型（latent variable models）分析、协方差结构分析（covariance structure analysis）、验证性因子分析（confir - matory factor analysis）等，整合了因子分析（factor analysis）与路径分析（path analysis）两种统计方法，同时检验模型中包含的显变量、潜变量、干扰或误差变量间的关系，进而获得自变量对因变量影响的直接效果、间接效果和总效果。

本研究根据第二章第六节中的研究假设，将非公企业党建、企业社会资本、组织公民行为、企业绩效以及和谐的企业党组织与管理层关系等作为潜变量，以探讨这些潜变量之间的关系并得出研究结论。

第五节　数据信度和效度分析

一、变量共同度分析

变量共同度即变量方差，是每个原始变量在每个共同因子的负荷量的平方和，也就是指原始变量方差中由共同因子所决定的比率。变量共同度由共同因子和唯一因子组成。共同度表明了原始变量方差中能被共同因子解释的部分，共同度越大，变量能被因子说明的程度越高，即因子可解释该变量的方差越多。共同度的意义在于说明如果用共同因子替代原始变量后，原始变量的信息被保留的程度。

本研究将共同度低于0.5的观察变量进行删除（陈维、黄程琰、毛天欣、罗杰和张进辅，2016），共剔除4个变量，分别为：党组织设置规范并能够按期换届；企业与人大、政协、所属行业主管部门等联系非常频繁；企业与行业协会联系非常频繁；员工经常很早到达企业并马上投入工作。其余各构面的变量经过初步对构面因子分析，非公企业党建的KMO值为0.832；企业社会资本的KMO值为0.862；组织公民行为的KMO值为0.946；企业绩效的KMO值为0.924；和谐的企业党组织与管理层关系的KMO值为0.939。可以看出，各构面的KMO值均大于0.7；巴特利特球形检验均为p<0.000，也都达到了明显的水平（p<0.01）；各变量共同度都大于0.5，可以对保留的观测变量进行更进一步的分析。

二、探索性因子分析

本研究经过对变量的共同度检验，删除共同度低的变量后，满足探索性因子的条件。首先对分量表进行探索性因子分析，在这个过程中对不合格的题项进行删除或者合并。经过分析，非公企业党建、企业社会资本、企业绩效、和谐的企业党组织与管理层关系等4个维度的变量通过主成分提取的方法，均被提取出一个特征值大于1的主成分，符合问卷设计结构。各构面的探索性因子分析结果如表3-1所示。

表3-1　因子成分表——初始因子载荷矩阵

变量	被提取的载荷平方和	题　　项	因子
			1
非公企业党建	63.327	党组织设置规范并能够按期换届	0.860
		党组织是企业组织架构的一部分	0.817
		党组织有效参与企业经营管理活动	0.759
		企业有经常性的党组织活动	0.803
		党组织班子健全,能正常开展工作	0.734

续表

变量	被提取的载荷平方和	题　　项	因子
			1
企业社会资本	71.669	企业与人大、政协、所属行业主管部门等联系非常频繁	0.719
		企业与金融机构(银行、证券、保险公司等)联系非常频繁	0.785
		企业与客户、供应商及其他企业联系非常频繁	0.738
		企业与科研院所、高校及技术中介组织联系非常频繁	0.697
		总体情况	0.644
企业绩效	64.409	自成立党组织以来企业的利润增长	0.669
		自成立党组织以来企业的销售增长	0.697
		自成立党组织以来企业的市场占有率	0.679
		自成立党组织以来党组织与管理层关系的和谐程度	0.647
		自成立党组织以来企业在养老、医疗、工伤、失业等社会保险方面的参与率	0.587
		自成立党组织以来企业劳动纠纷的解决情况	0.629
		自成立党组织以来企业员工主动离职率下降的情况	0.626
		自成立党组织以来企业员工参与企业决策的情况	0.625
		自成立党组织以来企业员工培训投入的情况	0.638
和谐的企业党组织与管理层关系	75.317	党组织和管理层共同努力改善工作环境	0.763
		党组织和管理层相互尊重彼此的工作目标	0.796
		党组织和管理层都十分重视对方的观点	0.757
		党组织和管理层信守各自承诺	0.771
		党组织和管理层携手共进,取得了实际成果	0.751
		党组织和管理层对存在问题的协调沟通都是在融洽的氛围下进行的	0.724
		党组织和管理层相处融洽	0.754
		管理层总体上认为党组织有助于公司的经营和管理	0.709

在问卷中，有关组织公民行为的问题使用了反向描述，因此本研究对这些问题的数据进行反向处理。如表3-2所示，在组织公民行为这一维度中，由于问卷中的自变量高达18条，特征值大于1的主成分共被提取出3个，3个因子的累计解释度达72.834%，主成分提取效果良好。

表3–2　分量表（组织公民行为）能解释的方差比例表

单位：%

	被提取的载荷平方和			旋转载荷平方和		
因子	总计	方差	累计值	总计	方差	累计值
1	9.485	52.694	52.694	7.151	39.728	39.728
2	2.776	15.422	68.116	3.715	20.639	60.367
3	0.849	4.718	72.834	2.244	12.467	72.834

表3–3　旋转后的因子成分矩阵

题　　项	因子		
	1	2	3
员工愿意挺身而出保护企业的名誉	0.917		
员工热心于告诉外人有关企业的正面新闻并对一些误会进行澄清	0.795		
员工提出建设性建议以促进公司的运营	0.827		
员工积极地参加企业的会议	0.786		
员工遵守企业的规章和程序，即使没人看见并且没有证据留下	0.755		
员工认真对待工作并且很少犯错误	0.727		
员工努力进行自我学习以提高工作成效	0.718		
员工愿意帮助新同事适应工作环境			0.789
员工愿意帮助同事解决与工作相关的问题			0.808
员工愿意帮助有需要的同事承担额外的工作			0.768
员工愿意与同事进行沟通协调			0.815
员工为了获得个人影响力，使用一些非法手段影响企业内部人际和谐		0.691	
员工使用职位权力追求个人利益		0.809	
员工重视荣誉、逃避过失，为了个人利益而激烈争斗		0.786	
员工经常在背后说上司或同事的坏话		0.812	
员工在上班时间处理个人事务（如炒股、购物、理发等）		0.828	
员工使用企业资源做个人的事情（如使用公司的电话、电脑和汽车等）		0.814	
员工把病假视作福利		0.807	

本研究根据旋转后的因子成分矩阵表（表3–3），将提取的3个因子分别命名为组织认同感、利他主义、谋取个人利益。这3个因子仍然属于组织公民行为的范畴，因此不将这3个因子处理为被观测变量，而是仍将其作为组织公民行为这一被观测变量下的因子，取代此前的18个因子。这3个因子的数据由因子分析结果计算得出。

随后，本研究对总量表（表3–4）进行探索性因子分析，以检验因子结构是否与问卷结构一致。采取主成分提取方法，提取特征值大于1的因子。总量表的KMO值为0.960（大于0.7），巴特利特球形检验也达到了明显的水平（P<0.0001），可以对保留的观测变量进行更进一步的分析。从整体方差解释表（total variance explained）中可知，共提取出5个特征值大于1的因子。累积方差解释度为70.759%，说明提取的因子累计解释度达到了70.253%，大于60%的标准，即5个因子具有较好的解释能力。

表3–4　总量表能解释的方差比例表

单位：%

	被提取的载荷平方和			旋转载荷平方和		
因子	总计	方差	累计值	总计	方差	累计值
1	14.449	48.165	48.165	6.182	20.607	20.607
2	2.403	8.008	56.173	5.940	19.798	40.405
3	1.784	5.947	62.121	3.772	12.572	52.977
4	1.420	4.735	66.855	3.161	10.538	63.515
5	1.019	3.398	70.253	2.021	6.738	70.253

本研究采取最大方差旋转法对因子矩阵进行旋转，经过3次迭代后使因子达到收敛，最终得出研究变量旋转后的成分矩阵，如表3–5所示，各变量的因子载荷量均大于0.5且归属关系都与问卷结构一致，符合判断标准。

表3–5 旋转后的因子成分矩阵

题项	因子				
	1	2	3	4	5
党组织和管理层相处融洽	0.804				
党组织和管理层相互尊重彼此的工作目标	0.797				
党组织和管理层共同努力改善工作环境	0.777				
党组织和管理层信守各自承诺	0.775				
党组织和管理层都十分重视对方的观点	0.764				
党组织和管理层携手共进,取得了实际成果	0.743				
党组织和管理层对存在问题的协调沟通都是在融洽的氛围下进行的	0.740				
管理层总体上认为党组织有助于公司的经营和管理	0.712				
自成立党组织以来企业的市场占有率		0.795			
自成立党组织以来企业的销售增长		0.791			
自成立党组织以来企业的利润增长		0.774			
自成立党组织以来企业劳动纠纷的解决情况		0.723			
自成立党组织以来企业员工主动离职率下降的情况		0.703			
自成立党组织以来党组织与管理层关系的和谐程度		0.698			
自成立党组织以来企业在养老、医疗、工伤、失业等社会保险方面的参与率		0.675			
自成立党组织以来企业员工培训投入的情况		0.656			
自成立党组织以来企业员工参与企业决策的情况		0.655			

续表

题项	因子				
	1	2	3	4	5
企业与金融机构（银行、证券、保险公司等）联系非常频繁			0.840		
企业与客户、供应商及其他企业联系非常频繁			0.774		
企业与人大、政协、所属行业主管部门等联系非常频繁			0.767		
企业与科研院所、高校及技术中介组织联系非常频繁			0.766		
企业与行业协会联系非常频繁			0.602		
党组织设置规范并能够按期换届				0.747	
企业有经常性的党组织活动				0.746	
党组织班子健全，能正常开展工作				0.724	
党组织是企业组织架构的一部分				0.614	
党组织有效参与企业经营管理活动				0.566	
谋取个人利益					0.712
利他主义					0.695
组织认同感					0.644

本研究经过对分量表和总量表的探索性因子分析，合并了一部分题项后，各因子均已符合标准，因子矩阵与问卷结构保持了一致。最终形成的5个因子分别为非公企业党建、企业社会资本、组织公民行为、企业绩效以及和谐的企业党组织与管理层关系。

三、信度分析

上述分析得到的5个因子内部一致性程度是进一步研究的基础，因此本研究采用克朗巴哈系数进行分析，当系数大于0.8时，认为研究的量表可信度较高，各变量的信度分析如表3-6所示。

表3–6 研究信度分析表

变　　量	题项数量	克朗巴哈系数	可信度
非公企业党建	5	0.854	可信
企业社会资本	5	0.899	可信
组织公民行为	3	0.877	可信
企业绩效	9	0.930	可信
和谐的企业党组织与管理层关系	8	0.953	可信

从表3–6中可以看出，本研究所采用的量表信度较高，可以支持后续的数据分析。

四、效度分析

本研究经过探索性因子分析的检验，各分量表和总量表的因子一致性已满足要求，可以通过结构方程模型进一步验证不同被测变量之间的关系。在模型拟合过程中，多元相关系数平方值（Squared Multiple Correlations）小于0.5的因子被删除，删除的因子包括：党组织设置规范并能够按期换届；党员管理台账健全，党员能按时足额交纳党费；党组织是企业组织架构的一部分；公司党组织与科研院所、高校及技术中介组织联系非常频繁。某些因子之间残差相关性较高，模型拟合效果较差，因此对这些因子采取合并的方式处理，合并项包括：自成立党组织以来企业的利润增长、自成立党组织以来企业的销售增长和自成立党组织以来企业的市场占有率，合并为市场绩效。

本研究对其余变量进行验证性因子分析，从探索性因子分析结果中提取出5个因子，但这5个因子在结构方程模型中是否具有最强的解释力还需要进一步验证。验证过程为将5个因子合并为4个、3个、2个、1个因子，采用图3–1中的饱和模型分别对合并程度不同的结构方程模型进行检验。

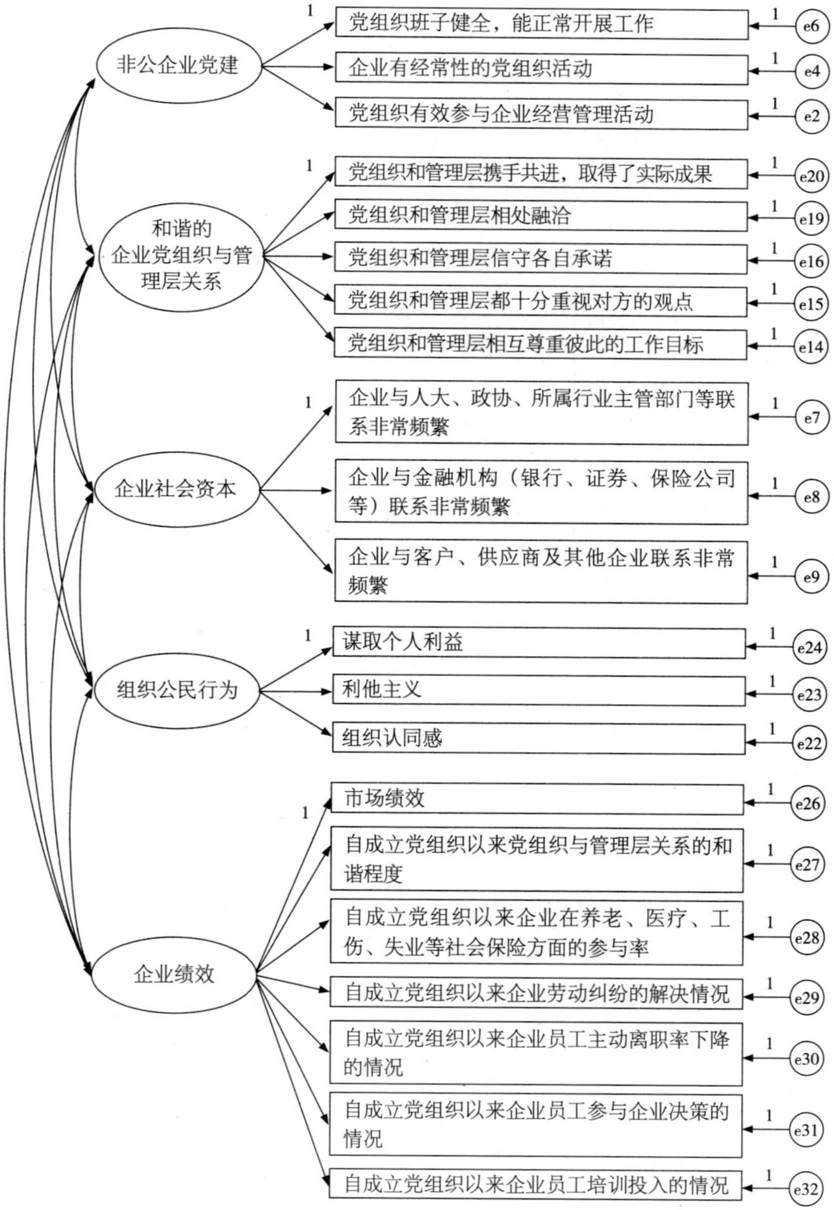

非公企业党建与企业绩效关系模型的确认

图 3–1 因子的验证性因子分析图

具体合并过程为：4因子模型a为将企业社会资本与组织公民行为合并；3因子模型b为将企业社会资本、组织公民行为、和谐的企业党组织与管理层关系合并；2因子模型c为将非公企业党建、企业社会资本、组织公民行为、和谐的企业党组织与管理层关系合并；单因子模型d为将5个因子合并为单因子。最后得到5种结果汇总，如表3-7所示。

表3-7 验证性因子分析拟合指标数据表

评价指数	卡方值除以自由度	调整的拟合优度指数	拟合优度指数	近似均方根误差	规范拟合指数	增殖拟合指数	比较拟合指数
期望值	<3	>0.9	>0.9	<0.07	>0.9	>0.9	>0.9
5因子模型	3.293	0.907	0.928	0.055	0.949	0.964	0.964
4因子模型[a]	7.916	0.785	0.830	0.096	0.876	0.890	0.890
3因子模型[b]	11.334	0.717	0.772	0.117	0.819	0.833	0.832
2因子模型[c]	12.783	0.691	0.748	0.125	0.794	0.807	0.807
单因子模型[d]	18.683	0.525	0.612	0.153	0.697	0.709	0.708

上表显示5个因子的拟合效果最好，CMIN/DF为3.293，AGFI为0.907，GFI为0.928，RMSEA为0.055，NFI为0.949，IFI为0.964，CFI为0.964，除了CMIN/DF接近标准指标之外，其余指标均达到标准。[①] 因此，采用5个因子进行结构方程模型拟合。同时进行信度效度检验，CR（Construct Reliability）为建构信度，反映了每个潜变量中所有题目是否一致性地解释该潜变量，当CR高于0.70时表示该潜变量具有较好的建构信度。AVE（Average Variance Extracted，即平均方差提取值）衡量收敛效度，当AVE高于0.50时表示该潜变量具有较好的收敛效度。该模型的计算结果，如表3-8所示。

① CMIN为卡方值，DF为自由度，AGFI为调整的拟合优度指数，GFI为拟合优度指数，RMSEA为近似均方根误差，NFI为规范拟合指数，IFI为增殖拟合指数，CFI为比较拟合指数。

表3–8 结构方程模型拟合的收敛指数

潜变量	题项	标准化因素负荷量	建构信度	平均方差提取值
非公企业党建	党组织有效参与企业经营管理活动	0.823	0.8314	0.6221
	企业有经常性的党组织活动	0.741		
	党组织班子健全，能正常开展工作	0.800		
企业社会资本	企业与人大、政协、所属行业主管部门等联系非常频繁	0.843	0.8809	0.7119
	企业与金融机构（银行、证券、保险公司等）联系非常频繁	0.894		
	企业与客户、供应商及其他企业联系非常频繁	0.791		
组织公民行为	组织认同感	0.523	0.8230	0.6209
	利他主义	0.877		
	谋取个人利益	0.961		
企业绩效	市场绩效	0.769	0.9154	0.6073
	自成立党组织以来党组织与管理层关系的和谐程度	0.792		
	自成立党组织以来企业在养老、医疗、工伤、失业等社会保险方面的参与率	0.753		
	自成立党组织以来企业劳动纠纷的解决情况	0.782		
	自成立党组织以来企业员工主动离职率下降的情况	0.775		
	自成立党组织以来企业员工参与企业决策的情况	0.778		
	自成立党组织以来企业员工培训投入的情况	0.805		

续表

潜变量	题　　项	标准化因素负荷量	建构信度	平均方差提取值
和谐的企业党组织与管理层关系	党组织和管理层携手共进，取得了实际成果	0.845	0.9317	0.7319
	党组织和管理层相处融洽	0.802		
	党组织和管理层信守各自承诺	0.880		
	党组织和管理层都十分重视对方的观点	0.873		
	党组织和管理层相互尊重彼此的工作目标	0.875		

如表3-8所示，各变量的CR均大于0.7、AVE均高于0.5，说明本结构方程模型的信度和收敛效度均达到要求。

另外，还需对变量进行区别效度检验。区别效度的判定原则为：成对变量间的相关系数要小于单独变量平均方差提取量（AVE）的平方根，即说明各个变量之间存在明显的区别效度，本研究的变量间区别效度计算如表3-9所示。

表3-9　变量间区别效度计算

潜变量	党建	企业社会资本	组织公民行为	企业绩效	和谐的非公企业党组织与管理层关系
非公企业党建	0.789				
企业社会资本	0.553	0.843			
组织公民行为	0.583	0.557	0.788		
企业绩效	0.646	0.584	0.688	0.779	
和谐的企业党组织与管理层关系	0.756	0.566	0.698	0.657	0.8556

如表3-9所示，变量相关系数对角线上值为AVE的开方，可以看出其大于下三角中每个变量与自身的相关系数，由此说明本模型具有区别效度。

第六节　共同方法偏差

共同方法偏差指的是因为同样的数据来源或评分者、同样的测量环境和项目语境以及项目本身特征所造成的预测变量与校标变量间的人为共变。本研究的数据来自自主报告，因此可能存在共同方法偏差的可能性。虽然在获取数据时通过匿名测评、减少题项的歧义的方式进行了程序控制，但仍需对问卷数据进行统计检验和控制，进一步降低共同方法偏差对研究的影响。具体的检测方式为赫尔曼单因素检验。检验结果显示，第一公因子的方差解释百分比为20.607%，小于常用的临界标准40%，因此可认为此量表不存在严重的共同方法偏差。

第七节　本章小结

本章介绍了研究对象与数据收集过程，并对非公企业党建、企业社会资本、组织公民行为、企业绩效以及和谐的企业党组织与管理层关系等5个核心变量进行测量；介绍了研究所使用的统计分析方法，并对问卷收集的数据进行信度和效度检验，以及验证被调查者的心理测量误差，结果显示本研究所采用的量表信度和效度较高且不存在严重的共同方法偏差，可以支持接下来的数据分析。

第四章 研究结果

本章对根据第三章提出的研究方法收集的数据进行分析，并根据第二章提出的模型思路和研究假设构建了研究模型，通过构建结构方程模型的方式测量非公企业党建对企业绩效的影响，并根据假设验证中介作用路径和调节效应。本章采用假设验证型定量研究方法，以非公企业党建的测量指标为数据来源，并从具体数据中抽象出规律来检验研究假设。

第一节 数据分析

一、描述性统计分析

本节根据问卷数据中企业创办时间、员工人数、党组织成立时间等分类变量的基本信息对企业进行统计分析，样本量为759，异常值做缺失值处理，且缺失值不列入表格，分析结果如表4-1所示。

表 4–1 分类变量的基本信息统计

变量	取值	频数(个)	比例(%)
企业创办时间	1990年以前	52	6.9
	1990—1999年	95	12.5
	2000—2009年	328	43.2
	2010—2019年	284	37.4
员工数量	1—99人	456	60.1
	100—199人	121	15.9
	200—299人	38	5.0
	300—399人	35	4.6
	400—499人	17	2.2
	500人及以上	92	12.1
党组织成立时间	1990年以前	21	2.8
	1990—1999年	37	4.9
	2000—2009年	160	21.1
	2010—2019年	539	71.0
所处行业	制造业	283	37.3
	服务业	224	29.5
	其他	252	33.2
党员数量	3—5人	295	38.9
	6—10人	202	26.6
	11—50人	204	26.9
	51—100人	18	2.4
	100人以上	40	5.3
党组织级别	党委	55	7.2
	党总支	30	4.0
	党支部	674	88.8

续表

变量	取值	频数(个)	比例(%)
全年的党建经费	1万元及以下	321	42.3
	1万—5万元(含)	299	39.4
	5万—10万元(含)	72	9.5
	10万—30万元(含)	42	5.5
	30万元以上	25	3.3
受访者在企业的职位	高层领导	234	30.8
	中层领导	359	47.3
	基层员工	163	21.5
受访者在企业的工作年限	1—5年	318	41.9
	6—10年	193	25.4
	11—19年	139	18.3
	21—29年	48	6.3
	30年及以上	28	3.7
企业主的文化程度	初中及以下	21	2.8
	高中/职高/中专/技校/大专	378	49.8
	本科	296	39.0
	硕士	54	7.1
	博士	8	1.1
企业主的民族	汉族	622	81.9
	回族	130	17.1
	其他民族	7	0.9
企业主是否为中共党员	是	522	68.8
	否	236	31.1

续表

变量	取值	频数(个)	比例(%)
中高层管理者是否担任过人大代表或政协委员	没有	378	49.8
	有,乡级	23	3.0
	有,市县级	274	36.1
	有,省或省会级	78	10.3
	有,国家级	3	0.4
企业享受到党政部门的政策或支持	低(无)息贷款	115	15.2
	减免税	308	40.6
	财政补贴	254	33.5
	扶持资金	234	30.8
	融资支持	85	11.2
	无	246	32.4
党建经费的主要来源构成——党组织自筹(%)	0—30%(含)	596	78.5
	30%—60%(含)	114	15.0
	60%以上	49	6.5
党建经费的主要来源构成——公司支持(%)	0—30%(含)	160	21.1
	30%—60%(含)	269	35.4
	60%以上	330	43.5
党建经费的主要来源构成——上级党组织支持(%)	0—30%(含)	671	88.4
	30%—60%(含)	61	8.0
	60%以上	27	3.6
党建经费的主要来源构成——其他方面支持(%)	0—30%(含)	747	98.4
	30%—60%(含)	9	1.2
	60%以上	3	0.4

续表

变量	取值	频数(个)	比例(%)
党组织星级	一	118	15.5
	二	259	34.1
	三	203	26.7
	四	49	6.5
	五	3	0.4
	无	126	16.6

企业创办时间在2000年之前的较少（19.4%），创办于2000—2009年期间的企业占比43.2%，创办于2009年之后的比例与之接近，占比37.4%。员工数量主要集中在99人以下，占60.1%。受访者在企业的职位和企业的所处行业两个变量的特选项分布较为均匀。

企业党组织成立时间多在2009年之后，占比71.0%。党组织级别为党支部的企业有674家，占比88.8%，党总支和党委的数量较少（按规定，党支部的正式党员要超过3名，党总支的正式党员要超过50名，党委的正式党员要超过100名）。党员数量为3—5人的企业约占四成（295个），党员数量为11—50人和6—10人的各占四分之一左右。全年的党建经费为1万元及以下和1万—5万元（含）的均在40%左右，其余的均不足10%。

企业主的文化程度为高中/职高/中专/技校/大专学历的比例最多，接近一半（49.8%）；其次本科学历的有296人，占比39.0%；其余学历的占比均不足10%。企业主的民族主要为汉族，占比81.9%；回族的有130人，占比17.1%；其他民族的有7人，占比0.9%。企业主为中共党员的人数是非党员人数的两倍多。

二、独立样本T检验与单因素方差分析

（一）独立样本T检验

公司享受到党政部门的政策或支持属于多选题，因此将每个选项处理为哑变量后与5个研究变量进行独立样本T检验。方差齐性检验的P值（一种统计学概念，用于判断假设检验的结果）大于0.05时，T检验的P值取第一行，方差齐性检验的P值小于0.05时，T检验的P值取第二行。均值差异的显著性水平P值均小于0.05的变量如表4-2所示，其余变量间均值无显著性差异。

表4-2　独立样本T检验

变量	单因素	方差齐性检验		独立样本T检验			平均差	平均值
		方差检验量	P值	显著性检验值	自由度	P值		
非公企业党建	无减免税	2.351	0.126	−2.790	756.000	0.005	−0.50333	20.8645
	有减免税							21.3679
	有支持	6.547	0.011	3.885	423.977	0.000	0.77055	21.3151
	无支持							20.5445
企业社会资本	无低(无)息贷款	0.055	0.815	−2.457	756.000	0.014	−0.85015	16.7872
	有低(无)息贷款							17.6374
	无减免税	1.450	0.229	−3.291	756.000	0.001	−0.82907	16.5803
	有减免税							17.4094
	无财政补贴	4.629	0.032	−2.173	563.085	0.030	−0.55119	16.7224
	有财政补贴							17.2736
	无扶持资金	0.347	0.556	−2.298	756.000	0.022	−0.61779	16.7187
	有扶持资金							17.3365
	有支持	8.213	0.004	4.262	427.306	0.000	1.17587	17.2938
	无支持							16.1180

续表

变量	单因素	方差齐性检验		独立样本T检验			平均差	平均值
		方差检验量	P值	显著性检验值	自由度	P值		
组织公民行为	无扶持资金	0.229	0.632	−2.416	756.000	0.016	−0.45860	26.5053
	有扶持资金							26.9639
企业绩效	无低(无)息贷款	0.684	0.409	−3.517	756.000	0.000	−1.06439	23.6267
	有低(无)息贷款							24.6911
	无减免税	0.010	0.920	−4.040	756.000	0.000	−0.89080	23.4271
	有减免税							24.3179
	无财政补贴	0.054	0.816	−2.673	755.000	0.008	−0.61755	23.5785
	有财政补贴							24.1961
	无扶持资金	0.119	0.731	−4.238	756.000	0.000	−0.99071	23.4747
	有扶持资金							24.4655
	有支持	0.195	0.659	4.516	757.000	0.000	1.04090	24.1248
	无支持							23.0839
和谐的企业党组织与管理层关系	无减免税	2.663	0.103	−2.926	756.000	0.004	−0.81695	31.8852
	有减免税							32.7021
	无扶持资金	8.216	0.004	−2.937	526.485	0.003	−0.81683	31.9660
	有扶持资金							32.7828
	有支持	6.142	0.013	3.907	435.893	0.000	1.18545	32.5986
	无支持							31.4132

如表4−2所示，有低（无）息贷款的企业在企业社会资本（mean=17.6374，SD=0.31）[①]、企业绩效（mean=24.6911，SD=0.25）方面（$p<0.05$、$p<0.001$）优于没有低（无）息贷款的企业的企业社会资本（mean=16.7872，SD=0.14）、企业绩效（mean=23.6267，SD=0.12）。

① mean即平均值；SD的全称为standard deviation，即标准差，是反映一组数据离散程度最常用的一种量化形式，是表示精确度的重要指标。

有减免税的企业在非公企业党建（mean=21.3679，SD=0.13）、企业社会资本（mean=17.4094，SD=0.19）、和谐的企业党组织与管理层关系（mean=32.7021，SD=0.21）、企业绩效（mean=24.3179，SD=0.17）方面（p<0.01、p<0.01、p<0.001、p<0.01）优于无减免税的企业的非公企业党建（mean=20.8645，SD=0.12）、企业社会资本（mean=16.5803，SD=0.16）、和谐的企业党组织与管理层关系（mean=31.8852，SD=0.18）、企业绩效（mean=23.4271，SD=0.14）。

享受财政补贴的企业在企业社会资本（mean=17.2736，SD=0.20）、企业绩效（mean=24.1961，SD=0.18）方面（p<0.05、p<0.01）优于不享受财政补贴的企业的企业社会资本（mean=16.7224，SD=0.16）、企业绩效（mean=23.5785，SD=0.14）。

享受扶持资金的企业在企业社会资本（mean=17.3365，SD=0.21）、组织公民行为（mean=26.9639，SD=0.16）、和谐的企业党组织与管理层关系（mean=32.7828，SD=0.22）、企业绩效（mean=24.4655，SD=0.19）方面（p<0.05、p<0.05、p<0.001、p<0.01）优于不享受扶持资金的企业的企业社会资本（mean=16.7187，SD=0.15）、组织公民行为（mean=26.5053，SD=0.11）、和谐的企业党组织与管理层关系（mean=31.9660，SD=0.17）、企业绩效（mean=23.4747，SD=0.13）。

总体来说，享受政策或支持的企业比不享受政策或支持的企业在非公企业党建（meandifference=0.77，p<0.0001）、企业社会资本（meandifference=1.18，p<0.0001）、企业绩效（meandifference=1.04，p<0.0001）、和谐的企业党组织与管理层关系（meandifference=1.19，p<0.0001）方面都要有优势。另外，有无融资支持在5个被测变量中的均值均无显著性差异。

（二）研究变量的单因素方差分析

1. 研究变量的方差齐性检验

为检验研究变量在党组织背景方面是否存在差异，本研究将以非公企业和党组织的基本信息（问卷第六部分）为因子，将研究变量作为因变量进行单因素方差分析。本研究的研究变量为潜变量，均由数个子题项组成，无法进行直接计算，因此采取先将每个潜变量的所有子题项简单地以相加求和的方式来获取潜变量的研究数据，处理后获得非公企业党建、企业社会资本、和谐的企业党组织与管理层关系、企业绩效、组织公民行为共计5个连续性变量。

在企业和党组织基本信息栏中，企业创立时间、员工数量、企业党组织成立时间均为连续性变量，无法直接比较均值差异，因此本研究将这3个变量分别以1个标准差为单位生成分割点的方式进行可视化分组处理，每个变量的数据均被归入4组当中；处理后分别将企业创立时间、员工数量、企业党组织成立时间作为因子，5个研究变量作为因变量进行单因素方差分析。分析结果显示不存在任何显著性差异。

其余基本信息，包括企业所处行业、党员数量、党组织级别、全年的党建经费、企业主的文化程度、企业主的民族、企业主是否为中共党员、中高层管理者是否担任过人大代表或政协委员、党组织星级，本研究将这些变量均作为因子变量，将5个研究变量作为因变量进行单因素方差分析。首先进行的是方差齐性检验，在“单因素同质性测试”中p值大于0.05时方差才是齐的，才可以使用单因素方差分析，否则不能使用。经检验，所有研究变量均满足方差齐性标准，因此可以进行单因素方差检验。

2. 单因素方差检验结果

经过单因素方差检验后，均值存在显著性差异的如表4–3所示，其余变量组间的均值不存在显著性差异。

表4–3 单因素方差检验

单因素	变量		平方和	均方	方差检验量	P值
员工数量	企业绩效	组间方差	126.090	25.218	2.817	0.016
		组内方差	6741.534	8.953		
党员数量	非公企业党建	组间方差	123.856	30.964	5.271	0.000
		组内方差	4429.045	5.874		
	企业绩效	组间方差	175.249	43.812	4.936	0.001
		组内方差	6692.375	8.876		
全年的党建经费	非公企业党建	组间方差	387.814	96.954	17.551	0.000
		组内方差	4165.087	5.524		
	企业社会资本	组间方差	502.175	125.544	11.261	0.000
		组内方差	8405.718	11.148		
	组织公民行为	组间方差	221.407	55.352	9.866	0.000
		组内方差	4230.221	5.610		
	企业绩效	组间方差	584.983	146.246	17.551	0.000
		组内方差	6282.642	8.332		
	和谐的企业党组织与管理层关系	组间方差	772.476	193.119	14.375	0.000
		组内方差	10129.199	13.434		
企业主的文化程度	非公企业党建	组间方差	73.780	14.756	2.484	0.030
		组内方差	4466.881	5.940		
	组织公民行为	组间方差	64.862	12.972	2.224	0.050
		组内方差	4386.108	5.833		
中高层管理者是否担任过人大代表或政协委员	非公企业党建	组间方差	69.731	13.946	2.342	0.040
		组内方差	4483.170	5.954		
	企业绩效	组间方差	131.351	26.270	2.937	0.012
		组内方差	6736.274	8.946		
党组织星级	非公企业党建	组间方差	214.516	35.753	6.197	0.000
		组内方差	4338.385	5.769		
	企业社会资本	组间方差	154.140	25.690	2.207	0.041
		组内方差	8753.753	11.641		
	企业绩效	组间方差	243.421	40.570	4.606	0.000
		组内方差	6624.203	8.809		
	和谐的企业党组织与管理层关系	组间方差	298.041	49.673	3.523	0.002
		组内方差	10603.634	14.101		

员工数量不同的企业的绩效差异：员工数量为500人以上的企业，其绩效（mean=24.64，SD=0.28）明显要优于（p<0.05）数量为1—100人的（mean=23.52，SD=0.14）。

党员数量不同的企业的党建差异：党员数量为6—10人（mean=21.30，SD=0.16）、11—50人（mean=21.26，SD=0.17）、51—100人（mean=21.85，SD=0.58）以及100人以上（mean=21.93，SD=0.31）的企业，其党建明显要优于（p<0.001）党员数量为3—5人的（mean=20.60，SD=0.15）。

党员数量不同的企业的绩效差异：党员数量为11—50人（mean=24.07，SD=0.21）、51—100人（mean=25.07，SD=0.64）以及100人以上（mean=25.04，SD=0.47）的企业，其绩效要优于（p<0.001）党员数量为3—5人的（mean=23.32，SD=0.18）。另外，党员数量为100人以上的企业，其绩效（mean=25.04，SD=0.47）要优于（p<0.001）党员数量为6—10人（mean=23.82，SD=0.20）的和11—50人的（mean=24.07，SD=0.21）。

全年的党建经费不同的企业的党建差异：全年的党建经费为5万—10万元（含，mean=22.21，SD=0.25）、10万—30万元（含，mean=22.38，SD=0.28）以及30万元以上（mean=22.27，SD=0.27）的企业，其党建要优于（p<0.001）经费为1万元及以下（mean=20.34，SD=0.15）的和1万—5万元（含，mean=21.29，SD=0.13）的。

全年的党建经费不同的企业的社会资本差异：全年的党建经费为5万—10万元（含，mean=18.27，SD=0.36）、10万—30万元（含，mean=18.72，SD=0.44）的企业，其社会资本要优于（p<0.001）经费为1万元及以下（mean=16.11，SD=0.21）的和1万—5万元（含，mean=17.13，SD=0.18）的；经费为30万元以上（mean=22.27，SD=0.27）的企业，其社会资本要优于（p<0.001）经费为1万元及以下（mean=16.11，SD=0.21）的。

全年的党建经费不同的企业的组织公民行为差异：全年的党建经费为5

万—10万元（含，mean=27.62，SD=0.24）、10万—30万元（含，mean=27.87，SD=0.31）的企业，其组织公民行为要优于（p<0.001）经费为1万元及以下（mean=26.14，SD=0.14）的和1万—5万元（含，mean=26.75，SD=0.13）的。

全年的党建经费不同的企业的绩效差异：全年的党建经费为5万—10万元（含，mean=25.23，SD=0.33）、10万—30万元（含，mean=25.56，SD=0.43）的企业，其绩效要优于（p<0.001）经费为1万元及以下（mean=22.91，SD=0.17）的和1万—5万元（含，mean=24.03，SD=0.16）的；经费为30万元以上（mean=25.02，SD=0.57）的企业，其企业绩效要优于（p<0.001）经费为1万元及以下（mean=22.91，SD=0.17）的。

全年的党建经费不同的企业的党组织与管理层关系差异：全年的党建经费为5万—10万元（含，mean=33.93，SD=0.35）、10万—30万元（含，mean=34.51，SD=0.32）的企业，其党组织与管理层关系的和谐程度要优于（p<0.001）经费为1万元及以下（mean=31.27，SD=0.23）的和1万—5万元（含，mean=32.39，SD=0.20）的；经费为30万元以上（mean=33.50，SD=0.67）的企业，其企业党组织与管理层关系的和谐程度要优于（p<0.001）经费为1万元及以下（mean=31.27，SD=0.23）的。

企业主的文化程度不同的企业的党建差异：企业主的文化程度为本科（mean=21.28，SD=0.13）和研究生（mean=21.53，SD=0.27）的企业，其党建要优于（p<0.05）文化程度为初中及以下（mean=19.90，SD=0.67）的和高中/职高/中专/技校/大专（mean=20.88，SD=0.13）的。

企业主的文化程度不同的企业的组织公民行为差异：企业主的文化程度为本科（mean=26.89，SD=0.13）或研究生（mean=27.12，SD=0.30）的企业，其组织公民行为要优于（p<0.05）文化程度为高中/职高/中专/技校/大专（mean=26.37，SD=0.13）的。

中高层管理者是否担任过人大代表或政协委员的企业的党建差异：中高层管理者担任过市县级人大代表或政协委员（mean=21.31，SD=0.14）、省或省会级人大代表或政协委员（mean=21.42，SD=0.30）的企业，其党建要优于（$p<0.05$）中高层管理者没有担任过人大代表或政协委员（mean=20.81，SD=0.13）的。

中高层管理者是否担任过人大代表或政协委员的企业的绩效差异：中高层管理者担任过市县级人大代表或政协委员（mean=24.10，SD=0.18）、省或省会级人大代表或政协委员（mean=24.40，SD=0.37）的企业，其党建要优于（$p<0.05$）中高层管理者没有担任过人大代表或政协委员（mean=23.43，SD=0.15）的。

党组织星级不同的企业的党建差异：党组织为三星级（mean=22.34，SD=0.26）、四星级和五星级（mean=22.34，SD=0.26）的企业，其党建要优于（$p<0.001$）无星级（mean=20.48，SD=0.24）、一星级（mean=20.62，SD=0.25）、二星级（mean=20.91，SD=0.15）的；党组织为四星级和五星级的企业，其绩效（mean=22.34，SD=0.26）要优于（$p<0.001$）党组织为三星级（mean=22.34，SD=0.26）的。

党组织星级不同的企业的社会资本差异：党组织为四星级和五星级（mean=18.40，SD=0.35）的企业，其社会资本要优于（$p<0.05$）党组织为无星级（mean=16.44，SD=0.33）、一星级（mean=16.87，SD=0.34）、二星级（mean=16.86，SD=0.20）、三星级（mean=16.93，SD=0.24）的。

党组织星级不同的企业的绩效差异：党组织为四星级和五星级（mean=25.43，SD=0.40）的企业，其绩效要优于（$p<0.001$）党组织为无星级（mean=23.15，SD=0.27）、一星级（mean=23.507，SD=0.30）、二星级（mean=23.61，SD=0.18）、三星级（mean=24.15，SD=0.20）的。

党组织星级不同的企业的党组织与管理层关系差异：党组织为三星级

（mean=32.79，SD=0.24）、四星级和五星级（mean=33.88，SD=0.38）的企业，其党组织与管理层关系的和谐程度要优于（p<0.01）党组织为无星级（mean=31.79，SD=0.37）、一星级（mean=31.88，SD=0.37）、二星级（mean =31.79，SD=0.24）的。

三、相关性分析

本研究将合并后的非公企业党建、企业社会资本、组织公民行为、企业绩效、和谐的企业党组织与管理层关系等进行相关性检验，其检验结果如表4-4所示。

Pearson Correlation指变量间的相关系数，采用双尾检验相关的显著性，该值小于0.05时表示变量间具有显著的相关性。根据表4-4中的数据，非公企业党建、企业社会资本、组织公民行为、企业绩效、和谐的企业党组织与管理层关系这5个潜变量之间均存在显著性的两两正相关关系。因此，可进行下一步的模型构建。

表4-4　变量相关性矩阵

	非公企业党建	企业社会资本	组织公民行为	企业绩效	和谐的企业党组织与管理层关系	平均值	标准差
非公企业党建	1					21.065	2.450
企业社会资本	0.528**	1				16.912	3.428
组织公民行为	0.507**	0.527**	1			26.650	2.423
企业绩效	0.571**	0.589**	0.599**	1		23.787	3.010
和谐的企业党组织与管理层关系	0.673**	0.565**	0.659**	0.615**	1	32.214	3.792

注：***表示p<0.001，**表示p<0.01，*表示p<0.05。

第二节　模型构建

一、初始模型构建

在第二章中，本研究根据文献综述内容提出了研究假设模型，该模型也是结构方程构建的首要参考。本研究在AMOS 24.0软件中对初始模型进行构建，形成与研究假设一致的模型，然后根据修正指标（Modification Indices）对模型进行进一步的修改，形成几种优化模型，最后根据拟合指标对比选出最优模型，验证非公企业党建对企业绩效的影响路径。

（1）模型1：本研究在未考虑和谐的企业党组织与管理层关系这一潜变量的调节效应下，所得的结构方程模型为模型1，各路径显著性均小于0.001，其各项拟合指标为：$CMIN/DF=3.292>3$，$RMSEA=0.055<0.07$，$GFI=0.947>0.9$，$AGFI=0.927>0.9$，$NFI=0.958>0.9$，$IFI=0.971>0.9$，$CFI=0.971>0.9$。从拟合指标来看，除了CMIN/DF接近标准指标外，其余指标均达到标准，因此可认为总体模型拟合程度很好。从表中可知，所有路径均具有统计学的显著意义（$p<0.05$）。

（2）模型2：本研究去掉非公企业党建与企业绩效之间的直接关系，并去掉企业社会资本与组织公民行为之间的直接关系，所得的结构方程模型为模型2。模型2忽略了非公企业党建对于企业绩效的直接影响，只衡量其间接影响，各路径显著性均小于0.001，其各项拟合指标为：$CMIN/DF=4.337>3$，$RMSEA=0.066<0.07$，$GFI=0.930>0.9$，$AGFI=0.905>0.9$，$NFI=0.944>0.9$，$IFI=0.956>0.9$，$CFI=0.956>0.9$。从拟合指标来看，除了CMIN/DF接近标准指标外，其余指标均达到标准，因此可认为总体模型拟合程度很好。从表中可知，所有路径均具有统计学的显著意义（$p<0.05$）。

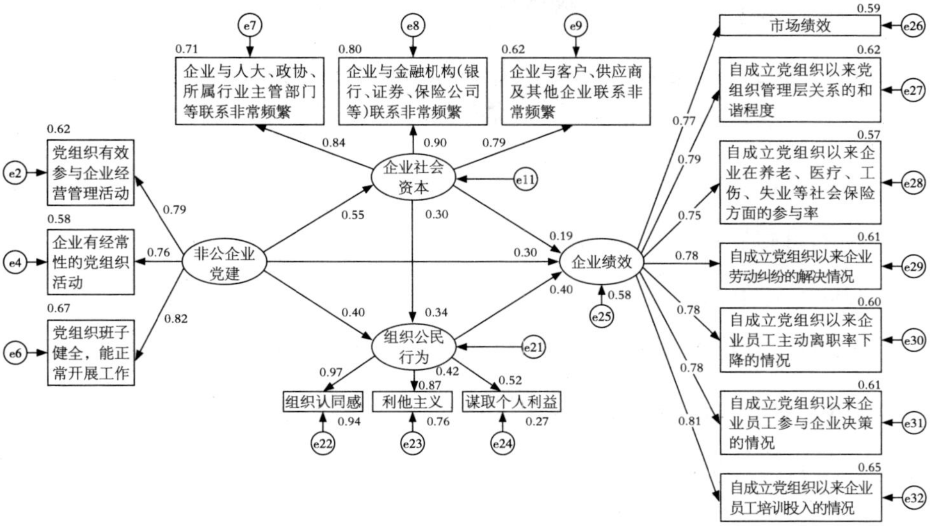

非公企业党建与企业绩效关系模型标准化估计

CMIN=322.645（P=0.000）；DF=98；RMSEA=0.055；GFI=0.947；
AGFI=0.927；NFI=0.958；IFI=0.971；CFI=0.971

图4–1　模型1

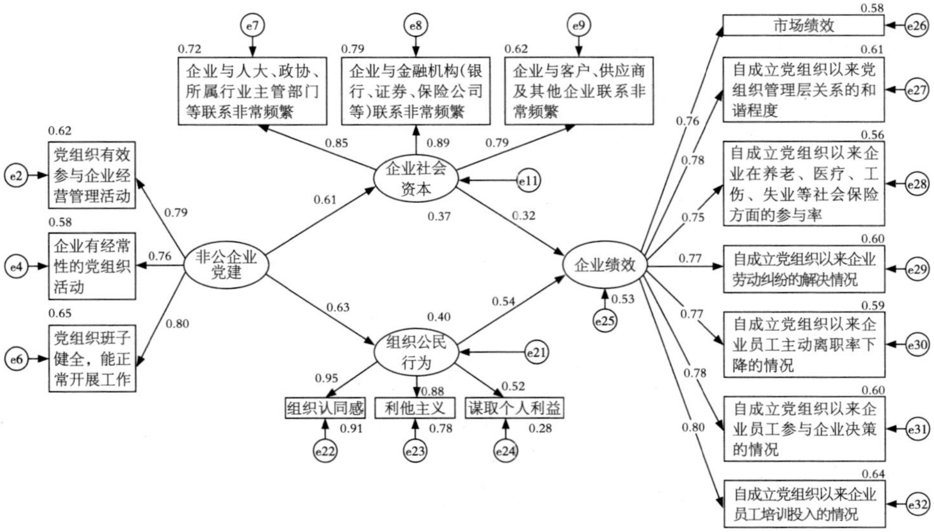

非公企业党建与企业绩效关系模型标准化估计

CMIN=433.665（P=0.000）；DF=100；RMSEA=0.066；GFI=0.930；
AGFI=0.605；NFI=0.944；IFI=0.956；CFI=0.956

图4–2　模型2

（3）模型3：本研究根据模型的指标修正结果，去掉企业社会资本与企业绩效之间的直接关系，并去掉组织公民行为与企业绩效之间的直接关系，所得的结构方程模型为模型3。模型3忽略了非公企业党建对于企业绩效的间接影响，以及企业社会资本和组织公民行为的中介影响，只衡量非公企业党建的直接影响，各路径显著性均小于0.001，其各项拟合指标为：CMIN/DF=5.062>3，RMSEA=0.073>0.07，GFI=0.916>0.9，AGFI=0.887<0.9，NFI=0.934>0.9，IFI=0.946>0.9，CFI=0.946>0.9。从拟合指标来看，CMIN/DF、RMSEA、AGFI均达不到标准，因此可认为总体模型拟合程度不好。从表中可知，所有路径均具有统计学的显著意义（p<0.05）。

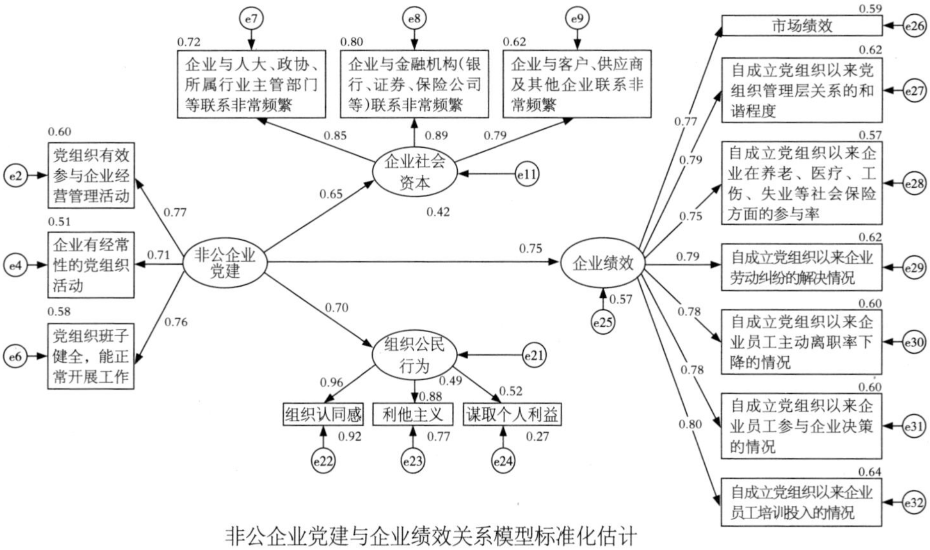

非公企业党建与企业绩效关系模型标准化估计

CMIN=511.306（P=0.000）；DF=101；RMSEA=0.073；GFI=0.916；
AGFI=0.887；NFI=0.934；IFI=0.946；CFI=0.946

图4–3　模型3

（4）模型4：本研究根据与模型1相反的思路对各变量的关系进行分析，并且根据现实情况去除了组织公民行为与非公企业党建之间直接的关系，以及去掉企业社会资本与组织公民行为之间的直接关系，所得的结构方程模型为模型4，各路径显著性均小于0.001，其各项拟合指标为：CMIN/DF=3.774>3，RMSEA=0.060<0.07，GFI=0.939>0.9，AGFI=0.916>0.9，NFI=0.951>0.9，IFI=0.964>0.9，CFI=0.964>0.9。从拟合指标来看，除了AGFI接近标准指标外，其余指标均达到标准，因此可认为总体模型拟合程度很好。从表中可知，所有路径均具有统计学的显著意义（p<0.05）。

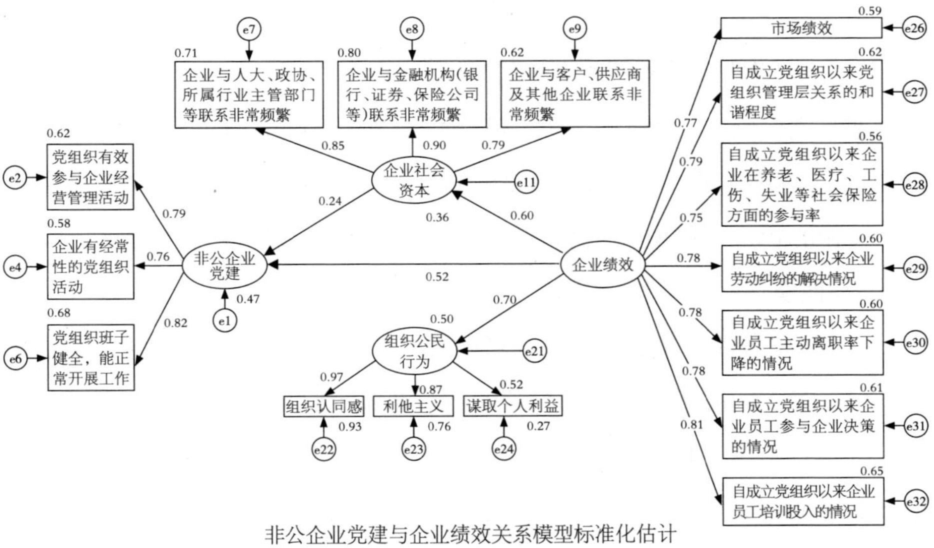

非公企业党建与企业绩效关系模型标准化估计

CMIN=377.402（P=0.000）；DF=100；RMSEA=0.060；GFI=0.939；
AGFI=0.916；NFI=0.951；IFI=0.964；CFI=0.964

图4–4 模型4

二、模型比较

本研究采用多群组比较的方法对不同模型进行比较。将模型1作为参照，将模型2、模型3、模型4分别与模型1进行比较，p值是根据卡方变化量和自由度变化量参照卡方分布临界值所得。各模型拟合指标及对比分析如下表所示。结果显示模型2、模型3、模型4与模型1均存在显著性差异（p<0.001，p<0.001，p<0.01）。

表4-5　模型拟合指标对比

模型	卡方值	自由度	卡方值除以自由度	比较拟合指数	非规范拟合指数	近似均方根误差	信息准则	卡方变化量	自由度变化量	概率
模型1	322.65	98	3.292	0.971	0.964	0.055	399	—	—	—
模型2	433.67	100	4.337	0.956	0.947	0.066	505	111.02	2	***
模型 3	511.31	101	5.062	0.946	0.936	0.073	581	188.66	3	***
模型 4	377.403	100	3.774	0.964	0.956	0.060	449	54.753	2	***

注：***表示p<0.001，**表示p<0.01，*表示p<0.05。

通过比较以上4个模型可知，模型1的CMIN/DF为3.292，大于标准值3且在4个模型中最小；GFI、AGFI、NFI、IFI、CFI>0.9，在4个模型中最大，RMSEA<0.07和AIC（信息准则）在4个模型中最小。综合看来，模型1优于其他模型，而模型3的拟合指标最差。

模型1中各潜变量之间的路径影响系数的p值均小于0.05，这说明模型中各潜变量之间的影响路径是显著的。当非公企业党建每提高1个单位时，企业社会资本增加0.55个单位，组织公民行为增加0.40个单位，企业绩效提升0.30个单位。当企业社会资本每增加1个单位时，企业绩效增加0.19个单位；当组织公民行为每增加1个单位时，企业绩效增加0.40个单位。

第三节　中介效应分析

一、基本分析

为验证中介效应，本研究参考Baron & Kenny（1986）对于检验中介效应的相关介绍，借鉴Cording et al.（2008）、Newman et al.（2017）在研究中的做法，对数据进行中介效应分析。模型1有3条中介路径，分别为：非公企业党建→组织公民行为→企业绩效；非公企业党建→企业社会资本→组织公民行为；企业社会资本→组织公民行为→企业绩效。为检测路径中的中介效应，采取5000次的拔靴法（一种统计学方法，通过利用原始样本重复进行有放回的抽样而生成新的样本集）进行分析，结果如下表：

表4–6　模型的标准化中介效应分析结果

		置信区间		标准化效应值	概率	判定
		上限	下限			
企业社会资本在非公企业党建与企业绩效之间的中介效应	总效应	0.588	0.699	0.410	0.000***	部分中介
	直接效应	0.217	0.392	0.304	0.000***	
	间接效应	0.280	0.406	0.106	0.000***	
组织公民行为在非公企业党建与企业绩效之间的中介效应	总效应	0.588	0.699	0.463	0.000***	部分中介
	直接效应	0.217	0.392	0.304	0.000***	
	间接效应	0.280	0.406	0.159	0.000***	
组织公民行为在企业社会资本与企业绩效之间的中介效应	总效应	0.244	0.414	0.329	0.000***	部分中介
	直接效应	0.107	0.277	0.193	0.000***	
	间接效应	0.097	0.187	0.136	0.000***	

关于企业社会资本在非公企业党建与企业绩效之间的中介效应：直接效应为0.304，在置信区间95%的非公企业党建为0.217和0.392，显著性小于0.001；间接效应为0.106，在置信区间95%的非公企业党建为0.280和0.406，显著性小于0.001，影响结果显著。因此，企业社会资本在非公企业党建与企业绩效之间发挥中介效应，假设H4a被验证。

关于组织公民行为在非公企业党建与企业绩效之间的中介效应：直接效应大小为0.304，在置信区间95%的非公企业党建为0.217和0.392，显著性小于0.001；间接效应大小为0.159，在置信区间95%的非公企业党建为0.280和0.406，显著性小于0.001，影响结果显著。因此，组织公民行为在非公企业党建与企业绩效之间发挥中介效应，假设H4b被验证。

关于组织公民行为在企业社会资本与企业绩效之间的中介效应：直接效应为0.193，在置信区间95%的企业社会资本为0.107和0.277，显著性小于0.001；间接效应为0.136，在置信区间95%的企业社会资本为0.097和0.187，显著性小于0.001，影响结果显著。因此，组织公民行为在企业社会资本与企业绩效之间发挥部分中介的作用，假设H4c被验证。

二、多重中介和链式中介效应分析

（一）多重中介效应分析

上述分析虽然证实了企业社会资本在非公企业党建与企业绩效之间存在中介效应（假设H4a），对组织公民行为在非公企业党建与企业绩效之间的中介效应（假设H4b），组织公民行为在企业社会资本与企业绩效中存在中介效应（假设H4c），但是企业社会资本与组织公民行为是否先后作为中介变量影响非公企业党建与企业绩效的关系尚未可知。但是，厘清中介变量如何发挥作用对于研究非公企业党建与企业绩效的关系非常重要。因此，需要在基本分析基础上对特定的中介效应进行分析。本研究采用AMOS（一种结构方程模型分析软件）的“Define new estimands”（定义新估计目标）功能进行分析。

将非公企业党建→企业社会资本→组织公民行为→企业绩效的间接效应定义为ind，语法如下：

ind=e.Standardized Direct Effect（企业社会资本，非公企业党建）*e.Standardized Direct Effect（企业社会资本，组织公民行为）*e.Standardized Direct Effect（企业绩效，组织公民行为）

运行结果如表4-7所示。

表4-7 User-defined estimands（自定义估计目标）

自定义	中介路径	中介效应	P	占总效应比重
Ind	非公企业党建→企业社会资本→组织公民行为→企业绩效	0.075	**	22.06%

上表中的ind展示了企业社会资本和组织公民行为先后影响非公企业党建与企业绩效之间的关系，效应值为0.075（p<0.001），说明非公企业党建先后通过企业社会资本和组织公民行为影响企业绩效，假设H4d被验证。

根据表4-6，企业社会资本在非公企业党建与企业绩效之间的中介效应为0.106，组织公民行为在非公企业党建与企业绩效之间的中介效应为0.159。其中组织公民行为作为中介变量时的中介效应大于企业社会资本作为中介变量的中介效应。而企业社会资本和组织公民行为先后影响非公企业党建与企业绩效之间的中介效应为0.075，其作用较弱。所以非公企业党建与企业绩效之间的中介效应主要还是分别以企业社会资本和组织公民行为作为中介时发挥作用。

（二）链式中介效应分析

上表中的Ind展示了非公企业党建→企业社会资本→组织公民行为→企业绩效的链式中介效应分析结果，效应值为0.075（p<0.001），说明在非公企业党建→企业社会资本→组织公民行为→企业绩效的影响过程中存在链式中介效应，假设H4d被验证。

第四节 模型调节效应分析

一、数据处理

根据研究假设，本研究需要进行调节效应分析，参考Hayes（2013）、

Tse et al.（2012）对调节效应的相关描述及操作步骤进行数据分析。为了检验和谐的企业党组织与管理层关系的调节效应，需要对自变量和调节变量进行中心化处理（Tabachnick & Fidell，2013），即分别减去各自的平均数，把中心化处理后的自变量和调节变量相乘，得到交承项，这些步骤均在Process（软件中的流程步骤）中自动完成。本部分主要检验和谐的企业党组织与管理层关系对于非公企业党建和企业绩效的调节关系，基于选定的模型3，在这个模型中，非公企业党建通过企业社会关系和组织公民行为两个中介变量作用于因变量企业绩效，因此调节变量将分别检测两条中介路径的调节效应，即非公企业党建→企业社会资本→企业绩效和非公企业党建→组织公民行为→企业绩效。

二、非公企业党组织与管理层关系调节社会资本—企业绩效分析

为了检验和谐的企业党组织与管理层关系的调节效应与调节路径，根据研究假设H5a，和谐的企业党组织与管理层关系调节企业社会资本作用于企业绩效。因此，本部分采用Process中的模型1。（见图4−5）

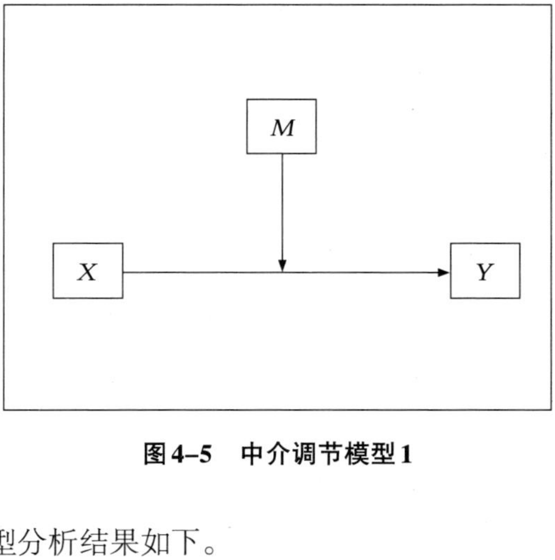

图4–5　中介调节模型1

调节效应模型分析结果如下。

表4-8 调节效应模型分析结果

因变量		回归系数	样本标准差	显著性检验值	概率	置信区间最低值	置信区间最高值	拟合优度值	F统计量值
企业绩效	常量	23.6052	0.0865	272.9917	0.0000	23.4354	23.7749	0.4823	234.5019***
	企业社会资本	0.3137	0.0279	11.2619	0.0000	0.2590	0.3684		
	和谐的企业党组织与管理层关系	0.3771	0.0269	14.0323	0.0000	0.3243	0.4298		
企业绩效	企业社会资本*和谐的企业党组织与管理层关系	0.0249	0.0049	5.1087	0.0000	0.0153	0.0344		

注：***表示p<0.001，**表示p<0.01，*表示p<0.05。

如表4-8所示，调节项企业社会资本*和谐的企业党组织与管理层关系显著（p<0.001），说明和谐的企业党组织与管理层关系的调节效应显著。以一个标准差为单位，均值减去一个标准差的为低分组，均值加上一个标准差的为高分组，因此生成4组（Hayes，2013；Tse et al.，2012）。和谐的企业党组织与管理层关系在企业社会资本—企业绩效后半段的调节效应简单斜率如图4-6所示。

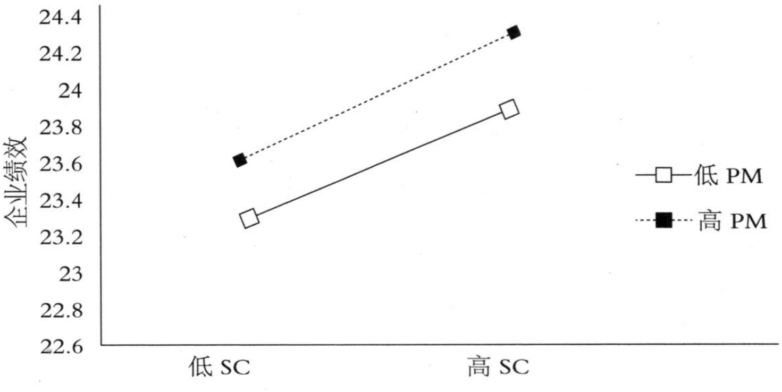

PM为和谐的企业党组织与管理层关系，SC为企业社会资本

图4-6 和谐的企业党组织与管理层关系对企业社会资本和企业绩效的调节效应图

如图4–6所示，高水平的和谐的企业党组织与管理层关系情境下企业社会资本与企业绩效的正相关关系要高于低水平情境下的企业社会资本与企业绩效的正相关关系，也就是说，和谐的非公企业党组织与管理层关系强化了企业社会资本与企业绩效的关系，假设H5a被验证。

三、非公企业党组织与管理层关系调节组织公民行为—企业绩效分析

为了检验和谐的企业党组织与管理层关系的调节效应与调节路径，根据研究假设H5b，本部分采用Process中的模型1，即和谐的企业党组织与管理层关系调节组织公民行为作用于企业绩效。

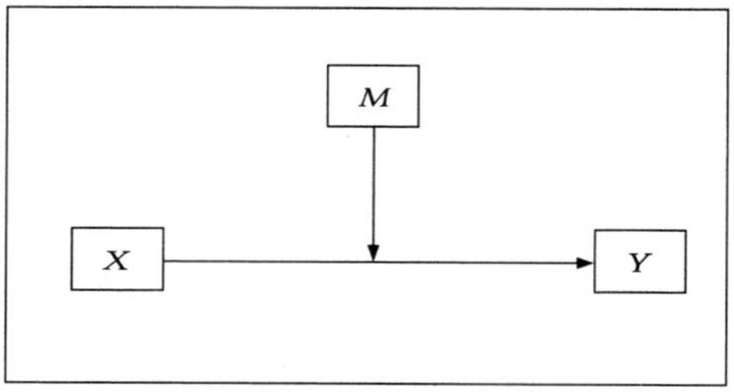

图4–7　中介调节模型1

调节效应结果如下：

表4–9　调节效应模型分析结果

因变量		回归系数	样本标准差	显著性检验值	概率	置信区间最低值	置信区间最高值	拟合优度值	F统计值
企业绩效	常量	23.5915	0.090	259.8828	0.0000	23.4133	23.7697	0.4603	214.6735***
	组织公民行为	0.4299	0.044	9.7317	0.0000	0.3432	0.5166		
	和谐的企业党组织与管理层关系	0.3507	0.029	11.8442	0.0000	0.2926	0.4089		
	组织公民行为*和谐的企业党组织与管理层关系	0.0324	0.007	4.6541	0.0000	0.0187	0.0460		

注：***表示p<0.001，**表示p<0.01，*表示p<0.05。

表4-9结果显示，调节项组织公民行为*和谐的企业党组织与管理层关系显著（p<0.001），说明和谐的企业党组织与管理层关系的调节效应显著。以一个标准差为单位，均值减去一个标准差的为低分组，均值加上一个标准差的为高分组，因此生成4组。和谐的企业党组织与管理层关系在组织公民行为—企业绩效后半段的调节效应简单斜率如图4-8所示。

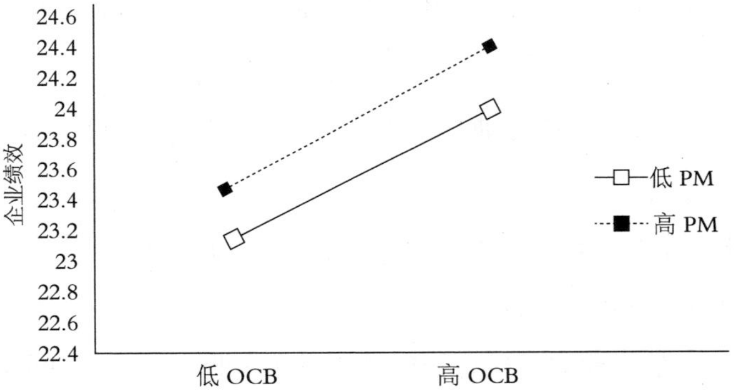

PM为和谐的企业党组织与管理层关系，OCB为组织公民行为

图4-8 和谐的企业党组织与管理层关系对组织公民行为和企业绩效的调节效应图

如图4-8所示，高水平的和谐的企业党组织与管理层关系情境下组织公民行为与企业绩效的正相关关系要优于低水平情境下的组织公民行为与企业绩效的正相关关系，也就是说，和谐的非公企业党组织与管理层关系强化了组织公民行为与企业绩效的关系，假设H5b被验证。

第五节 实证分析结论

综上可知，本模型的拟合指数、变量间信度、收敛效度、区别效度均达到要求，因此本模型具有较高的可信度。主要结论如下：

（1）非公企业党建与企业绩效正相关。H1被验证。

（2）非公企业党建与企业社会资本正相关。H2a被验证。

（3）非公企业党建与组织公民行为正相关。H2b被验证。

（4）企业社会资本与企业绩效正相关。H3a被验证。

（5）组织公民行为与企业绩效正相关。H3b被验证。

（6）企业社会资本在非公企业党建与企业绩效之间发挥中介效应。H4a被验证。

（7）组织公民行为在非公企业党建与企业绩效之间发挥中介效应。H4b被验证。

（8）组织公民行为在企业社会资本和企业绩效之间发挥中介效应。H4c被验证。

（9）非公企业党建先后通过企业社会资本与组织公民行为对企业绩效产生正向影响。H4d被验证。

（10）和谐的企业党组织与管理层关系在企业社会资本与企业绩效之间起调节作用。也就是说，企业党组织与管理层关系越和谐，企业社会资本与企业绩效的关系越强。H5a被验证。

（11）和谐的企业党组织与管理层关系在组织公民行为与企业绩效之间起调节作用。也就是说，企业党组织与管理层关系越和谐，组织公民行为与企业绩效的关系越强。H5b被验证。

第六节　本章小结

本章通过构建结构方程模型来测量非公企业党建对企业绩效的影响，并根据假设验证了企业社会资本和组织公民行为在非公企业党建影响企业绩效的过程中所起的中介作用和路径，以及和谐的企业党组织与管理层关系对非公企业党建影响企业绩效所起的调节效应。研究结果验证了本书的研究假设，即非公企业党建对企业绩效、企业社会资本、组织公民行为都有显著的正向影响，企业社会资本和组织公民行为在非公企业党建与企业绩效之间起中介作用，在非公企业党建→企业社会资本→组织公民行为→企业绩效的影响过程中存在链式中介效应。同时，和谐的企业党组织与管理层关系能够调节企业社会资本和组织公民行为并影响企业绩效。

第五章 结论与展望

本章为最后一章。首先，作者基于前面四章的内容总结本书的主要研究结论；其次，针对研究结论提出相应的政策建议；最后，指出研究的不足之处以及未来研究的方向。

第一节 研究结论

当今世界绝大多数国家的中央和地方政权由政党来掌握，政党对现代社会的政治、经济和社会生活产生了重要的影响。中国共产党在中国的经济发展和国家建设中始终处于领导核心地位，主要通过将各级党组织融入经济体的治理结构与治理机制当中，通过影响企业的各类资源来影响企业的决策和治理过程。以公有制为主体、多种所有制经济共同发展是中国的基本经济制度，非公企业是发展社会主义市场经济的重要力量，加强和改进非公企业党建工作，有助于探索中国的企业党组织建设与公司治理两种完全不同的制度的最佳融合，为企业绩效的提升提供助力（蒋铁柱和沈桂龙，2006）。

由于非公企业党建的历程滞后于国有企业党建的历程，关于非公企业党建的相关研究起步较晚。目前，学术界对国有企业党建影响企业绩效的研究相对丰富，但是对非公企业党建影响企业绩效的研究相对较少。再加上，非公企业的数据较难获得，使得现有关于非公企业党建对企业绩效影响的研究主要集中在描述性研究和定性研究，而关于非公企业党建对企业绩效影响的实证研究相对缺乏。同时，现有研究缺少清晰的、完整的关于非公企业党建对企业绩效影响的机制和路径分析的整体脉络和范式分析的相关文献。

基于此，本书借鉴国内外关于企业社会资本、组织公民行为、企业绩效和和谐的企业党组织与管理层关系这4个方面的成熟量表，并根据中国的情况和本书的研究重点，构建适合研究目的的量表。同时，对于非公企业党组织建设的有关情况，作者经过访谈自编了量表用于研究。采用此量表设计的问卷收集的数据，实证研究非公企业党建对企业绩效的影响，并探究非公企业党建影响企业绩效的路径和机制。主要研究结论如下：

第一，非公企业党建对企业绩效、企业社会资本和组织公民行为，具有积极的作用。本书采用结构方程模型，实证了非公企业党建对企业绩效的影响，并分别探讨了企业社会资本和组织公民行为对企业绩效的影响。研究结果表明：其一，非公企业党建对企业绩效具有显著的正向影响，即非公企业党建会显著提升企业绩效（$\beta=0.3$，$p<0.001$）。这一结论支持了何轩和马骏（2018）的研究结论，即民营企业党建能够显著提升企业绩效。其二，非公企业党建对企业社会资本、组织公民行为具有显著的正向影响，即非公企业党建会显著增加企业的社会资本（$\beta=0.55$，$p<0.001$）和促进组织公民行为的产生（$\beta=0.4$，$p<0.001$）。这些结论分别支持了叶建宏（2017）

的研究结论，即民营企业党组织参与公司治理可以帮助公司获取外部资源，以及龙小宁和杨进（2014）的研究结论，即民营企业党组织对构建和谐劳资关系发挥着积极的作用。

在中国，非公企业党组织是执政党在非公企业的基层组织，不仅承担着执行执政党的政治理念和政治追求的责任，而且还承担着促进企业日常生产经营和发展的责任。这就决定了非公企业党组织必须将落实国家制度、助推地方发展、提升企业绩效、参与公司治理等进行有效整合。这种组织形式有别于西方国家的单一化的公司治理形式，本书的研究有别于现有关于公司治理和企业绩效的相关文献。非公企业党组织作为中国共产党的基层组织嵌入非公企业之中，不仅成了非公企业与执政党沟通的桥梁，而且成了非公企业获取政治资源的有效合法途径，更成了中国共产党扩大新型社会阶层群众基础的方式（胡旭阳和史晋川，2008；张建君和张志学，2005）。首先，非公企业党组织虽然不直接干涉企业的经营，却要兼顾企业的经营发展，企业家对待党组织的积极或消极态度都会影响企业的发展和企业的绩效（寇政文，2017）；其次，非公企业党组织为非公企业和企业主提供了一条不需要依靠私人关系和私人社会网络就能取得政治资源和政治庇护的合法途径（何轩和马骏，2018；曹正汉，2006）；最后，非公企业中的员工属于工人阶级，是中国共产党重要的群众基础，非公企业党组织在融入企业公司治理的过程中兼顾包括企业主、管理者、员工在内的各方利益相关者的合法利益，而维护职工权益是非公企业党组织的核心职能之一（陈勋楠，2014）。非公企业党组织在以上三个方面的活动，能够把企业党组织在政治资源、管理资源、组织能力等方面的优势转化为非公企业的资源，最终有利于企业绩效的提升。这与非公企业党组织主要履行的部分职责相吻合。

第二，非公企业党组织可以通过企业社会资本和组织公民行为这两条路径影响企业绩效，即企业社会资本和组织公民行为在非公企业党建影响企业绩效的过程中起中介作用，同时，组织公民行为的中介作用大于企业社会资本的中介作用。本书采用中介效应分析方法，构建了非公企业党建影响企业绩效的作用机制和路径，并实证了企业社会资本和组织公民行为在非公企业党建影响企业绩效方面的中介效应。研究结果表明：其一，企业社会资本和组织公民行为对企业绩效具有显著的正向影响，企业可以通过增加企业社会资本和促进组织公民行为的产生来提升企业绩效。实证研究的结果支持了假设3a，即企业社会资本与企业绩效正相关（$\beta=0.19$，$p<0.001$）。这一结论支持了边燕杰和丘海雄（2000）的观点，即企业社会资本对企业的经济效益有直接的提升作用。实证研究的结果也支持了假设3b，即组织公民行为与企业绩效正相关（$\beta=0.4$，$p<0.001$）。这一结论支持了Farh等人（1997）的观点，即组织公民行为作为员工的角色外行为，能够促进组织有效运行并提升组织竞争力和组织绩效。其二，企业社会资本和组织公民行为在非公企业党建影响企业绩效中起到了中介效应，即企业社会资本和组织公民行为是非公企业党建影响企业绩效的有效途径。实证研究的结果支持了假设4a，即SC在PC和EP之间起到了中介效应，中介效应为0.106，$p<0.001$。这前一结论支持了叶建宏（2017）的观点，即非公企业党组织参与公司治理可以通过帮助企业获得外部资源而有利于企业绩效的提升。实证研究的结果支持了假设4b，即组织公民行为在非公企业党建和企业绩效之间起到了中介效应。这一结论支持了龙小宁和杨进（2014）的观点，即民营企业党组织能够通过协调劳资关系和维护职工利益这一路径显著提升企业的劳动生产率。其三，组织公民行为作为中介变量时的中介效应大于企业社会资本作为中介变量时的中介效应，这说明非公企业党组织通过组织内部的组织公民行为产生的积极影响大于通过组织外部的企业社会资本产生的积极影响。初明利和贾元昌（2012）虽然从内部和外部两个

方面分析了非公企业党建对企业治理机制的助力，但并没有对比内部和外部这两方面影响的差异。叶建宏（2017）的研究发现，非公企业党组织参与公司治理可以帮助企业获得外部资源，却无法降低企业内部的代理成本，他虽然对比了党组织的外部治理效应和内部治理效应，却没有将内部治理效应落脚于劳动关系方面，因而无法对比非公企业党组织对组织公民行为与对企业社会资本产生影响的差异，而本书在这方面的研究不仅补充了现有文献的不足，也为未来的研究提供了方向。

非公企业党组织作为执政党的基层组织，既可以从外部影响企业绩效也可以从内部影响企业绩效。外部方式主要表现为非公企业党组织能够拓宽企业社会资本的渠道和优化企业的外部环境，包括为非公企业提供公共物品、优惠政策、稀缺资源、市场准入机会、信号传递和产权保护，缩小非公企业与国有企业在融资、市场、资源、政策、制度等方面的差距（蒋铁柱和沈桂龙，2006；余明桂和潘红波，2008；梁雄军等，2004；Allen，Qian & Qian，2005；曹正汉，2006）。这些都是非公企业党组织能够为非公企业所提供的社会资本，能够降低企业为维持政治关联而付出的非生产性活动的投入，同时节约企业的生产性活动投入。

内部方式主要表现为非公企业党组织能够缓解非公企业内部组织复杂、管理模式不科学、人才资源缺乏、员工素质不高、劳资关系紧张等问题，这是因为非公企业党组织是执政党在长期的经济建设中发展出来的，具备丰富的组织经验和完善的系统管理模式（陈勋楠，2014；龙小宁和杨进，2014；党齐民，2017；谢健和付映杰，2013）。党组织嵌入非公企业能够使得非公企业摆脱家族式经营和管理模式对企业可持续发展的约束，为企业员工传递出企业具有公平、可信任、可认同、可沟通、有晋升机会的积极氛围，增强了员工对企业的归属感。同时，非公企业党组织的存在，使得企业与员工双方常见的“强资本弱劳动”的劳动关系得到了有效的缓和

（陈勋楠，2014），为劳资双方彼此尊敬、相互信任、平等协商提供了一个公正有效的渠道，激发了员工的角色外行为即员工的组织公民行为，员工主动地对企业表现出自发性、自愿性、利他性和无偿性的行为。因此，非公企业党组织可以通过外部和内部两个方面助力企业绩效的提升。

第三，和谐的企业党组织与管理层关系，在企业社会资本和组织公民行为影响企业绩效的过程中起正向调节作用。本书采用调节效应分析方法，实证了和谐的企业党组织与管理层关系调节着企业社会资本和组织公民行为作用于企业绩效。研究结果表明：和谐的企业党组织与管理层关系在企业社会资本和组织公民行为影响企业绩效的过程中起调节作用，企业应当积极地为构建和谐的企业党组织与管理层关系而努力，以增加企业的社会资本和促进组织公民行为的产生。研究结果支持了假设5a和5b，即和谐的企业党组织与管理层关系强化了社会资本、组织公民行为与企业绩效的关系。这一结论支持了王元芳和马连福（2014）与龙小宁和杨进（2014）的观点。

企业党组织嵌入非公企业的日常经营之中会对企业管理层造成影响，这种影响包括对管理层人才的培养、管理层职业操守的监督、管理层思维决策的落实、管理层管理风格的选择、管理层社会责任意识的培养等方面的影响（马连福等，2012；吴秋生和王少华，2018；王元芳和马连福，2014）。企业党组织既能以监事会的形式监督管理层的行为，又能以工会的形式与管理层进行沟通和协调，既可以代表企业主监督管理层的权力以减少经理人与股东之间的委托代理冲突从而降低代理成本，又可以代表劳动者与管理层协商以获得培训和参与企业管理、改善员工工作和提高生活质量的机会（龙小宁和杨进，2014）。和谐的企业党组织与管理层关系，能够为企业创造良好的经营环境，有助于管理层和员工帮助企业实现战略目标和企业价值，最终有助于企业绩效的提升。

第二节　政策建议

在非公企业中建立基层党组织是一种具有中国特色的政治经济发展模式，其核心目的在于探索企业党建与公司治理两种完全不同制度的最佳融合，即在保证现代化的公司治理的过程中充分发挥党组织的优势以促进企业的积极快速发展。而在此过程中，不仅需要企业党组织的不断努力和完善自身建设，还需要企业的支持和政府的助力。因此，本书主要从企业党组织、企业和政府三个方面提出政策建议，以便更好地发挥企业党组织对企业绩效的积极作用。

对于企业党组织的政策建议包括两点。其一，充分发挥企业党组织在企业内部协调劳动关系的作用，维护企业主与职工以及各方的合法利益，构建和谐的劳动关系，促进企业员工的组织公民行为的发生；其二，充分发挥企业党组织在企业外部社会资本的作用，既可以依靠个人层面的社会资本也可以依靠组织层面的社会资本，与外部利益相关者之间建立良好的合作关系。正如本书的结论所示，非公企业党组织对企业绩效的提升、企业社会资本的增加和组织公民行为的产生，具有积极的推动作用，同时，非公企业党组织可以通过企业社会资本和组织公民行为这两条路径影响企业绩效。

非公企业党组织具有明显的社会主义政治经济特色，其目的是增强社会主义国家的群众基础、拓宽非公企业的政治沟通渠道、构建整个社会和谐的劳动关系，着重构建服务型的企业党组织。非公企业党组织并不代表某部分人或自身的利益而是代表整体的利益，促进劳资和谐是非公企业党组织的主要职责之一，非公企业党组织能够充当执政党与职工群众的桥梁和纽带，调动各方面的积极性，营造促进企业和谐发展的良好氛围，监督和引导企业合法用工，促进企业落实民主管理制度，指导工会等组织合理维护职工权益。同时，非公企业党组织是企业建立政治关联的渠道之一，非公企业通过企业党组织可以无成本地与政府建立政治关联，因此获得市场准入机会、融资、财政补贴等便利，减少非公企业遭受政策“歧视”和准入“壁垒”的可能性，缓解非公企业因制度缺陷而导致的融资困难的问题，因此，政府的财政补贴向非公企业倾斜。通过这两方面的努力，非公企业与政府能够建立互惠性和情感性的关系纽带，有助于“亲”和“清”新型政企互动、互信关系的形成，实现企业党组织与企业管理两种不同制度的最佳融合。

对企业的政策建议包括3点。其一，非公企业应当积极配合支持企业党组织的设立和参与企业党组织的活动，充分发挥企业党组织对非公企业的积极作用，强化党组织建设和激发党组织活力。此外，研究显示党建活动经费投入越高企业绩效越高，党组织星级越高企业绩效越高。这意味着企业加大党建活动经费的投入可以带来积极的企业绩效；企业支持党组织建设，提升党组织星级水平有助于实现企业绩效的提升。其二，企业应当及时向党组织反馈企业经济发展中面临的问题，主动寻求政府相关部门在融资、税收等方面的优惠政策或其他相应的政策扶持和政策供给，为企业的发展提供更加完备的制度环境。其三，企业应当正确处理好企业党组织与管理层的关系，相互尊重，促进和谐劳动关系的形成，改善企业氛围，充分发挥企业党组织和管理层的积极性和资源优势。正如本书的结论所示，非公企业党组织对企业绩效具有显著的正向影响，即非公企业党组织会显著提升企业绩效，同时，和谐的企业党组织与管理层关系有助于企业社会资本和组织公民行为激发企业绩效的提升。

非公企业党组织作为执政党在非公企业中是一种有组织、有制度、长期性的互动机制，能够有效缓和劳资关系，并为企业提供社会资本。但是，非公企业党组织的建立，是否能够有效助力企业的生产和经营，还取决于企业和企业主对企业党组织的认同度。非公企业党组织的建立和活动依赖于企业和企业主的支持，脱离不了企业和企业主的利益、愿望和诉求；反之，企业的生存和发展也依赖于政府的支持。双方基于社会交换，能够获得各自所需要的资源。非公企业党组织具有企业所欠缺的政策宣传功能和组织联系功能，非公企业通过企业党组织能够与政府保持密切联系，及时获取各类相关政策和法规的消息，为企业根据时事制定出准确的发展战略提供助力。同时，非公企业可以正当合法地借助企业党组织表达自身的政治愿望和诉求，减少因信息不对称而导致的与政府沟通不便的困难，提高非公企业在市场中的竞争力和积极性，尤其是消除体制性障碍对非公企业的不利影响，保障非公企业在市场准入、融资、税收等方面能够与其他企业享受同等待遇。

对政府的政策建议包括两点。其一，政府应当积极发挥企业党组织这一正规的组织的渠道对企业的支持，以减少非正规的政府资源对企业的支持，完善非公企业党组织的制度建设；其二，政府要处理好企业党组织与非公企业主的关系以及企业党组织与企业管理层的关系，为党组织在非公企业中发挥作用营造良好的环境。正如本书的结论所示，和谐的企业党组织与管理层关系在企业社会资本和组织公民行为影响企业绩效的过程中起调节作用。

目前中国的制度环境存在诸多缺陷和不完善之处，关系网络尤其是政治关联往往成了正式规则缺失和政策不确定性的完美替代品，政治关联强调企业或企业主在个体层面的政治背景，这种关联是一种非正式的联系。而企业党组织强调组织层面的政治联系，这种关联是一种正式的联系，对组织规范和规制具有严格的要求。企业党组织重视利用党的政治资源促进非公企业有序、合法、公平地参与政治，目的是为非公企业发展创造良好稳定的氛围，谋求企业长远发展而不是谋求自身私利。非公企业党组织试图为企业传递出良好形象的信号，引导企业在遵循市场规律和遵守国家法律的基础上追求自身的利益。同时，组织层面的政治联系将组织层面的资源融入企业的内部组织变革体系，能够有效约束管理层在经营决策、雇佣、薪酬契约等方面的权力，减少管理层寻租、腐败、功利和投机性的行为，监督管理层恪守职业操守。相比之下，非公企业党组织的建立更有助于政府与企业建立具有互惠性和情感性的关系，增强两者之间的认同感，增进政府与企业管理层的政治互信。

第三节 总结延伸

本书的数据表明，党组织嵌入企业的组织结构并致力于企业绩效的提升，是可以实现党组织与资本逻辑上的统一。在企业组织场域内，实现党组织与资本混合组织形态的双元制度逻辑共融，本质上相互尊重各自逻辑规律的发展并保证各自的独立性，通过发挥党组织和党员在政治上的优势，为新的组织形态提供新的制度供给以及互动治理机制。

目前从微观层面来看，党组织通过嵌入企业的组织结构，建立党组织与资本链接的结合点，能够充分发挥自身的功能和作用。相比于企业党建活动的组织性、计划性的特点，资本的自发性、流动性是资本逻辑的基本特点。因此，党组织的主动性特点决定了政党不但要利用资本逐利增殖的属性来推动经济增长，而且要借助资本运动的效率来提升党组织的工作效率，从而巩固和提高地位。但是，资本的流动是没有限制和边界的，而党建活动是受到组织边界约束和限制的。

党组织的渗透意味着组织形态的改变。党员同时是党组织和企业组织的逻辑运行和统一的微观单元，党员将执政党的特性带入企业内部，党员自身的双元能力有助于让组织中两种看似矛盾与冲突的制度找到最佳的结合点，尤其是企业党组织的负责人应该摒弃单一性的逻辑主导而转向双重逻辑共生演进制度常态。在党组织逻辑主导下，科层制组织的主要结构是基于快速实现任务的由上至下传导方式的；而在市场逻辑主导下，为快速响应企业外部环境动态化与多元化的诉求，形成了相对应的各种条块组织结构。当党组织嵌入企业的组织结构中，双重制度逻辑和双重组织目标的统一会重新架构非公企业组织形态，改变传统单一的治理结构，转而向基于利益相关方的综合型共同治理结构转变。

企业党组织是中国共产党的基层党组织，是治国理政的重要载体和手段；企业是资本的母体和组织。政党的职责之一在于维护公正，资本的属性在于追求效率并实现增殖。所以，执政党与资本的运行逻辑客观上是矛盾的。克服执政党与资本的逻辑矛盾，必须将二者在微观领域的主体有机联系起来，构建一种协调互动的耦合机制，最终使执政党的力量与资本的力量结合起来，产生出新的组织形式，发挥出更大的效能。党的力量来自组织，组织能使力量倍增。重塑政党与资本的关系，实现政党与资本的逻辑统一，构建相互融入的共生关系，提高执政党驾驭资本的能力，关键在于找到政党与资本的契合点，这个契合点就是组织与组织嵌入，使企业管理结构发生改变，实现政党与资本的逻辑统一（郭玥，2016），从而使得企业组织成为既有效率又公正的营利组织，同时能够实现资源的合理配置。

第四节　不足与研究展望

虽然本书构建了非公企业党建对企业绩效影响的研究模型，并从企业社会资本、组织公民行为和和谐的企业党组织与管理层关系这3个方面入手，对非公企业党组织进行定量研究，探究了非公企业党建对企业绩效的影响。但是，由于各种因素的限制和本人研究能力有限，尚存有局限和不足之处，希望在后续研究中进一步完善。

首先，受研究成本的限制，本书的样本仅仅来自宁夏回族自治区，问卷样本的选择具有地域限制。因此，后续研究可以扩大样本来源地，收集中国其他省份的数据。此外，本书的调研对象为党组织的负责人，不排除有其工作上的偏见，以后的研究可选取企业管理层人员作为调研对象。

其次，本书的研究模型只考虑企业社会资本、组织公民行为和和谐的企业党组织与管理层关系这3个方面的中介作用。因此，在后续研究中可以继续深入和拓展非公企业党建影响企业绩效的其他路径和机制，以完善非公企业党建对企业绩效影响的关系模型。

最后，本书研究的企业绩效测量为调研对象的主观判断。因此，后续研究可以选取更为客观的数据，包括企业利润、收入和纳税数据等。

参考文献

[1] 王元芳. 中国国有企业党组织参与公司治理有效性研究——基于政治干预行为的视角[D]. 南开大学，2013.

[2] 林毅夫，刘明兴，章奇. 政策性负担与企业的预算软约束:来自中国的实证研究[J]. 管理世界，2004(8)：81-127.

[3] 陈勋楠. 非公党组织参与构建和谐劳动关系的重要意义与路径探析[J]. 河北省社会主义学院学报，2014(3)：49-53.

[4] 何轩，马骏. 党建也是生产力——企业党组织建设的机制与效果研究[J]. 社会学研究，2018(3)：1-24.

[5] 李少斐. 经济制度变迁与党的组织资源开发[M]. 上海：上海三联书店，2008.

[6] 鲁月棉，聂苗. 非公有制经济组织党建工作实用指南[M]. 北京：中共中央党校出版社，2013.

[7] 张耀伟，陈世山，李维安. 董事会非正式层级的绩效效应及其影响机制研究[J]. 管理科学，2015，28(1)：1-17.

[8] 于东智，池国华. 董事会规模、稳定性与公司绩效：理论与经验分析[J]. 经济研究，2004(4)：70-79.

[9] 杨青，高铭，Yurtoglu，B. B. 董事薪酬、CEO薪酬与公司业绩：合谋还是

共同激励?[J]. 金融研究，2009(6)：111-127.

[10] 夏立军，陆铭，余为政. 政企纽带与跨省投资：来自中国上市公司的经验证据[J]. 管理世界，2011(7)：128-140.

[11] 徐业坤，钱先航，李维安. 政治不确定性、政治关联与民营企业投资：来自市委书记更替的证据[J]. 管理世界，2013(5)：116-130.

[12] 潘红波，夏新平，余明桂. 政府干预、政治关联与地方国有企业并购[J]. 经济研究，2008(4)：41-52.

[13] 贾生华，陈宏辉. 基于利益相关者共同参与的战略性环境管理[J]. 科学学研究，2002，20(2)：209-213.

[14] 蒋铁柱，沈桂龙. 企业党建与公司治理的融合[J]. 社会科学，2006 (1)：144-153.

[15] 马连福，王元芳，沈小秀. 中国国有企业党组织治理效应研究——基于"内部人控制"的视角[J]. 中国工业经济，2012(8)：82-95.

[16] 马连福，王元芳，沈小秀. 国有企业党组织治理、冗余雇员与高管薪酬契约[J]. 管理世界. 2013(5)：100-115.

[17] 陈仕华，卢昌崇. 国有企业党组织的治理参与能够有效抑制并购中的"国有资产流失"吗?[J]. 管理世界，2014(5)：106-120.

[18] 黄文锋，张建琦，黄亮. 国有企业董事会党组织治理、董事会非正式等级与公司绩效[J]. 经济管理，2017(3)：6-20.

[19] 胡旭阳. 民营企业家的政治身份与民营企业的融资便利——以浙江省民营百强企业为例[J]. 管理世界，2006(5)：107-113.

[20] 余明桂，潘红波. 政治关系、制度环境与民营企业银行贷款[J]. 管理世界，2008(8)：9-21.

[21] 罗党论，唐清泉. 中国民营上市公司制度环境与绩效问题研究[J]. 经济研究，2009(2)：106-118.

[22] 吴文锋，吴冲锋，芮萌. 中国上市公司高管的政府背景与税收优惠[J]. 管理世界，2009(3)：134-142.

[23] 陈东，洪功翔，汪敏. 党组织建设与民营企业投资——基于全国民营企业抽样调查江苏样本的实证研究[J]. 现代经济探讨，2017(10)：7-14.

[24] 龙小宁，杨进. 党组织、工人福利和企业绩效：来自中国民营企业的证据[J]. 经济学报2014，1(2)：150-169.

[25] 寇政文. 非公企业党建认同建构的政治逻辑——基于社会交换理论与Z区调研分析[J]. 温州大学学报(社会科学版)，2017，30(1)：66-71.

[26] 初明利，贾元昌. 党的建设在非公企业公司治理中的作用与途径[J]. 中州学刊，2012(5)：21-24.

[27] 党齐民. 经济发展新常态下加强非公有制企业党建工作研究[J]. 理论学刊，2017(2)：53-57.

[28] 叶建宏. 民企党组织参与公司治理：获取外部资源还是提升内部效率？——来自中国民营上市公司的经验证据[J]. 当代经济管理，2017，39(9)：21-28.

[29] 单红梅，胡恩华，黄凰. 工会实践对企业绩效影响的实证研究[J]. 管理科学，2014，27(4)：33-50.

[30] 刘畅. 非公有制经济组织党建：现状评述及机制构建[J]. 中共济南市委党校学报，2012，(2)：20-23.

[31] 王安国. 加强非公有制经济组织党的领导[J]. 理论与当代，2014(1)：12-13.

[32] 张诺夫. 新形势下非公党建研究[M]. 杭州：浙江工商大学出版社，2015.

[33] 邓新明. 我国民营企业政治关联、多元化战略与公司绩效[J]. 南开管理评论，2011，14(4)：4-15.

[34] 梁雄军，李敦黎，李哲．非公有制企业党建的制度分析[J]．中共中央党校学报，2004，8(2)：66-71.

[35] 邱观建，付佳迪．从“戴红帽子”到“多元主体共治”：非公党建中企业家的行动逻辑[J]．社会科学研究，2016(1)：80-88.

[36] 韩强，牛晴苇．构建新时代党的建设新布局——学习党的十九大报告[J]．中共天津市委党校学报，2017(6)：3-8.

[37] 李海舰，原磊．企业永续发展的制度安排[J]．中国工业经济，2005(12)：92-100.

[38] 陈宏辉，贾生华．企业利益相关者三维分类的实证分析[J]．经济研究，2004(4)：80-90.

[39] 陈宏辉，贾生华．企业社会责任观的演进与发展：基于综合性社会契约的理解[J]．中国工业经济，2003(12)：85-92.

[40] 贾生华，吴波，王承哲．资源依赖、关系质量对联盟绩效影响的实证研究[J]．科学学研究，2007，25(2)：334-339.

[41] 王晓巍，陈慧．基于利益相关者的企业社会责任与企业价值关系研究[J]．管理科学，2011，24(6)：29-37.

[42] 余明桂，回雅甫，潘红波．政治联系、寻租与地方政府财政补贴有效性[J]．经济研究，2010(3)：65-77.

[43] 纪建悦，刘艳青，王翠，等．利益相关者影响企业财务绩效的理论分析与实证研究[J]．中国管理科学，2009(6)：186-192.

[44] 边燕杰，丘海雄．企业的社会资本及其功效[J]．中国社会科学，2000(2)：87-99.

[45] 李巍，许晖．企业社会资本、市场知识能力与经营绩效的关系研究——社会网络的分析视角[J]．软科学，2012，26(10)：93-98.

[46] 李四能．企业社会资本、投资行为与经济增加值的研究[J]．东南学术，

2014(2): 111–120.
[47] 吴克平，于富生. 制度环境、政治关联与会计信息质量[J]. 山西财经大学学报，2013(11): 116–124.
[48] 何轩，马骏. 执政党对私营企业的统合策略及其效应分析: 基于中国私营企业调查数据的实证研究[J]. 社会，201636(5): 175–196.
[49] 黄冬娅. 私营企业主与政治发展关于市场转型中私营企业主的阶级想象及其反思[J]. 社会，2014，34(4): 138–164.
[50] 陈钊，陆铭，何俊志. 权势与企业家参政议政[J]. 世界经济，2008(6): 39–49.
[51] 曹正汉. 从借红帽子到建立党委——温州民营大企业的成长道路及组织结构之演变[J]. 中国制度变迁的案例研究，2006(5): 82–140.
[52] 赵海燕. 论中国共产党党组织在国有企业中的主导作用[J]. 现代商贸工业，2017(12): 50–51.
[53] 郭永军. 从"原则"到"灵活"，从"遵循"到"创新"——关于国企党建工作也是生产力的思考[J]. 现代国企研究，2014(10): 39–40.
[54] 叶帆. 民营企业家族式管理弊端及其对策[J]. 经济研究导刊，2010(10): 157–158.
[55] 谢健，付映杰. 民营企业党建与企业可持续发展研究——基于温州34家民营企业的调查[J]. 中共福建省委党校学报，2013(2): 24–31.
[56] 黄琦，容剑锋. 民营企业党组织发挥作用的途径及其规律——以东莞为例[J]. 经济与社会发展，2011，9(1): 65–68.
[57] 青木昌彦，张春霖. 对内部人控制的控制: 转轨经济中公司治理的若干问题[J]. 改革，1994(6): 11–24.
[58] 张春霖. 从融资角度分析国有企业的治理机构改革[J]. 改革，1995(3): 34–46.

[59] 张维迎. 从现代企业理论看国有企业改革[J]. 改革，1995(1)：30−33.
[60] 吴秋生，王少华. 党组织治理参与程度对内部控制有效性的影响——基于国有企业的实证分析[J]. 中南财经政法大学学报，2018(5)：50−58.
[61] 王新红，武欣玲. 论党组织参与国有公司治理的法律原则[J]. 中南大学学报(社会科学版)，2017(5)：39−44.
[62] 赵惠芳，汪小丽，张璇. 政府干预对地方国有企业内部控制有效性的影响研究[J]. 江西财经大学学报，2015(2)：41−49.
[63] 王元芳，马连福. 国有企业党组织能降低代理成本吗？——基于“内部人控制”的视角[J]. 管理评论，2014，26(10)：138−151.
[64] 王晓燕. 私营企业主非正式政治参与的途径与意义分析[J]. 南京师大学报(社会科学版)，2006(6)：18−23.
[65] 刘少杰. 以行动与结构互动为基础的社会资本研究——评林南社会资本理论的方法原则和理论视野[J]. 国外社会科学，2004(2)：21−28.
[66] 何晓斌，蒋君洁，杨治，等. 新创企业家应做“外交家”吗？——新创企业家的社交活动对企业绩效的影响[J]. 管理世界，2013(6)：128−137.
[67] 田利辉，张伟. 政治关联影响我国上市公司长期绩效的三大效应[J]. 经济研究，2013(11)：71−86.
[68] 胡旭阳，史晋川. 民营企业的政治资源与民营企业多元化投资——以中国民营企业500强为例[J]. 中国工业经济，2008(4)：5−14.
[69] 罗党论，刘晓龙. 政治关系、进入壁垒与企业绩效——来自中国民营上市公司的经验证据[J]. 管理世界，2009(5)：97−106.
[70] 吴文锋，吴冲锋，刘晓薇. 中国民营上市公司高管的政府背景与公司价值[J]. 经济研究，2008(7)：130−141.
[71] 张建君，张志学. 中国民营企业家的政治战略[J]. 管理世界，2005(7)：94−105.

[72] 梁建，陈爽英，盖庆恩. 民营企业的政治参与、治理结论与慈善捐赠[J]. 管理世界，2010(7)：109-118.
[73] 张建君，李宏伟. 私营企业的企业家背景、多元化战略与企业业绩[J]. 南开管理评论，2007，10(5)：12-25.
[74] 杨玉凤，王火欣，曹琼. 内部控制信息披露质量与代理成本相关性研究——基于沪市2007年上市公司的经验数据[J]. 审计研究，2010(1)：82-88.
[75] 陈红，胡耀丹，纳超洪. 党组织参与公司治理、管理者权力与薪酬差距[J]. 山西财经大学学报，2018，40(2)：84-97.
[76] 韩旭. 国有企业中党的政治优势问题思考[J]. 理论与改革，1999(5)：63-66.
[77] 刘银国，吴成凤. 国有企业员工参与公司治理问题研究[J]. 经济管理，2007(24)：15-19.
[78] 董学群. 浅析党委在国有企业公司治理结构中的作用[J]. 煤炭经济研究，2009(7)：56-57.
[79] 陈晓红，吴小谨. 中小企业社会资本的构成及其信用水平关系的实证研究[J]. 管理世界，2007(1)：153-155.
[80] 马宏. 社会资本与中小企业融资约束[J]. 经济问题，2010(12)：68-72.
[81] 彭正龙，姜卫韬. 企业家社会资本：概念、影响机制及其研究新方向[J]. 经济管理，2008(10)：10-16.
[82] 李巍，代智豪，丁超. 企业家社会资本影响经营绩效的机制研究——商业模式创新的视角[J]. 华东经济管理，2018，32(2)：51-57.
[83] 耿新，张体勤. 企业家社会资本对组织动态能力的影响——以组织宽裕为调节变量[J]. 管理世界，2010(6)：109-121.
[84] 王雷，陈梦扬. 风险投资能够有效缓解企业融资约束吗？——基于企业

社会资本中介效应的分析[J]. 财经论丛，2017(5)：39-47.
[85] 赵丽丽. 金融生态环境、企业社会资本与科技创新企业融资效率[J]. 金融创新，2016(5)：35-38.
[86] 余汉，蒲勇健，宋增基. 民营企业家社会资源、政治关系与公司资源获得——基于中国上市公司的经验分析[J]. 山西财经大学学报，2017，39(6)：76-87.
[87] 曾明彬，李婵，李玲娟. 科研团队外部社会资本对创新绩效的作用[J]. 科技管理研究，2018(1)：149-155.
[88] 侯广辉，张键国. 企业社会资本能否改善技术创新绩效——基于吸收能力调节作用的实证研究[J]. 当代财经，2013(2)：74-86.
[89] 陈宏波，李思飞，王莅静. 社会资本与企业创新决策[J]. 金融评论，2018(4)：69-82.
[90] 辛琳，张萌，曾辰寒，等. 企业社会资本对中国上市公司资本结构的影响——基于结构方程模型的实证研究[J]. 会计之友，2017(15)：29-35.
[91] 巫景飞，何大军，林晴，等. 高层管理者政治网络与企业多元化战略：社会资本视角——基于我国上市公司面板数据的实证分析[J]. 管理世界，2008(8)：107-118.
[92] 赵瑞. 企业社会资本、投资机会与投资效率[J]. 宏观经济研究，2013(1)：65-72.
[93] 刘鹏飞，晏艳阳. 社会资本与企业信用风险[J]. 经济经纬，2016，33(2)：102-106.
[94] 王凤彬，江鸿，吴隆增. 社会资本与核心能力关系研究：以知识创造为中介变量[J]. 科学学研究，2008(3)：612-618.
[95] 孙善林，彭灿，杨红. 高管团队社会资本对企业开放式创新能力的影响研究——以资源获取与资源整合为中介变量[J]. 研究与发展管理，

2017，29(2)：71-81.
[96] 张骁，李群，周霞. 内外部社会资本协同效应对企业能力的影响[J]. 科技进步与对策，2017，34(24)：88-94.
[97] 李鸿雁，吴小节，王勇. 高新技术企业社会资本与技术创新行为的关系研究[J]. 工业技术经济，2013(6)：98-105.
[98] 于洪彦，黄晓治，曹鑫. 企业社会责任与企业绩效关系中企业社会资本的调节作用[J]. 管理评论，2015，27(1)：169-180.
[99] 黄林，朱芳阳. 民营科技企业社会责任与企业绩效的实证研究：社会资本视角[J]. 科技管理研究，2018(4)：209-217.
[100] 沈颂东，房建奇. 民营企业家社会资本与技术创新绩效的关系研究——基于组织学习的中介作用和环境不确定性的调节作用[J]. 吉林大学社会科学学报，2018，58(2)：60-72.
[101] 肖石英. 组织公民行为及其对企业员工绩效的影响研究[D]. 长沙：湖南大学，2005.
[102] 刘朝，张欢，王赛君，等. 领导风格、情绪劳动与组织公民行为的关系研究：基于服务型企业的调查数据[J]. 中国软科学，2014(3)：119-134.
[103] 姚凯，汤建影. 雇佣关系、组织公平与知识共享意愿：基于中国企业的实证研究[J]. 复旦学报(自然科学版)，2016，55(1)：8-17.
[104] 张同健，蒲勇健，刘敬伟. 雇主互惠性、员工敬业度与企业绩效的相关性研究——基于江苏、浙江民营企业的数据检验[J]. 贵州财经学院学报，2009(6)：65-69.
[105] 郑景丽，郭心毅. 组织公平对员工组织公民行为影响的实证研究[J]. 北京理工大学学报(社会科学版)，2016，18(1)：82-88.
[106] 任湘郴，杨立邦，任腾. 企业社会责任对员工工作绩效的跨层次作用

研究——基于组织认同感的中介作用[J]. 湖南社会科学，2017(4)：61-66.

[107] 刘凤军，李敬强，杨丽丹. 企业社会责任、道德认同与员工组织公民行为关系研究[J]. 中国软科学，2017(6)：117-129.

[108] 李祥进，杨东宁，雷明. 企业社会责任行为对员工工作绩效影响的跨层分析[J]. 中国管理科学，2012，20(sp)：132-137.

[109] 何奎. 企业员工责任对新生代员工组织公民行为影响研究[J]. 管理学刊，2018，31(1)：33-43.

[110] 刘远，周祖城. 员工感知的企业社会责任、情感承诺与组织公民行为的关系——承诺型人力资源实践的跨层调节作用[J]. 管理评论，2015，27(10)：118-127.

[111] 张佳良，袁艺玮，刘军. 伦理型领导对员工环保公民行为的影响[J]. 中国人力资源开发，2018，35(2)：19-29.

[112] 郝金磊，尹萌. 领导风格满意度对员工组织公民行为的影响研究——工作价值观实现度的调节作用[J]. 武汉商学院学报，2018，32(1)：75-79.

[113] 卢俊婷，张喆，贾明. 公仆型领导对员工组织公民行为影响的跨层次研究：一个有中介的调节模型[J]. 管理评论，2017，29(7)：187-199.

[114] 文鹏，夏玲. 责任型领导研究述评与展望[J]. 外国经济与管理，2015(11)：38-49.

[115] 郭亿馨，苏勇. 责任型领导对下属组织公民行为的双刃剑效应[J]. 经济与管理研究，2018，39(5)：90-102.

[116] 郑伯埙，周丽芳，樊景立. 家长型领导量表：三元模式的建构与测量[J]. 本土心理学研究，2000(14)：3-64.

[117] 鞠芳辉，谢子远，宝贡敏. 西方与本土：变革型、家长型领导行为对民

营企业绩效影响的比较研究[J]. 管理世界，2008(5)：85-101.
[118] 范恒，周祖城. 伦理型领导与员工自主行为：基于社会学习理论的视角[J]. 管理评论，2018，30(9)：164-173.
[119] 王辉，忻蓉，徐淑英. 中国企业CEO的领导行为及对企业经营业绩的影响[J]. 管理世界，2006(4)：87-96.
[120] 李召敏，赵曙明. 关系导向型战略领导、人力资源柔性与组织绩效——基于转型经济下民营企业的实证研究[J]. 外国经济与管理，2016，38(4)：73-89.
[121] 王大庆，焦建国. 劳资关系理论与西方发达国家的实践[J]. 经济研究参考，2003(51)：42-48.
[122] 刘昕，张兰兰. 员工关系的国际发展趋势与我国的政策选择——兼论劳资关系、劳动关系和员工关系的异同[J]. 中国行政管理，2013(11)：56-60.
[123] 谢海东. 国外劳资关系对企业绩效的影响研究述评[J]. 外国经济与管理，2006，28(9)：38-44.
[124] 刘景章. 论劳资冲突的根源与消解[J]. 甘肃社会科学，2004(3)：160-162.
[125] 李贵卿，陈维政. 合作型劳动关系对企业绩效影响的实证研究[J]. 当代财经，2010(1)：72-80.
[126] 侯海青，张敏. 劳动关系和谐度对新生代员工绩效影响的实证研究[J]. 中国劳动，2015(24)：75-79.
[127] 席猛，赵曙明. 劳资冲突研究述评：定义、前因及研究新视角[J]. 管理学报，2014，11(3)：455-461.
[128] 常凯，陶文忠. 人力资源管理与劳动关系调整[J]. 中国人力资源开发，2006(8)：4-9.

[129] 吴功德，黄攸立. 劳动关系管理和组织绩效的关系及其作用机理探析[J]. 中国人力资源开发，2005(6)：70-73.

[130] 沈永建，刘文佳，孙茂藩，等. 劳资和谐与企业价值——以望春花为例[J]. 会计与经济研究，2016，30(3)：99-112.

[131] 陈宏军，江若尘. 员工的超监督激励[J]. 数量经济技术经济研究，2002(12)：118-121.

[132] 李雅楠，李建民. 工资上涨对企业生产率的影响——来自中国工业企业数据库的证据[J]. 劳动经济研究，2015(2)：23-40.

[133] 杨荣，李东升，苏琦. 产权差异、员工工资与上市公司绩效[J]. 财会月刊，2018(18)：74-80.

[134] 胡奕明，傅韬. 内部薪酬差距与企业绩效：U型还是倒U型？——基于高管团队内部及高管—员工薪酬差距视角[J]. 现代管理科学，2018(7)：117-120.

[135] 杨竹清，陆松开. 企业内部薪酬差距、股权激励与全要素生产率[J]. 商业研究，2018(2)：65-72.

[136] 黄桂田，张悦. 国有公司员工持股绩效的实证分析——基于1302家公司的样本数据[J]. 经济科学，2009(4)：86-94.

[137] 马跃如，夏冰，白勇. 雇佣关系模式、智力资本对创新绩效的影响研究：基于民营企业调查样本的实证分析[J]. 管理工程学报，2018，32(2)：84-94.

[138] 林肇宏，王静，王珏. 非典型雇佣方式与企业绩效关系的实证研究[J]. 宏观经济研究，2012(1)：41-46.

[139] 韦伯夫妇. 英国工会运动史[M]. 北京：商务印书馆，1959.

[140] 胡恩华，张毛龙，单红梅. 中国工会与劳资关系调节职能——基于1853篇工会实践报道的研究[J]. 管理经济，2016，38(11)：174-186.

[141] 魏下海，金钊，孙中伟. 工会、劳动保护与企业新增投资[J]. 世界经济，2018(5)：173-192.

[142] 王永丽，郑婉玉. 双重角色定位下的工会跨界职能履行及作用效果分析[J]. 管理世界，2012(10)：130-145.

[143] 顾桂芳，胡恩华. 工会职能履行对非国有企业绩效的影响研究——工作满意度的中介作用[J]. 中国劳动，2016(2)：41-49.

[144] 吕劲松. 关于中小企业融资难、融资贵问题的思考[J]. 金融研究，2015(11)：115-123.

[145] 魏下海，董志强，金钊. 工会改善了企业雇佣期限结构吗？——来自全国民营企业抽样调查的经验证据[J]. 管理世界，2015(5)：150-169.

[146] 陈维，黄程琰，毛天欣，等. 多维测评工具聚敛和区分效度的 SEM 分析——以领悟社会支持量表为例[J]. 西南师范大学学报（自然科学版），2016，41(2)：136-140.

[147] 富伟伟，王广曦，李永娟. 压力与青少年抑郁的关系：有调节的中介效应分析[J]. 中国临床心理学杂志，2018(4)：788-791.

[148] 李宗波，王明辉. 威权领导对员工沉默行为的影响：一个有调节的中介效应模型[J]. 心理与行为研究，2018(5)：713-719.

[149] 郭玥. 国家治理视域下政党与资本的逻辑统一[J]. 理论与改革，2016(6)：84-89.

[150] Freeman, R.E.Strategic Management: A Stakeholder Approach[M]. Boston: Pitman Ballinger, 1984.

[151] Jensen, M. C., Meckling, W. H. Theory of the firm: managerial behavior, agency costs and ownership structure[J]. Journal of Financial Economics, 1976, 3(4): 305-360.

[152] Harris, I. C., Shimizu, K. Too busy to serve? an examination of the in -

fluence of overboarded directors [J]. Journal of Management Studies, 2004, 41(5): 775-798.

[153] Iverson, R. D., Currivan, D. B. Union participation, job satisfaction, and employee turnover: an event-history analysis of the exit-voice hypothesis [J]. Industrial Relations: A Journal of Economy and Society, 2003, 42(1): 101-105.

[154] Clark, K. B. Unionization and firm performance: the Impact on profits, growth, and productivity[J]. The American Economic Review, 1984, 74(5): 893-919.

[155] Monastiriotis, V. Union retreat and regional economic performance: the UK experience[J]. Regional Studies, 2007, 41(2): 143-156.

[156] Chang, E. C., Wong, S. M. L. Political control and performance in China's listed firms [J]. Journal of Comparative Economics, 2004, 32: 617-636.

[157] Zhou, W. B. Political connections and entrepreneurial investment: evidence from China's transition economy[J]. Journal of Business Venturing, 2013, 28(2): 299-315.

[158] Laroche, P., Wechtler, H. The effects of labor unions on workplace performance: new evidence from France [J]. Journal of Labor Research, 2011, 32(2): 157-180.

[159] Walsworth, S. What do unions do to innovation? an empirical examination of the Canadian private sector[J]. A Journal of Economy and Society, 2010, 65(4): 543-561.

[160] Mefford, R. N. The effect of unions on productivity in a multinational manufacturing firm[J]. Industrial and Labor Relations Review, 1986, 40

(1): 105–114.

[161] Deery, S., Erwin, P., Iverson, R. Industrial relations climate, attendance behaviour and the role of trade unions [J]. British Journal of Industrial Relations, 1999, 37(4): 533–558.

[162] Agrawal, A. K. Corporate governance objectives of labor union share-holders: evidence from proxy voting [J]. Review of Financial Studies, 2012, 25(1): 187–226.

[163] Ding, D. Z., Goodall, K., Warner, M. The impact of economic reform on the role of trade unions in Chinese enterprises [J]. International Journal of Human Resource Management, 2002, 13(3): 431–449.

[164] Zardkoohi, A. On the political participation of the firm in the electoral process [J]. Southern Economics Journal, 1985, (1): 804–817.

[165] Pfeffer, J., Salancik, G. R. The external control of organizations: a re-source dependence perspective [M]. Stanford: Stanford University Press, 2003.

[166] Mitchell, R. K., Agle, B. R., Wood, D. J. Toward a theory of stake-holder identification and salience: defining the principle of who and what really counts [J]. The Academy of Management Review, 1997, 22(4): 853–886.

[167] Clarkson, M. E. A stakeholder framework for analyzing and evaluating corporate social performance [J]. The Academy of Management Review, 1995, 20(1): 92–117.

[168] Gummesson, E. The new marketing–developing long–term interactive relationships [J]. Long Range Planning, 1987, 20(4): 10–20.

[169] Crosby, L. A., Evans, K. R., Cowles, D. Relationship quality in service

selling: an interpersonal influence perspective [J]. Journal of Marketing, 1990, 54(3): 68–81.

[170] Storbacka, K., Strandvik, T., Gronroos, C. Managing customer relationships for profit: the dynamics of relationship quality [J]. International Journal of Service Industry Management, 1994, 5(5): 21–38.

[171] Garbarino, E., Johnson, M. S. The different roles of satisfaction, trust, and commitment in customer relationships [J]. Journal of Marketing, 1999, 63(2): 70–87.

[172] Fynes, B., Voss, C. The moderating effect of buyer–supplier relationships on quality practices and performance [J]. International Journal of Operations & Production Management, 2002, 22(6): 589–613.

[173] Post, J. E., Preston, L. E., Sachs, S. Managing the extended enterprise: the new stakeholder view [J]. California Management Review, 2002, 45 (1): 6–28.

[174] Rowley, T. J. Moving beyond dyadic ties: a network theory of stakeholder influences [J]. The Academy of Management Review, 1997, 22 (4): 887–910.

[175] Allen, F., Qian, J., Qian, M. J. Law, finance and economic growth in China [J]. Journal of Financial Economics, 2005, 77(1): 57–116.

[176] Nahapiet, J., Ghoshal, S. Social capital, intellectual capital, and the organizational advantage [J]. Academy of Management Review, 1998, 23 (2): 242–266.

[177] Coleman, J. Social capital in the creation of human capital [J]. American Journal of Sociology, 1988, 94(1): 95–121.

[178] Portes, A. Social captial: its origins and applications in modern sociolo -

gy[J]. Annual Review of Sociology, 1998, 24(1): 1–25.

[179] Burt, R. S. Structural holes: the social structure of competition [M]. Cambridge, MA: Harvard University Press, 1992.

[180] Granovetter, M. Economic action and social structure: the problem of embeddedness [J]. American Journal of Sociology, 1985, 91 (3) : 481–510.

[181] Oh, H., Chung, M., Labinaca, G. Group social capital and group effec - tiveness: the role of informal socializing ties[J]. Academy of Management Journal, 2004, 47(6): 860–875.

[182] Wu, J., Cheng, M. L. The impact of managerial political connections and quality on government subsidies: evidence from Chinese listed firms [J]. Chinese Management Studies, 2011, 5(2): 207–226.

[183] Chen, Z., Sun, Y., Newman, A., Xu, W. Entrepreneurs, organiza - tional members, political participation and preferential treatment: evidence from China [J]. International Small Business Journal, 2012, 30 (8) : 873–899.

[184] Pearson, M. M. China's new business elite: the political consequences of economic reform[M]. Berkeley: University of California Press, 1997.

[185] Chen, J., Dickson, B. J. Allies of the state: China's private enterpreneurs and democratic change[M]. Cambridge: Harvard University Press, 2010.

[186] Johnson, S., Mitton, T. Cronyism and capital controls: evidence from Malaysia[J]. Journal of Financial Economics, 2003, 67(2): 351–382.

[187] Faccio, M. Politically connected firms [J]. American Economic Review, 2006, 96(1): 369–386.

[188] Du, J., Girma, S. Red capitalists: political connections and firm perfor -

mance in China[J]. Kyklos, 2010, 63(4): 530–545.

[189] Li, H., Meng, L., Wang, Q., Zhou, L. Political connections, financing and firm performance: evidence from Chinese private firms[J]. Journal of Development Economics, 2008, 87(2): 283–299.

[190] Cull, R., Xu, L. C. Institutions, ownership, and finance: the determinants of profit reinvestment among Chinese firms[J]. Journal of Financial Economics, 2005, 77(1): 117–146.

[191] Iverson, R. D. Employee acceptance of organizational change: the role of organizational commitment[J]. International Journal of Human Resource Management, 1996, 7(1): 122–149.

[192] Deery, S. J., Iverson, R. D. Labor–management cooperation: antecedents and impact on organizational performance[J]. Industrial and Labor Relations Review, 2005, 58(4): 588–609.

[193] Blyton, R., Dastmalchian, A., Adamson, R. Developing the concept of industrial relations climate[J]. Journal of Industrial Relations, 1987, 29(2): 207–216.

[194] Brissenden, P. F., Keating, J. M. Union–management cooperation in millinery manufacturing in the New York metropolitan area[J]. Ilr Review, 1948, 2(1): 3–32.

[195] Harrison, D. A., Martocchio, J. J. Time for absenteeism: a 20–year review of origin, offshoots, and outcomes[J]. Journal of Management, 1998, 24(3): 305–350.

[196] Wu, W. P., Lee, Y. D. Participatory management and industrial relations climate: a study of Chinese, Japanese and US firms in Taiwan[J]. The International Journal of Human Resource Management, 2001, 12(5):

827−844.

[197] Katz, H. C., Kochan, T. A., Gobeille, K. R. Industrial relations performance, economic performance, and QWL programs: an interplant analysis[J]. Industrial and Labor Relations Review, 1983, 37(1): 3−17.

[198] Nee, J., Kennedy, P. A., Langham, D. L. Increasing manufacturing effectiveness through joint union/management cooperation[J]. Human Resource Management, 1999, 38(1): 77−85.

[199] Oxenbridge, S., Brown, W. Achieving a new equilibrium? the stability of cooperative employer−union relationships [J]. Industrial Relations Journal, 2004, 35(5): 388−402.

[200] Angle, H. L., Perry, J. L. Dual commitment and labor−management relationship climate, academy of management relationship climates [J]. Academy of Management Journal, 1986, 29(1): 31−50.

[201] Aggarwal, R. K., Samwick, A. A. Executive compensation, strategic competition, and relative performance evaluation: theory and evidence[J]. The Journal of Finance, 1999, 54(6): 1999−2043.

[202] Bertrand, M., Schoar, A. Managing with style: the effects of managers on firm policies [J]. The Quarterly Journal of Economics, 2003, 118 (4) : 1169−1208.

[203] Chemmanur, T., Paeglis, I., Simonyan, K. Management quality and equity issue characteristics: a comparison of SEOs and IPOs[J]. Financial Management, 2010, 39(4): 1601−1642.

[204] Bamber, L. S., Jiang, J., Wang, I. Y. What's my style? the influence of top managers on voluntary corporate financial disclosure [J]. Accounting Review, 2010, 88(4): 1131−1162.

[205] Demerjian, P. R., Lev, B., Lewis, M. F., et al. Managerial ability and earning quality[J]. The Accounting Review, 2013, 88(2): 463–498.

[206] Kreiser, P., Patel, P., Fiet, J. The influence of changes in social capital on firm–founding activities [J]. Entrepreneurship Theory and Practice, 2013, 37(3): 539–568.

[207] Adler, S. Social capital: prospects for a new concept [J]. Academy of Management Review, 2002, 27(1): 17–40.

[208] Ring, P. S., Van de Ven Andrew, H. Structuring cooperative relation - ships between organizations [J]. Strategic Management Journal, 1992, 13 (7): 483–498.

[209] Lee, Y., Cavusgil, S. T. Enhancing alliance performance: the effects of contractual–based versus relational–based governance[J]. Journal of Busi - ness Research, 2006, 59(8): 896–905.

[210] Flammer, C., Luo, J. Corporate social responsibility as an employee gov - ernance tool: evidence from a quasiexperiment[J]. Strategic Management Journal, 2017, 38(2): 163–183.

[211] Organ, D. W. Organizational citizenship behavior the good soldier syn - drome[M]. Lexington MA Lexington Books, 1988.

[212] Podsakoof, N. P., Podsakoof, P. M., Mackenzie, S. B., et al. Conse - quences of unit–level organizational citizenship behaviors: a review and recommendations for future research[J]. Journal of Organizational Behav - ior, 2014, 35(S1): 87–119.

[213] Podsakoff, P. M., Ahearne, M., MacKenzie, S. B. Organizational citi - zenship behavior and the quantity and quality of work group perfor - mance[J]. Journal of Applied Psychology, 1997, 82(2): 262–270.

[214] Farh, J. L., Earley, P. C., Lin, S. C. Impetus for action: a cultural analysis of justice and organizational citizenship behavior in Chinese society[J]. Administrative Science Quarterly, 1997, 42(3): 421–444.

[215] Podsakoof, P. M., MacKenzie, S. B., Paine, J. B., Bachrach, D. G. Organizational citizenship behaviors: a critical review of the theoretical and empirical literature and suggestions for future research [J]. Journal of Management, 2000, 26(3): 513–563.

[216] Farh, J. L., Zhong, C. B., Organ, D. W. Organizational citizenship behavior in People's Republic of China[J]. Organization Science, 2004, 15(2): 241–253.

[217] Williams, L. J., Anderson, S. E. Job satisfaction and organizational commitment as predictors of organizational citizenship and in–role behaviors[J]. Journal of Management, 1991, 17(3): 601–617.

[218] Schneider, B. The climate for service: an application of the climate construct[M]. San Francisco: Jossey–bass, 1990.

[219] Kramer, R. M. Trust and distrust in organizations: emerging perspectives, enduring questions [J]. Annual Review of Psychology, 1999, 50: 569–598.

[220] Colquitt, J. A. On the dimensionality of organizational justice: a construct validation of a measure[J]. Journal of Applied Psychology, 2001, 86(3): 386–400.

[221] Eisenberger, R., Stinglhamber, F., Vandenberghe, C. Perceived supervisor support: contributions to perceived organizational support and employee retention [J]. Journal of Applied Psychology, 2002, 87 (3) : 565–573.

[222] Cropanzano, R., Byrne, Z. S., Bobocel, D. R., et al. Moral virtues, fairness heuristics, social entities, and other denizens of organizational jus - tice[J]. Journal of Vocational Behavior, 2001, 58(2): 164–209.

[223] Blau, P. Exchange and power in social life[M]. Wiley: New York, 1964.

[224] Samsup, J., Shim, S. W. Paradigm shift of employee communication: the effect of management communication on trusting relationships[J]. Public Relations Review, 2005, 31(2): 277–280.

[225] Ramachandran, Y., Jordan, P. J., Troth, A. C., et al. Emotional intelli - gence, emotional labor and organizational citizenship behavior in service environments[J]. International Journal of Work Organization and Emo - tion, 2011, 4(2): 136–157.

[226] Chirumbolo, A., Hellgren, J. Individual and organizational consequences of job insecurity: a European study[J]. Economic and Industrial Democ - racy, 2003, 24(2), 217–240..

[227] Rowold, J., Rohmann, A. Transformational and transactional leadership styles, followers' positive and negative emotions, and performance in German nonprofit orchestras[J]. Nonprofit Management and Leadership, 2009, 20(1): 41–59.

[228] Lewin, K. Field theory and experiment in social psychology: concepts and methods[J]. American Journal of Sociology, 1939, 44(6): 868–896.

[229] McColl–Kennedy, J. R., Anderson R. D. Subordinate–manager gender combination and perceived leadership style influence on emotions, self–esteem and organizational commitment[J]. Journal of Business Research, 2005, 58(2): 115–125.

[230] Bass, B. M. Leadership and performance beyond expectations[M]. New

York: Free Press, 1985.

[231] Bennis, W., Nanus, B. Leaders: the strategies for taking charge [M]. New York: Harper & Row, 1985.

[232] Brown, M. E., Trevino, L. K., Harrison, D. A. Ethical leadership: a social learning perspective for construct development and testing[J]. Or - ganizational Behavior and Human Decision Processes, 2005, 97 (2) : 117-134.

[233] Harbison, F. H., Coleman, J. R. Goals and strategy in collective bar - gaining[M]. New York: Harper and Brother, 1951.

[234] Rainnie, A. Combined, uneven development in the clothing industry: the effects of competition on accumulation[J]. Capital and Class, 1984, 22 (1): 141-156.

[235] Gittell, J. H., Weinberg, D. B., Pfefferle, S., et al. Impact of relational coordination on job satisfaction and quality outcomes: a study of nursing homes [J]. Human Resource Management Journal, 2008, 18 (2) : 154-170.

[236] Ichniowski, C., Kochan, T. A., Levine, D., et al. What works at work: overview and assessment [J]. Industrial Relations A Journal of Economy and Society, 1996, 25(3): 356-374.

[237] Stephen, D. R. I. Labor-management cooperation: antecedents and im - pact on organizational performance [J]. Industrial and Labor Relations Review, 2005, 58(4): 588-609.

[238] Hill, S. Competition and control at work [M]. Cambridge, MA: MIT Press, 1981.

[239] Kleiner, M. M., Leonard, J. S., Pilarski, A. M. How industrial relations

affects plant performance: the case of commercial aircraft manufacturing[J]. Industrial and Labor Relations Review, 2002, 55(2): 195–218.

[240] Chang, S., Mayers, D. Managerial vote ownership and shareholder wealth[J]. Journal of Financial Economics, 1992, 32(1): 103–131.

[241] Barnett, W. P., Miner, A. S. Standing on the shoulders of others: career interdependence in job mobility [J]. Administrative Science Quarterly, 1992, 37(2): 262–281.

[242] Geary, J. F. Employment flexibility and human resource management: the case of three American electronics plants[J]. Work, Employment and Society, 1992, 6(2): 251–270.

[243] Thurman, J. E., Trah, G. Part–time work in international perspective[J]. International Labor Review, 1990, 129(1): 23–40.

[244] Konrad, A. M., Mangel, R. The impact of work–life programs on firm productivity [J]. Strategic Management Journal, 2003, 21 (12) : 1225–1237.

[245] Thacker, J. W., Fields, M. W. Union involvement in quality–of–worklife efforts: a longitudinal investigation [J]. Personnel Psychology 1987, 8(40): 97–111.

[246] Chan, A. W., Qing–Tong, F., Redman, T., et al. Union commitment and participation in the Chinese context[J]. Industrial Relations: A Journal of Economy and Society, 2006, 45(3): 485–490.

[247] Rees, D. I. Grievance procedure strength and teacher quits[J]. Industry & Labor Relations Review, 1991, 45(1): 31–43.

[248] Green, D. A., Lemieux, T. The impact of unionization on the incidence of and sources of payment for training in Canada[J]. Empirical Econom -

ics, 2007, 32(2): 465–489.

[249] Mcilroy, J. Ten years of new labour: workplace learning, social partner - ship and union revitalization in Britain [J]. British Journal of Industrial Relations, 2008, 46(2): 283–313.

[250] Skarlicki, D. P., Latham, G. P. Increasing citizenship behavior within a labor union: a test of organizational justice theory [J]. Journal of Applied Psychology, 1996, 81(2): 161–169.

[251] Aryee, S., Chay, Y. W. Workplace justice, citizenship behavior, and turnover intentions in a union context: examining the mediating role of perceived union support and union instrumentality [J]. Journal of Applied Psychology, 2001, 86(1): 154–160.

[252] Batt, R., Welbourne, T. M. Performance and growth in entrepreneurial firms: revisiting the union–performance relationship [J]. A Journal of Economy and Society, 2002, 5(2): 147–174.

[253] J ó dar, P., Vidal, S., Al ó s, R. Union activism in an inclusive system of industrial relations: evidence from a Spanish case study [J]. British Journal of Industrial Relations, 2010, 49(1): 158–180.

[254] Belman, D. Unions, the quality of labor relations, and firm perfor - mance [J]. Unions and Economic Competitiveness, 1992, 30 (5) : 41–107.

[255] Mishra, A. A., Shah, R. In union lies strength: collaborative competence in new product development and its performance effects [J]. Journal of Operations Management, 2009, 27(4): 324–338.

[256] Fang, T., Ge, Y. Unions and firm innovation in China: synergy or strife? [J]. China Economic Reviews, 2012, 23(1): 170–180.

[257] Doucouliagos, H., Laroche, P. Unions and innovation: new insights from the cross-country evidence [J]. Industrial Relations A Journal of Economy and Society, 2013, 52(2): 467-491.

[258] Brunello, G. The effect of unions on firm performance in Japanese manu - facturing [J]. Industry and Labor Relations Review, 1992, 45 (3) : 471-487.

[259] Kmenta, J. On estimation of the CES production function [J]. Interna - tional Economic Review, 1967, 8(2): 180-189.

[260] Dastmalchian, A., Blyton, P., Adamson, R. Industrial relations climate: testing a construct[J]. Journal of Occupational Psychology, 1989, 62(1): 21-32.

[261] Wu, M. L. SPSS Statistical Application Practice [M]. Beijing: Science Press, 2003.

[262] Zhou, J. Questionnaire data analysis: six types of analysis methods of un - locking SPPS [M]. Beijing: Publishing House of Electronics Industry, 2017.

[263] Baron, R. M., Kenny, D. A. The moderatormediator variable distinction in social psychological research: conceptual, strategic and statistical con - siderations [J]. Journal of Personality and Social Psychology, 1986, 51: 1173-1182.

[264] Cording, M., Christmann, P., King, D. R. Reducing causal ambiguity in acquisition integration: Intermediate goals as mediators of integration decisions and acquisition performance[J]. Academy of Management Jour - nal, 2008, 51(4): 744.

[265] Newman, A., Schwarz, G., Cooper, B., Sendjaya, S. How servant

leadership influences organizational citizenship behavior: the roles of lmx, empowerment, and proactive personality [J]. Journal of Business Ethics, 2017, 145: 1–14.

[266] Hayes, A. F. Introduction to mediation, moderation, and conditional process analysis[M]. New York: The Guilford Press, 2013.

[267] Tse, H. H. M., Ashkanasy, N. M., Dasborough, M. T. Relative leader–member exchange, negative affectivity and social identification: A moderated–mediation examination [J]. The Leadership Quarterly, 2012, 23 (3): 354–366.

[268] Tabachnick, B. G., Fidell, L. S. Using multivariate statistics (6th ed.)[M]. Boston: Pearson, 2013.

[269] Edwards, J. R., Lambert, L. S. Methods for integrating moderation and mediation: A general analytical framework using moderated path analysis[J]. Psychological Methods, 2007, 12: 1–22.

EMPIRICAL STUDY ON PARTY BUILDING IN NON-PUBLIC ENTERPRISES

Contents

Chapter 1: Introduction

Chapter 2: Literature Review

Chapter 3: Research Methods

Chapter 4: Research Results

Chapter 5: Discussions and Conclusions

Abstract

Despite a growing presence of Communist Party of China in non-public enterprises in China, there is limited empirical research on the impact of Party building on performance of non-public enterprises. In addition, it is not clear on the mechanism and path analysis of how Party building affects the performance of non-public enterprises.

Guided by stakeholder theory and social capital theory, this research proposes a hypothesized model to explore the impact of Party building on non-public enterprises' performance. Using a sample of 759 collected from private enterprises in Ningxia, structural equation model analysis revealed the following results. First, non-public enterprise Party building exerts a positive effect on enterprise performance, corporate social capital and organizational citizenship behavior. Second, non-public enterprise Party building has an indirect impact on enterprise performance through three paths, namely, corporate social capital and organizational citizenship behavior as mediator respectively, as well as a subsequent mediation via corporate social capital and then organizational citizenship behavior. Third, a harmonious relationship between corporate Party organizations and management accentuate the positive relationships between the non-public enterprise Party building and enterprise performance through social capital as well as organizational citizenship behavior.

This research contributes to the literature with a quantitative method design in exploring the mechanism and path of how Party building affects enterprise performance of non-public enterprises with sample from grassroots Party building in non-public enterprises. Policy recommendations are discussed from the research findings.

Keywords: Party building in non-public enterprises, enterprise performance, social capital, organisational citizenship behavior, Communist Party of China

Chapter 1: Introduction

1.1 Research background

1.1.1 Practical background

China's basic economic system is that public ownership is dominant and multiple forms of ownership develop side by side. Non-public enterprises are an important driving force in the socialist market economy advocated by Communist Party of China (CPC), the ruling party in the country. After the Third Plenary Session of the Eleventh CPC Central Committee was held in 1978, China began to undertake reform and opening up and gradually loosened its control over the market economy. As a result, China witnessed its swift rise to the second largest economy in the world and achieved rapid economic and social development. More than 40 years has passed since the launching of the reform and opening up policy, the private economy in China's non-public sector has developed from small and weak to large and strong, and continues to grow. By the end of May 2023, there were more than 118 million registered self-employed businesses and more than 50 million private businesses in China, accounting for over 92% of the total number of enterprises. The private economy in China has become an indispensable element in boosting China's development, a main field of entrepreneurship and employment, a key entity of technological innovation, and an important source of national taxation. It plays an important role in developing China's socialist market economy, transforming government functions, transferring surplus rural labor and exploring the international market.

The central and local political powers of most countries in the world today are in the hands of political parties which make use of their ruling positions to influence all aspects of politics, economy, and society. Political parties have a significant bearing on politics, economy and life of modern society (Wang, 2013). The CPC has always been at the core of leadership in China's economic development and national development, mainly by integrating Party organizations at all levels into the governance structure and governance mechanism of the economy. The Party organizations exert influence on the organizational resources, political resources, and human resources of the businesses, thereby affecting the decision-making and governance of the enterprises. It is pointed out in the Constitution of the Communist Party of China (revised on October 22, 2022) that the primary-level Party organizations in non-public sector entities shall implement the Party's principles and policies, guide and oversee their enterprises' observance of state laws and regulations, exercise leadership over trade unions, Communist Youth League organizations, and other people's group organizations, promote unity and cohesion among workers and office staff, safeguard the legitimate rights and interests of all parties, and promote the healthy development of their enterprises. It is pointed out in the Constitution of the Communist Party of China that the Communist Party of China shall lead the people in developing the socialist market economy. It shall be firm in consolidating and developing the public sector of the economy and shall remain steadfast in encouraging, supporting, and guiding the development of the non-public sector.

It is pointed in the Opinions of the CPC Central Committee and the State

Council on Boosting the Growth of Private Economy issued on July 19, 2023 that "We should adhere to the centralized and unified leadership of the CPC Central Committee on private economy work, and implement the Party's leadership throughout the whole process. We should follow the right political direction, establish and improve the mechanism for the development of private economy and private enterprises, clarify and hold departmental responsibilities, strengthen coordination and cooperation, and enhance the synergy between central SOEs and local governments."

In September 2023, the State Commission Office of Public Sectors Reform officially approved the establishment of the Private Economy Development Bureau within the National Development and Reform Commission as a specialized working body to facilitate the growth of the private economy. It will strengthen policy coordination in relevant fields, and promote the early implementation and effectiveness of various major measures. In recent years, the Party building in non-public enterprises has made great progress. The number and role of non-public enterprises determine that their Party building is becoming increasingly important in the overall Party building work.

In China, State-owned Enterprises (SOEs) are the backbone of national economy, and non-public enterprises are an important element in the market economy, but they have different roles and status. Although SOEs are mainly expected to fulfill policy objectives such as expanding employment and maintaining stability (Lin, 2004), the development of non-public enterprises is related to the establishment of harmonious labor relations in the entire society (Chen, 2014). In SOEs, Party organizations function as a "ruling" form of corporate management, which directly work within the enterprises and act as a political core leadership (He, 2018). However, in non-public enterprises, the Party organization plays an indirect role through its guidance, supervision, protection of rights, united front, coordination, and cultivation of corporate culture (Li, 2008). Therefore, the Party organizations in non-public enterprises are different from those in SOEs. The essence lies in exploring the optimal combination of Party building and enterprise development, and integrating two systems of corporate Party building and corporate governance. However, due to differences in ownership, business methods, business objects, and enterprise scale, Party organizations in non-public enterprises cannot play a role as important as those in SOEs. In addition, non-public enterprises have been successively established and have developed to new organizations and a group of entities from new social strata. The Party building of non-public enterprises in this context is still at an exploratory stage. The ruling Party does not require Party organization in private enterprises to play the role of "political core." This means that the governing Party is aware of the political structural differences between non-public economic organizations such as private enterprises and public economic organizations, thus downplaying the political function of the primary-level Party organizations, while emphasizing their economic and social functions. In 2000, the Organization Department of the CPC Central Committee issued the Notice on Strengthening Party Building in Non-public Economic entities such as the Individually Owned Businesses and Private Enterprises (Trial). According to this Notice, if Party members are already private business owners, the Party organization shall care for them ideologically and politically, and help them improve their political integrity and strengthen their Party spirit. The Party organization shall require them to remain committed to their identity as a Party member, educate and guide them to not only abide by national policies and regulations, operate in accordance with the law, and pay taxes in accordance with regulations, but also strictly observe the Party constitution, foster correct ideals and beliefs, act upon the fundamental purpose of the Party, earnestly fulfill obligations as a Party member, consciously comply with Party discipline and accept the education, management and supervision of the Party organization. The Party organization shall also encourage them to invest corporate profits to expand reproduction and support social welfare undertakings. In 2002, the 16th National Congress of the CPC included the responsibilities and tasks of Party organizations of non-public enterprises in the Constitution of the *Communist Party of China* for the first time, and it gave a more instructional provision for the function and role of Party organizations in non-public enterprises. The primary-level Party organizations in non-public economic entities shall implement the Party's policies and guidelines, guide and supervise enterprises to comply with national laws and regulations, lead trade unions, the Communist Youth League and other mass organizations, unite the masses of workers, safeguard the legitimate rights and interests of all parties, and promote the healthy development of enterprises. The new Company Law revised in October 2005 and implemented on January 1, 2006 revised the original Article 17 "The activities of the primary-level Party organizations in companies shall be handled in accordance with the Constitution of the CPC" to Article 19 "In companies, in accordance with the provisions of the Constitution of the CPC, the organization of the CPC shall be established to carry out Party activities. The company shall provide necessary conditions for Party activities." It is the first time in the history of China's law-based governance that the requirements to support Party building in corporate enterprises are completely written into legal provisions.

Since China's economic and social system is developed amid constant trials, the development of the non-public economy and establishment of its status has experienced a relatively tortuous process compared with the public economy. As a result, the building and development of Party organizations in non-public enterprise lags behind that in public enterprises. The Party building and development of non-public enterprises has gone through four consecutive stages from the founding of PRC to the present (Lu, 2013): the exploratory stage from 1949 to

1977; the start-up stage from 1978 to 1983; the establishment stage from 1984 to 1991; the development stage from 1992 to present.

Although the Chinese government has continuously strengthened non-public enterprise Party building in recent years, the level of Party building in non-public enterprises still lags behind that of SOEs. As shown in Table 1-1, the amount of non-public enterprises that established Party organizations accounted for 58.4% of the total non-public enterprises in 2013, and 73. 1% in 2017, with a rapid increase 14.7 percentage points during this period. However, public enterprises that established Party organizations accounted for 90.8% of the total public enterprises in 2013, and 90.9% in 2018, with no noticeable change during this period. This also means that in this period, the Chinese government ensured a high proportion of Party public-owned enterprises established Party organization, and worked hard to increase the proportion of Party non-public enterprises that had Party organizations, so that, the government paid more attention to the building and development of Party organizations in non-public enterprises.

Table 1-1 CPC organizations in primary-level enterprises from 2012 to 2023

Year	Amount of primary-level Party organizations (10,000)	Amount of non-public enterprises with Party organization (10,000)	Proportion of non-public enterprises with Party organizations to the whole non-public enterprises	Amount of public enterprises with Party organization (10,000)	Proportion of public enterprises with Party organizations to the whole public enterprises
2012	420.1	147.5	—	—	—
2013	430.4	162.7	58.4%	19.5	90.8%
2014	436.0	157.9	53.1%	19.4	91.0%
2015	441.3	160.2	51.8%	19.2	90.9%
2016	451.8	185.5	67.9%	18.9	91.3%
2017	456.2	187.7	73.1%	18.5	91.2%
2018	461.0	158.5	—	18.1	90.9%

Continued table

Year	Amount of primary-level Party organizations (10,000)	Amount of non-public enterprises with Party organization (10,000)	Proportion of non-public enterprises with Party organizations to the whole non-public enterprises	Amount of public enterprises with Party organization (10,000)	Proportion of public enterprises with Party organizations to the whole public enterprises
2019	468.1	147.7①	—	147.7	—
2020-2021.6	486.4	151.3②	—	151.3	—
2022	493.6	153.2③	—	153.2	—
2023	506.5	157.1④	—	157.1	—

Note: "—" means data missing; the data come from CPC statistical bulletins between 2012 and 2023

Although the Chinese government has gradually strengthened Party building in non-public enterprises in recent years, there are still many realistic puzzles and institutional barriers which are mainly shown in the following five aspects.

(1) Logic misplacement. The purpose of the Party organizations (hereinafter referred to as Party organizations) participating in the business operation of non-public enterprises is to organically embed Party building activities in the entire process of corporate governance and make them a fundamental element of enterprise development. In this process, the Party organization must handle the rela-

① The 2019 CPC statistical bulletins did not distinguish between state-owned and non-public enterprises, but uniformly counted enterprises as the number of Party organizations.

② The CPC statistical bulletins from January 1, 2020 to June 5, 2021 did not distinguish between state-owned and non-public enterprises, but uniformly counted enterprises as the number of Party organizations.

③ As of December 31, 2021, the CPC statistical bulletins did not distinguish between state-owned and non-public enterprises, but uniformly counted enterprises as the number of Party organizations.

④ As of December 31, 2022, the CPC statistical bulletins did not distinguish between state-owned and non-public enterprises, but uniformly counted enterprises as the number of Party organizations.

tionship between enterprise development, employee's personal growth and Party building activities. However, in reality, economic and political logic are often misplaced. That is, either Party building activities are put in the first place with enterprise development and employee growth being ignored, or Party building activities are put in the last place, and the Party organization blindly caters to the needs of entrepreneurs and employees, attaching importance only to corporate development and employee's personal growth and ignoring the importance of Party building.

(2) Theoretical lag-behind. At present, research on Party building in non-public enterprises mostly focuses on summary of results and exchange of experience, with little systematic research from the academic and theoretical perspectives. Summary of experience is yet to be further developed to regularity understanding. There lacks systematic research on the theoretical system of non-public enterprise Party building. Academic research is wrongly equated with policy interpretation. As a result, theories are seriously lagging behind the practice and cannot offer guidance to practice.

(3) Systemic disconnection. The non-public enterprise Party building in China follows the pattern of Party building in SOEs. The Party building of SOEs are characterized with "centralized leadership," "full-control management," and "workplace-based operation", while the Party building of non-public enterprises presents different characteristics such as "guidance-type" and "service-type". This is mainly caused by the difference in the power and status of Party organizations in these two types of enterprises, as well as the differences in the property rights system, the operating law, and the market system they rely on. Therefore, there appears a disconnection between systematic norms and practical operation of non-public enterprise Party building.

(4) Dysfunction. It includes separation of the value of Party building from

the market-oriented operations of private enterprises as well as the separation of Party building of private enterprises from their central tasks. The behavioral orientation of private enterprises presents obvious characteristics of economic orientation, market orientation and profit-seeking orientation, and the value of Party building in private enterprises is to expand the CPC's influence on their employees, so as to win political identification of the employees and enhance the CPC's legitimacy in private enterprises. In the practice of Party building in private enterprises, it is often dissociated from the central task of private enterprises. Either the private enterprise Party overweighs the efforts to raise political awareness in the Party building and neglects its role Party in promoting economic development unable to truly integrate Party building into enterprise operation and management or private enterprises unduly consider production and operation while neglecting Party building.

(5) Mechanism conflict. Corporate governance is an enterprise operating mechanism based on market economy. The internal mechanism of corporate governance is in a principal-agent chain where the property rights system belongs to different subjects. Through the "separation of powers and checks and balances," it not only ensures that the operators can exercise their operation rights in full, but also that owners will not lose their ultimate control over the operator. Although there are legal and policy basis for Party organizations to enter enterprises, the current Party building in non-public enterprises follows and imitates the mode of Party building in SOEs, which belongs to exogenous Party building. The operating mechanism of enterprises is independent, closed, and profit-seeking, and its acceptability of Party building is very small.

After years of hard work, the Chinese government has not only included the establishment of Party organizations in non-public enterprises as an important part in many government documents, but also incorporated it into laws and regulations such as the Company Law and the Constitution of the CPC, which have provided institutional basis and legal status for the establishment and development of non-public enterprise Party organizations. However, the essence of Party building in non-public enterprises is to explore the optimal integration of the two completely different systems of enterprise Party building and corporate governance. In addition, this is an exploration under the condition that market economy mechanism in China is not perfect, and it is certain to face many practical difficulties and cognitive deficiencies, which has made the issue of non-public enterprise Party building a completely new field and topic in the world. Therefore, it is particularly urgent and necessary to study Party building and enterprise development of non-public enterprises at this stage.

1.1.2 Theoretical background

According to Stakeholder Theory (Freeman, 1984), the business managers carry out management activities to comprehensively balance the interests of various stakeholders. The enterprise pursues the overall interests of stakeholders, not just interests of certain subjects. These stakeholders include ownership stakeholders, economically dependent stakeholders and social stakeholders. Shareholders, board of directors and managers are the most important ownership stakeholders of an enterprise and are the core components of the corporate governance system. They exert a significant impact on the enterprise performance (Harris & Shimizu, 2004; Jensen & Meckling, 1976; Yang, 2009; Yu, 2004; Zhang, 2015). Employees, trade unions, creditors, internal service agencies, local communities, consumers, suppliers, competitors and other subjects constitute the economically dependent stakeholders of the enterprise. They are an important part of corporate governance and also affect the enterprise performance (Iverson & Currivan, 2003; Clark, 1984; Monastiriotis, 2007). Government agencies, media, social organizations and special groups, as social stakeholders of enterprises, affect the enterprise performance from the outside (Pan, 2008; Xia, 2011; Xu, 2013). Therefore, these stakeholders can all affect the business and management decisions of enterprises, but different types of stakeholders have different influences on enterprise management decisions (Jia, 2002).

Chinese companies face three aspects of political interference, namely, state-owned controlling shareholders, government departments and Party organizations (Chang & Wong, 2004). As the primary-level organization of the Party committee in the enterprise, the Party organization plays a political core role and puts into practice the ruling Party's ideas on national governance and political pursuits (Jiang, 2006). As SOEs function as an important pillar and backbone of China's national economic development, the participation of Party organizations in corporate governance has become a major feature of the corporate governance in Chinese SOEs (Ma, 2013). Therefore, most Chinese scholars discuss the influence of Party organizations on enterprise performance in the perspective of SOEs (Chen, 2014; Huang, 2017; Ma, 2013). In particular, companies with political connections can gain advantages in financing convenience, property rights protection, tax incentives, government subsidies, industry access, and resource acquisition (Hu, 2006; Wu, 2009; Zhou, 2013; Yu, 2008). However, due to differences in the status, role, and binding force of Party organizations between SOEs and non-public enterprises, the influence of Party organizations on the two types of enterprises is also different. Therefore, in recent years, some scholars have studied the influencing mechanism and role of Party organizations from the perspective of non-public enterprises (Chen, 2017; He, 2018; Long, 2014).

However, most Chinese scholars make theoretical elaboration and conduct qualitative research to discuss the influence of Party organizations on non-public enterprises. Especially in empirical research, the variable of enterprise Party organization is set as a dummy variable, that is, 0 or 1 is used to indicate whether there is a Party organization or not in the enterprise, which is a simple analysis of whether there are differences in the impact on enterprise performance for the enterprises with or without Party organizations. However, there are obvious differences in the intensity and functions of the activities carried out by Party organization among different enterprises. This approach cannot reflect the differences in Party building activities and functions, and it is also difficult to explain the depth of influence and acting path of Party building activities. Most of the existing research on non-public enterprise Party organizations still focuses on theoretical exposition and qualitative research. Kou (2017) positioned the function of Party organizations in non-public enterprises as interest's coordination, political communication and resource integration, and clarified the mechanism of fostering an identity on Party building in non-public businesses from these three aspects. Chen (2014) proposed the basic path for Party organizations in these enterprises to participate in the building of harmonious labor relations including promoting enterprise development in a scientific way, coordinating the relationship between all parties for the enterprise, and promoting cultivation of corporate culture. Chu (2012) believed that Party building in non-public enterprises should focus on both the internal governance mechanism of the enterprise (decision-making consultation, incentive and supervision, and ideological education of employees) and the external governance mechanism (institutional arrangement, public products), and Party building should be rationally integrated into the enterprise economic activities so that the Party's political and organizational resources can be transformed into capital to promote enterprise development. Dang (2017) contended that Party organizations of non-public enterprises must focus on guiding and promoting non-public enterprises to voluntarily assume responsibility for employees, consumers, society, and the environment. Although this kind of literature clarifies the mechanism and path of Party building in non-public enterprises, there still lacks quantitative research.

Due to the late start of research on non-public enterprise Party building, there are relatively few empirical studies in this regard, especially there lacks empirical literature on the impact of Party building in non-public enterprises on their performance. He and Ma (2018) argued that Party building in private enterprises can significantly improve enterprise performance, which is because the Party organizations guide private enterprises to invest in more productive activities. Long and Yang (2014) proposed that Party organizations of private enterprises have no significant impact on enterprise performance such as profit margins. This is because the establishment of Party organizations in private enterprises not only significantly increasesd the welfare (medical insurance and labor safety) other than salary, but also drives up the labor cost of the enterprise. Chen et al. (2017) argued that Party organizations have a significantly positive role in promoting enterprise performance (sales, tax payment). Although this kind of literature has empirically tested the influence of non-public enterprise Party organizations on enterprise performance, there still lacks a clear and complete context and paradigm analysis of the mechanism and path analysis of the impact of Party organizations in non-public enterprise on enterprise performance.

As mentioned by Ye (2017), Party organizations of private enterprises play a role similar to "trade union" in enterprise operation to fight for the benefits of employees. Shan (2014) divided previous research on the relationship between trade union practice and enterprise performance into two aspects of direct impact and intermediate mechanism of action. In terms of direct impact, scholars focused on analysis from the perspectives of trade union practice, corporate productivity and corporate innovation capabilities. Laroche & Wechtler (2011) believed that unions exercised collective negotiating power to increase employee wages, forcing enterprises to increase productivity to make up for the cost of high wages. Therefore, the trade union practice had a positive role in improving enterprise productivity. Walsworth (2010) proposed that the trade union practice stimulated enterprises to introduce innovative mechanisms to reduce operating costs by increasing employee wages. In terms of intermediary mechanism of action, scholars analyze the impact of trade unions on enterprise performance by introducing other intermediate variables. This is because the impact of trade union practices on enterprise performance is not always direct Clark (1984). First, the labor-management relationship can affect enterprise performance. When the labor-management relations are in a harmonious state, the enterprise, the trade union and the employees trust each other. The employees believe that the trade union can meet their own needs and are more willing to act in line with the interests of the enterprise, which in turn exerts a positive impact on enterprise performance (Deery et al., 1999; Mefford, 1986). Second, communication of production experience and technology between employees can affect enterprise performance. The trade union pays attention to vocational skills training and exchanges for employees, which helps to improve the quality of employees, facilitates the enterprises to introduce innovative mechanism, and improves enterprise performance (Walsworth, 2010). Third, the relevant regulations formulated by the trade union and the management activities can affect enterprise performance (Agrawal, 2012).

Although relevant research on the impact of trade union practice on enterprise performance can provide ideas for the research on the impact of non- public enterprise Party organizations on enterprise performance, western trade unions are not fully applicable to China's specific political and economic system.

1.2 Research questions

The promotion of the status and role of non-public enterprises in the national economy makes Party building in non-public enterprises particularly urgent. Party building in SOEs has a long history along with China's economic development and has made important contributions to China's social and economic development. However, the history of Party building in non-public enterprises is relatively short, and Party organizations' assistance to non-public enterprises is far less to that to SOEs.

Based on the perspective of non-public enterprises, this thesis studies the impact of Party building in non-public enterprises on enterprise performance, attempting to answer the following two questions:

(1) To what extent does Party building in non-public enterprises affect their performance?

(2) What is the path of the influence of non-public enterprise Party building on enterprise performance? Specifically, how social capital, organizational citizenship behavior, and relationship between enterprise Party organization and the management affects the relationship between non-public enterprise Party building and enterprise performance?

At this stage, it is of great significance to study the impact of non-public enterprise Party building on enterprise performance. First of all, studying this topic helps to clarify the approaches and ways of non-public enterprise Party building affecting enterprise governance and to achieve the optimal integration of Party building and corporate governance. Second, the functions of non-public enterprise Party building often overlap with the functions of trade unions, and at the same time Party building also plays a role as a political link. This research will help clarify the role of non-public enterprise Party building in business operation. Third, the research helps distinguish the differential impacts of enterprise Party building in non-public enterprises and SOEs.

1.3 Research innovations

Based on China's unique political and economic system, this thesis studies the impact of non-public enterprise Party building on enterprise performance, and attempts to explore the path and mechanism of non-public enterprise Party building affecting enterprise performance. In contrast, the innovations of this thesis are mainly reflected in the following three aspects.

First, the existing literature mainly focuses on the impact of the internal organization of enterprises such as trade unions on enterprise performance, with little focus on the impact of the building of political organizations such as Party building on the performance of non-public enterprises. This thesis focuses the research perspective on the political organization at the primary level such as enterprises' CPC Party organization to empirically test the impact of non-public enterprise Party building on enterprise performance.

Second, the existing literature on enterprise Party organization mainly focuses on the impact of Party building in SOEs on enterprise performance and the influence path, with little literature on the impact of non-public enterprise Party building on enterprise performance and influence path. The research subjects of this thesis are non-public enterprises. A mechanism model of the impact of non-public enterprise Party building on enterprise performance is built, and the mechanism and path of non-public enterprise Party building affecting enterprise performance are explored from three aspects of corporate social capital, organizational citizenship behavior, and harmonious relationship between Party organizations and the management.

Third, the existing literature on non-public enterprise Party building mainly focuses on theoretical elaboration or qualitative research, that is, analysis of the dilemma of Party building in non-public enterprises or empirical research on whether there are differences in the impact on enterprise performance with or without Party organizations in non-public enterprises. This thesis conducts a quantitative study on the Party building of non-public enterprises, focusing on measuring on how the Party organizations are built and function in each non-public enterprise, that is, attaching importance to the difference of Party building in different non-public enterprises.

1.4 Thesis structure

This thesis studies the impact of non-public enterprise Party building on enterprise performance. It is divided into five chapters, and the specific contents are as follows.

Chapter 1: Introduction. In this chapter, considering the current situation that the status and role of non-public enterprises in the national economy have been improved and Party building in these businesses is particularly urgent at this stage, I propose to adopt empirical research to study the impact of Party building in Chinese non-public enterprises on enterprise performance. The practical and theoretical significance of this research is elaborated and its ideas and contents are systematically explained, and at the same time, research methods and innovations are summarized.

Chapter 2: Literature Review. This chapter reviews existing literature on enterprise Party building, influence of enterprises' Party building and their political connections on enterprise performance, and influencing factors of enterprise performance, and identifies the research idea and research methods of impact of non-public enterprise Party building on enterprise performance under the unique political and market system in China.

Chapter 3: Research Methods. This chapter first puts forward the idea of research model based on relevant literature in Chapter 2. The research hypothesis is then proposed on the basis of the idea of the research model which gives rise to the idea of empirical research of this thesis. The research design is then formulated on the research hypothesis, including selection of the scale, design of the questionnaire, and collection of data. Finally, reliability and validity analysis of the data collected from the questionnaire are carried out and a descriptive statistical analysis is performed.

Chapter 4: Research Results. This chapter conducts an empirical test based on the data collected in the questionnaire in Chapter 3 to test the impact of non-public enterprise Party building on enterprise performance.

Chapter 5: Discussions and Conclusions. This chapter summarizes the whole thesis, proposes corresponding policy recommendations from the perspective of enterprise and government, and finally points out the deficiencies of this research and offers suggestions for further research.

1.5 Chapter summary

Based on the practical and theoretical background, this chapter puts forward the research questions of the thesis, systematically introduces the research contents and research idea, and summarizes the major innovations.

Chapter 2: Literature Review

This chapter focuses on enterprise Party building and enterprise performance. It systematically reviews existing relevant literature at home and abroad, and centers on the impact of Party building in SOEs and non-public enterprises on enterprise performance as well as impact of social capital, organizational citizenship behavior, labor relations and trade union organizations on enterprise performance in an effort to build the theoretical basis of this research and summarize the research model and hypothesis.

2.1 Concept definition

2.1.1 Non-public enterprises

2.1.1.1 Concept of non-public enterprises

Non-public economy refers to the economic sector except the public economy. The concept of non-public economy first appeared in the notice issued by the CPC Central Committee to approve the Request for Instructions on Several Issues Concerning the Federation of Industry and Commerce submitted by the United Front Work Department of CPC Central Committee (15th document issued by the CPC Central Committee in 1991). The system with public ownership playing a leading role and all forms of ownership developing side by side is the basic economic system at the primary stage of socialism in China. The non-public sector is relative to the public economy. According to China' s current statistical standards, non-public sector refers to the economy except the state-owned economy, collective economy, and the mixed ownership economy with the state-owned and collective components. To be specific, it includes the non-state-owned part of limited liability companies and joint stock limited companies, private economy, individual economy, and foreign investment economy and is mainly divided into two parts of private economy and foreign (including Hong Kong, Macao, and Taiwan) economy (Liu, 2012).

In terms of economic organization patterns, non-public sector entities can be divided into self-employed businesses, private enterprises and foreign-funded enterprises. Self-employed businesses and private enterprises are the main patterns of non-public sector in China since the reform and opening up. The legal basis for distinguishing between self-employed businesses and private enterprises is: those with less than seven employees (including seven employees) are self-employed businesses, and those with more than eight employees (including eight employees) are private enterprises. According to the provisions of the Provisional Regulations of the People' Republic of China on Private Enterprises, private enterprises refer to profit economic entities with assets owned by private individuals and more than eight employees, including three categories, namely, sole proprietorship enterprise, partnership enterprise, and company with limited liability. Foreign-funded enterprises refer to enterprises incorporated within the territory of China with foreign investment in accordance with Chinese laws. These three patterns of economic entities are also the main components of non-public sector entities in China at present.

In terms of the evolution process, non-public sector entities can be divided into primary non-public sector entities, non-public sector entities (also known as transformational non-public sector entities) formed by the transformation of SOEs and collective enterprises (including urban collective and township enterprises), and non-public sector entities with Chinese-foreign cooperation or that are wholly foreign-funded. Primary non-public sector entities appeared earlier, mainly consisting of self-employed businesses and private enterprises. With the development of China's economic system reform, some SOEs and collective enterprises have undergone significant changes in their composition, transforming into a new pattern of non-public sector entities, occupying a certain proportion in China's market economy and becoming a key component of non-public sector entities. At the same time, with the further establishment of the socialist market economic system, China's utilization of foreign capital has switched from a stage simply pursuing quantitative expansion to a new stage of focusing on quality and efficiency, and many Chinese-foreign joint ventures have realized sound and rapid development under the new system.

It is clearly pointed out in the Third Plenary Session of the Eighteenth CPC Central Committee that in the Chinese economy, the public ownership economy is the mainstay and multiple ownership economies develop together. Public enterprises are the main body of the national economy, and non-public enterprises are an important part of China's socialist market economy. Public enterprises determine the lifeblood of the national economy, while non-public enterprises play an important role in maintaining the rapid development of the national economy, absorbing labor employment, optimizing industrial structure, driving the development of new industries, and promoting market competition.

Non-public economic organizations in China refer to various non-state collectively-owned economic organizations such as private enterprises, foreign-invested enterprises, Hong Kong, Macao and Taiwan-invested enterprises, joint-stock cooperative enterprises, private technology enterprises, individually owned businesses, and mixed-ownership economic organizations. Generally speaking, units or organizations other than government departments and state-owned enterprise or public institutions are all non-public economic organizations (Wang, 2014). Non-public economic organization is a more formal term and covers a larger scope. The research object of this thesis is the operating mechanism of Party building in non-public ownership economic organizations. The non-public economic organizations mainly refer to non-public ownership enterprises. Hereinafter, non-public enterprises are referred as non-public enterprises.

2.1.1.2 Evolution and status quo of non-public enterprises in China

Since the founding of the People's Republic of China in 1949, the development of non-public enterprises in China has experienced a tortuous course of mainly four stages, namely, the exploratory stage, the tortuous development stage, the rapid development stage and the all-round development stage (Zhang, 2015).

(1) Exploratory stage (1949-1977)

The period from 1949 to 1977 was at the early stage of the founding of the People's Republic of China, and the socialist construction was at the initial stage of exploration. At this time, the country and the government paid undue attention to the form of ownership of the means of production, that is, excessively pursued a single socialist public ownership structure, which basically negated and excluded the existence of non-public ownership economy. This pursuit of public ownership was manifested in the efforts to develop and maintain a highly centralized planning management system, and to utilize, restrict and transform national industry and commerce, and to eliminate private enterprises.

Therefore, non-public enterprises at this stage gradually disappeared in China and were completely replaced by public enterprises.

(2) Tortuous development stage (1978- 1991)

In 1978, the Third Plenary Session of the CPC Eleventh Central Committee was held, and the Session decided to shift the focus of national work to socialist modernization. The Session emphasized the need for the development of multiple ownership economies when China is still in the primary stage of socialism. At the same time, the development of multiple ownership economies should be carried out under the premise that public ownership is the mainstay. Individual economy, private economy and foreign capital economy are necessary and beneficial supplements to public-owned ownership. The Session reaffirmed the status and role of individual economy, lifted many restrictions on non-public economy, and formulated a series of policies to restore and develop non-public economy, creating a favorable environment for the development of non-public enterprises. At this time, commodities began to circulate freely, urban and rural markets were gradually opened up, and non-public enterprises that had been extinct for many years were restored and developed. This Session recognized and allowed the development of private economy for the first time, and gave a position to the non-public economy. This policy has been continuously improved and continued in the subsequent economic development. However, as China's non-public economy was still at the recovery and initial stage, although the central government had recognized the reasonable status of the existence and development of non-public economy, governments at all levels still placed the focus of economic development on public enterprises. Therefore, non-public economy at this time had not received much attention in general. In April 1988, the First Session of the Seventh National People's Congress passed a constitutional amendment, which confirmed the legal and economic status of private economy. Article 11 of the Constitution added that "The state allows private economy to exist and develop within the scope prescribed by law. The private economy is a supplement to the socialist public economy. The state protects the legal rights and interests of private economy, and exercises guidance, supervision and management over private economy." In 1989, China launched a three-year campaign to improve the economic environment and rectify the economic order. During this period, China's individual and private economy had a restricted business scope, a higher threshold for market access, and thus the number of non-public enterprises dropped. In the same year, the circles of ideologists and theorists appeared criticism of the trend of bourgeois liberalization. How to correctly understand the status and function of the non-public sector of economy became the focus of this debate. The development of the non-public sector was restricted by political factors to a certain extent, and it was trapped in a difficult situation.

Therefore, at this stage, China developed an alternated attitude toward the non-public economy between support and restriction, leading to tortuous development of non-public economy.

(3) Rapid development stage (1992-2001)

In 1992, Comrade Deng Xiaoping delivered an important speech during his southern tour, emphasizing that the foreign-funded enterprises were a useful supplement to the socialist society. This speech was a strong support to remove ideological obstacles to the ownership reform and became an important turning point for the further development of non-public economy. In the same year, the 14th National Congress of the CPC established the socialist market economy system, and proposed to set the goal of economic system reform in which public ownership, including ownership by the whole people and collective ownership, is dominant, supplemented by individual economy, private economy, and foreign-funded economy, and long-term common development of multiple economic components. The pattern in which non-public economy and public economy exist together and develop in a long time was clarified. The established policy of long-term common development of multiple economic sectors made it clear that the development of non-public economy would not harm socialism, but would only benefit the development of socialism, which once again set off a climax in the development of non-public enterprises. In 1997, the 15th National Congress of the CPC established that "Public ownership is dominant and economic entities under diverse ownership forms develop side by side is the basic economic system in the primary stage of China's socialism." In 1999, the Second Session of the Ninth National People's Congress passed the Amendment to the Constitution of the People's Republic of China which clearly stipulated that "Individual economy, private economy and other non-public sectors within the scope of the law are an important part of the socialist market economy." This is a full affirmation by the state's fundamental law of the survival, development and contribution of the non-public sector over the past 20 years.

Therefore, at this stage, China paid more attention to the development of non-public economy, but it lacked norms and systems, so that the development of non-public economy still faced various problems yet to be solved urgently.

(4) All-round development stage (2002 till now)

In 2002, the report of the 16th National Congress of the CPC pointed out that "We must unswervingly encourage, support, and guide the development of non-public economy." In 2003, the Chinese government pointed out in the Decision on Several Issues Concerning the Improvement of the Socialist Market Economic System that "In terms of land use, taxation, investment and financing, and foreign trade, non-public enterprises enjoy the same treatment as other enterprises." It is the first time that the Chinese government recognizes the equal status of non-public enterprises and SOEs. In 2005, the State Council issued Several Opinions on Encouraging, Supporting and Guiding the Development of Individual and Private Enterprises and Other Non-public Ownership Economy, which is an important policy document for comprehensively promoting the development of non-public economy. In 2013, the Decision of the CPC Central Committee on Several Major Issues of Comprehensively Deepening Reform passed by the Third Plenary Session of the 18th CPC Central Committee clearly stated that "The basic economic system with public ownership as the mainstay and the common development of multiple ownership economies is an important pillar of the socialist system with Chinese characteristics and the foundation of the socialist market economy system."

In 2018, General Secretary Xi Jinping said at a meeting on private enterprises that "Private enterprises and private entrepreneurs belong to our own family" and firmly put forward three "unchanged" situations, namely "The non-public sector's status and functions in the country's economic and social development have not changed, the principle and policies to unswervingly encourage, support and guide the development of the sector have not changed, and the principle and policies to provide a sound environment and more opportunities to the sector have not changed." In 2022, it was stated in the report to the 20th National Congress of the Communist Party of China (CPC) that "We will remain firmly committed to encouraging, supporting, and guiding the development of this sector, give full play to the decisive role of the market in resource allocation, and give better play to the role of the government." In 2023, General Secretary Xi Jinping emphasized in the Democratic Consultative Conference that "We will guide primary-level governance through Party building, and enhance Party building in mixed-ownership and non-public enterprises."

2.1.1.3 Three logics of developing the non-public sector of the economy

Always adhering to the logic of the socialist market economy for exploration, the policy adjustment and development of the non-public sector of the economy is the crystallization of the continuous understanding of theoretical logic, historical logic, and practical logic.

First, we should adhere to Party leadership and leverage the advantages of the socialist system. Leadership of the Communist Party of China is the most essential attribute of socialism with Chinese characteristics, the greatest strength of this system, the very foundation and lifeblood of the Party and the country, and the crux upon which the interests and wellbeing of all Chinese people depend. As the fundamental leadership system, the Party leadership system dominates in the rigorous and complete scientific socialist system with Chinese characteristics. Only by adhering to the centralized and unified Party leadership can we fully leverage the marked advantages of the socialist system with Chinese characteristics in various aspects. Every step of development and achievement of the non-public sector of the economy is achieved under Party leadership and the guidance of the reform and opening up policy. Only by continuing to steadfastly implement the overall Party leadership, following the instructions and guidance of the Party, feeling Party kindness, and consciously improving political judgment, thinking, and implementation can the strengths of the socialist political system be fully utilized and the sound development of the non-public economy be promoted.

Second, we should always uphold the people-centered development philosophy. Adhering to the people-centered development concept, we take enhancing people's well-being, promoting the all-around development of human beings, and steadily advancing towards common prosperity as the fundamental starting point and focus of economic growth. Throughout the 100-year history of the Communist Party of China and the history of reform and opening up, the great spirit can be traced to the same origin, that is, the Party is of one mind with the people. The people-centered development philosophy is the logical starting point and ultimate result of the Party's policies towards the non-public sector of the economy. People's growing demand for a better life drives the sound development of the non-public sector of the economy. Only by continuing to adhere to the principle of always acting for people and relying on them in everything we do, and serving the overall national strategy can we promote development achievements to benefit all the people in a greater and fairer way, and boost the common prosperity to make more obvious and substantial progress, so as to unite the mighty force to boost the great rejuvenation of the Chinese nation.

Third, we should fully respect market principles and carry forward entrepreneurial spirit. We should stimulate market vitality through reform, guide market expectations via policies, clarify investment directions through planning, and regulate market behavior through the rule of law. To optimize the development environment of non-public enterprises, it is necessary to strengthen the "main government responsibility", continuously enhance policy supply, legal protection, and government innovation. We should implement and support policies and measures for the growth of non-public sector of the economy, encourage and guide the reform and innovation of non-public enterprises, and build a cordial and clean relationship between government and business. Only by actively creating the policy environment, legal environment, market environment, and social environment conducive to the development of the non-public sector of the economy, and always by adhering to market rules can the decisive role of the market in resource allocation be fully played, and the high-quality development of China's non-public sector of the economy be effectively improved.

Therefore, at this stage, China has placed the construction of non-public sector of the economy in a critical position and issued standardized and institutionalized master plans to support the building of non-public sector of the economy, promoting the overall development of non-public enterprises.

2.1.2 Non-public enterprise Party building

2.1.2.1 Concept of non-public enterprise Party building

As early as 2000, the Organization Department of the CPC Central Committee issued the Opinions on Strengthening Party Building in Individual, Private, and Other Non-public Economic Organizations (Trial) which stipulated that non-public economic organizations are an important area of the Party building. The endeavor to establish Party organizations in non-public economic organizations, carry out Party work, strengthen Party building, and give full play to the Party's ideological and political advantages, organizational advantages, and the advantages of close contact with the public is necessary to uphold and improve the basic economic system in the primary stage of socialism, ensure and supervise the implementation of the guidelines, policies, laws and regulations of the Party and the country, and guide the healthy development of the non-public economy. In 2003, the Organization Department of the CPC Central Committee held a national non-public economic organization Party building experience exchange meeting in Beijing. The meeting pointed out that "strengthening Party building of non-public economic organizations is an urgent need to continuously strengthen the Party's class foundation and expand its mass foundation, improve its social influence, and consolidate its ruling position." It was also proposed that "The Party must continue to strengthen its workforce, and expand the coverage of its organizations. The majority of enterprises with more than 50 employees shall have Party members, the majority of enterprise with more than 100 employees shall have Party organizations, and all companies that have the conditions to establish their own Party organizations shall establish Party organizations." This is the first time in the history of the CPC to make clear and specific requirements for Party building in non-public economic organizations. The Decisions of the CPC Central Committee on Several Major Issues Concerning Strengthening and Improving Party Building under the New Situation approved by the Fourth Plenary Session of the 17th CPC Central Committee proposed a series of new thoughts and new measures. "Comprehensively promote the building of the Party's primary-level organizations in various fields" is one of the highlights. According to the Decision, "We should promptly establish Party organizations in non-public economic organizations, and promote the building of other types of primary-level organizations through the building of the primary-level Party organizations, invigorate enthusiasm of the people, and lay a solid foundation." This marks the full promotion of non-public enterprise Party building across the country.

According to the Constitution of the CPC, in enterprises, schools, social organizations and other primary-level units, where there are more than three formal Party members, a Party organization shall be established. The CPC has always been at the core of leadership in China's economic development and national construction, and it mainly plays a role of gatekeeper. By integrating Party organizations at all levels into the governance structure and governance mechanism of the economy, a system network covering the entire society is formed, and it participates in the corporate governance process, so as to guide enterprises to a development path that conforms to the national guidelines and policies. Therefore, enterprise Party organization is not only the primary-level organization established by the Party in the enterprises, but also important organizational resources, political resources and human resources of the enterprises (Jiang, 2006). To be specific, organizational resources include resources of interpersonal connection, political resources, and market resources (Deng, 2011); political resources refer to the collection of various resource factors owned by enterprises in the political activities to influence government decisions or obtain government commitment so as to achieve special political goals (Zardkoohi, 1985); human resources refer to the stringent selection process of talents in Party organizations, and the selected talents are with the best quality in China. In addition, the talents trained by the Party are all high-quality human resources needed for enterprise development (Liang, 2004).

The Chinese government stipulates the establishment of corporate Party organizations in the form of law, that is, enterprises should provide necessary conditions for the activities of Party organizations. However, due to differences in ownership, property rights, operating methods, leadership system and operating mechanism between public enterprises and non-public enterprises (Qiu, 2016), the role of Party organizations in public enterprises is quite different from that in non-public enterprises. Party organizations of public enterprises revolve around the enterprises' production and operation and directly participate in the operation and decision-making process; while the Party organizations of non-public enterprises mainly play a political leading role and do not directly participate in the operation and decision-making of the enterprise (Chu, 2012). Therefore, in public-owned enterprises, the relationship between Party organizations and the enterprise is "leading and being led," while in non-public enterprises, Party organizations exercise oversight over the enterprises and offer guidance to them, and both of them also support each other in their development. This supervision and guidance is mainly manifested in the efforts to supervise the companies to comply with national laws and regulations, operate in accordance with the laws, and guide companies to consciously fulfill their social responsibilities (Long, 2014). In addition, the responsibilities and functions of Party organizations in public-owned enterprises are greater than those of non-public enterprise Party organizations, and the participation of public-owned enterprise Party organizations in business activities is deeper than that of non-public enterprise Party organizations.

2.1.2.2 Development history and status quo of non-public enterprise Party building in China

Party building is the generic concept of the Party work as well as the specific concept of Party affairs. It refers to a series of self-improvement activities undertaken by the Party to maintain its own nature, including Party affairs, but also Party ideological, political, organizational work, work style, and institutional building. The report of the 19th National Party Congress puts forth the general requirements for Party building in the new era. The Party's political building is treated as the core to comprehensively promote the Party's political building, ideological building, organizational building, style building, and discipline building, and the Party's institutional building should be implemented throughout the whole process . In other words, a comprehensive new layout of Party building with "one main line and six major buildings" is proposed for implementation. (Han, 2017)

Similar to the development of non-public enterprises, the development of non-public enterprise Party building in China has also experienced a zigzag development course. It mainly experiences four stages, namely, the start-up stage, the exploratory stage, the normative stage and the development stage (Lu & Nie, 2013).

(1) The start-up stage (1949-1977)

From the founding of the People's Republic of China to the early stage of reform and opening up, enterprise Party organizations in China have gone through a long period of exploration. In 1954, the CPC Central Committee implemented a factory manager responsibility system for production and administrative management in SOEs across the country. In 1956, the CPC Central Committee formally decided to veto the "one-manager system" and replaced it with the "manager responsibility system under the leadership of Party committee". The

Party committee of the enterprise is the core of the business leadership, and all work concerning production and administration of the enterprise is under the unified and collective leadership of the Party committee. The leadership system in which the CPC directly leads all major economic tasks has been implemented from the central government to the enterprises, and therefore a highly centralized, complete and full-coverage economic work system with the CPC at its core took shape.

(2) The start-up stage (1978-1983)

In 1978, the Third Plenary Session of the 11th CPC Central Committee charted the direction of the Party-led economic work system reform. In 1980, the national leader Deng Xiaoping proposed that "The factory director (manager) responsibility system under the leadership of the Party committee shall be changed in a prepared and step-by-step manner, and the factory director (manager) responsibility system under the leadership of the factory management committee, the company board of directors, and the joint committee of the economic consortium shall be gradually implemented." In 1981, the CPC Central Committee and the State Council issued the Several Decisions on Exploring New Possibilities, Invigorating the Economy, and Solving Urban Employment Issues, which clarified that "Among the personnel engaged in collective economy and individual economy, it is necessary to gradually establish Party organizations." This also marked the beginning of Party organization building in non-public economy. In March 1983, the CPC Central Committee and the State Council issued the Instructions on the Development of Urban and Rural Retail Business and Service Industries, which proposed to "Gradually establish and improve the Party and Youth League organizations in the community-level commerce and service industries, and give play to their supervisory role." Although all parts of China have begun to explore the Party organization building in the non-public sector of the economy, due to the influence of various factors such as ideological shackles, insufficient policy guidance, and restrictions on the status of non-public enterprises, the progress of Party building in the non-public economy is very slow.

(3) The establishment stage (1984-1991)

In 1984, the Third Plenary Session of the 12th CPC Central Committee passed the Decision of the Central Committee of the CPC on Economic System Reform, which clearly stated that "Reform should be carried out in accordance with the principles of separating government responsibility from enterprise obligation and simplifying administration and delegating power" and emphasized to "strengthen Party leadership to ensure the smooth progress of the reform". In 1986, the CPC Central Committee and the State Council issued the Regulations on the Work of Factory Managers in Industrial Enterprises Owned by the Whole People, which stipulates that industrial enterprises owned by the whole people implement the system of factory director responsibility. The factory director is the legal representative of the enterprise and exercises powers on behalf of legal persons. In 1988, the Law of the PRC on Industrial Enterprises Owned by the Whole People was passed at the First Session of the Seventh National People's Congress. It clarified the factory manager responsibility system in a legal form, that is, the factory manager responsibility system replaced the former system under the leadership of Party committee.

(4) The development stage (1992-present)

In 1992, the 14th National Congress of the CPC established the goal of building a socialist market economic system, emphasizing that the market plays a fundamental role in the allocation of resources under the macro-control of the socialist country, so that economic activities conform to the law of value and adapt to the change of supply and demand. At the same time, "in other economic organizations, it is necessary to proceed from reality and promptly establish and improve Party organizations and work system". In 1994, the Chinese government issued Several Opinions of the Organization Department of the CPC Central Committee on Strengthening Party Work in Joint-Stock Enterprises, which pointed out that "When establishing a joint-stock enterprise, the establishment and adjustment of Party organizations should be considered and arranged simultaneously. In joint-stock enterprises, the Party's primary-level organizations are in the political core position. They play a political core role, and carry out work around production and operation." In the same year, the Decision of the CPC Central Committee on Several Major Issues on Strengthening Party Building passed by the Fourth Plenary Session of the 14th CPC Central Committee once again emphasized that "In enterprises of various ownerships, the Party's work must be strengthened. For those with no Party organizations, it is necessary to actively create conditions to establish Party organizations, adopt working methods and activities that suit their own characteristics, and carry out Party activities." In 1999, the Fourth Plenary Session of the 15th CPC Central Committee emphasized that "The persons in charge of the Party committee in wholly state-owned and state-owned holding companies can join the board of directors and the board of supervisors through statutory procedures, and the board of directors and the board of supervisors must have employee representatives to participate" and that "Adhering to the leadership of the Party and giving play to the political core role of Party organizations in the SOEs is a major principle which must be implemented without hesitation at any time."

In 2006, the new Company Law was implemented and it is stipulated in Article 19 that "In companies, in accordance with the provisions of the Constitution of the CPC, Party organizations shall be established to carry out Party activities, and the companies shall provide necessary conditions for Party activities." According to the Opinions of the Central Committee of the CPC and the State

Council on Creating a Better Development Environment to Support the Reform and Development of Private Enterprises issued in 2019, "We should establish and improve the working mechanism of Party building in private enterprises. We should uphold the Party's leadership in supporting the reform and development of private enterprises, raise the awareness of maintaining political integrity, thinking in big-picture terms, following the leadership core, and keeping in alignment, strengthen our confidence in the path, theory, system, and culture of socialism with Chinese characteristic, resolutely uphold General Secretary Xi Jinping's core position on the Party Central Committee and in the Party as a whole, and resolutely uphold the Party Central Committee's authority and its centralized, unified leadership, educate and guide private enterprises and entrepreneurs to support Party leadership and enterprise Party building."

According to the data of the Statistical Bulletin of the CPC (2019), by December 31, 2022, the total number of the CPC members was 98.041 million, and the CPC had 5.065 million primary-level organizations. Among them, there were 0.289 million primary-level Party committees, 0.320 million general Party branches and 4.456 million Party branches. There were 1.571 million primary-level Party organizations in enterprises.

2.1.2.3 The importance of Party building in non-public enterprises

It was pointed out in the Fifth Plenary Session of the 18th Central Committee of the Chinese Communist Party that it is necessary to improve the Party's leadership system and mechanism for economic and social development, enhance the building of Party organizations at all levels, and strengthen the overall function of primary-level Party organizations. It was emphasized in the report of the 20th National Congress of the Communist Party of China (CPC) that it is necessary to enhance Party building in mixed-ownership and non-public enterprises. With the continuous development of the socialist market economy and the emergence of a myriad of non-public enterprises, however, Party building work in non-public enterprises has become a key component of Party leadership in economic and social development work. How to enhance Party building work in non-public enterprises, improve the institutional mechanism of Party building work in non-public enterprises, and strengthen the overall function of Party organizations in non-public enterprises has increasingly become a major task for Party organizations at all levels.

Starting in the late 1980s with nearly 40 years, the Party building work in non-public enterprises has undergone preliminary exploration in theory and practice, accumulated rich experience, and realized great achievements. But it should be noted that with the further development of reform and opening up, various forms of non-public enterprises have emerged in large numbers, and the employees of non-public enterprises have accounted for the majority of the working class in China, and Party organizations and Party members have reached a considerable scale. Against this backdrop, the importance and urgency of enhancing Party building work in non-public enterprises are standing out.

Meanwhile, we should also note that the Party building work in non-public enterprises is a new career, thus facing multiple practical difficulties. For instance, there are quite a few non-public enterprises that are qualified for establishing Party organizations but have not established Party organizations yet. In addition to non-public enterprises above a designated scale having no Party organizations, many well-known non-public enterprises above a designated scale have not established any Party organizations. It is due to entrepreneurs' inadequate understanding of Party building in non-public enterprises, and the insufficient attention and support from relevant authorities. Based on the current research on Party building work in non-public enterprises in some regions, the achievements of Party building work in non-public enterprises are closely related to the importance and support attached by relevant authorities, that is, if relevant authorities give attention to and support this work, it will be carried out vividly; otherwise, unsatisfactory effect will be obtained. Whether relevant authorities think highly of and support this work depends on their understanding of the significance and role of Party building in non-public enterprises.

Party building in non-public enterprises is necessary to consolidate the Party's governing position and expand its public support. Since its establishment, the CPC has taken the establishment of primary-level Party organizations nationwide as an important starting point. The establishment and improvement of Party organizations in various forms of economic and social organizations such as plants, enterprises and schools is one of the key reasons for the CPC to win popular support and continue to grow. If a myriad of non-public enterprises neither establish Party organizations nor unfold Party building work, it is hard to reflect the Party's governing position and expand its influence among the masses, thus inevitably weakening the Party's public support. At present, establishing Party organizations in qualified non-public enterprises, and unfolding Party building work in unqualified non-public enterprises to achieve "two full coverage" are still challenging tasks that require great attention.

Party building in non-public enterprises is a key element for achieving the Party's leadership towards the socialist market economy. General secretary Xi Jinping pointed out that Party leadership is the key feature of the socialist market economy. Establishing Party organizations and carrying out Party building work in non-public enterprises to ensure the implementation of the Party's line, principles and policies is an epitome of Party leadership in non-public sector entities. If we don't carry out Party building work in non-public enterprises, it will be hard to reflect Party leadership and it is not conducive to the development of the enterprise. Based on the research, we learned that Party organizations have fully played its political guidance role in non-public enterprises unfolding good

Party building work. They organize enterprise leaders to learn Party's lines, principles, and policies in a timely manner, understand the political, economic, and social development trends of the country and the local area, and are conducive to the formulation of enterprise development strategies and decisions. It must be noted that in the current backdrop where the influence of network media such as WeChat is expanding, people's thoughts and values are becoming increasingly diverse, especially with an increasing number of young employees and more active ideological work for the employees. Thus, the urgency and importance of non-public enterprises establishing Party organizations and carrying out Party building work to expand the Party's influence in the ideological field are obviously standing out.

Party building in non-public enterprises is an essential requirement of the Party's mass line. The mass line is the fundamental work line of the Party, namely maintaining a close bond between the Party and the people through the Party organization. As the non-public enterprises have a large number of Party members and employees, without the establishment of Party organizations or unfolding of Party building work, Party members may fail to find Party organizations, lack of the sense of political belonging on the one hand, and the Party may fail to influence the entire population via primary-level Party organizations, serve the people, and care about their grievances. In this way, the Party would fail to influence the masses, and even connect itself to the masses. Therefore, to ensure the Party building work in non-public enterprises, it is necessary to foster a strong sense of the masses, and consider the Party building in non-public enterprises as an extension and expansion of the Party's fine tradition of the mass line under the conditions of socialist market economy. It is a key path to close the relationship between the Party and the masses and improve the Party's prestige.

Party building in non-public enterprises is a key measure to maintain the advanced nature of the Party. The building of the advanced nature of the Party in non-public enterprises is manifested in the role of the Party organization in the production and operation activities of enterprises, the role of the Party members in specific positions as exemplary vanguards, and the role of setting an example in the activities of seeking excellence. We have learned that many non-public enterprises attach great importance to playing the vanguard exemplary role of Party organizations and Party members via making their identities with their desks labeled as "CPC members", organizing innovation groups for Party members to achieve technological breakthroughs, and combining the building of learning Party organizations with enhancing the creativity of enterprises. Through research, the author learned that most enterprises that promote creativity through Party building usually have a secretary who has unfolded Party building work in the military, government agencies, and other institutions. They consciously regard Party building work as the "soft power" of the enterprise. This indicates that non-public enterprise Party organizations have great potential in enhancing the creativity of enterprises. The growth history of non-public enterprises is relatively short; thus, the building of enterprise organizations and systems should urgently be reinforced. Against such backdrop, playing the role of Party organizations in non-public enterprises could promote the building of enterprise organizations and systems. After more than 100 years of development, the CPC boasts rich experience in organization building and system building and a set of proven working methods. If we could deeply tap into these valuable resources and combine them with the modern enterprise system, it will certainly boost the growth of non-public enterprises.

Party building in non-public enterprises is conducive to the growth of enterprises. Undoubtedly, a considerable number of qualified private enterprises and foreign-funded enterprises have not established Party organizations, mainly due to insufficient attention from the enterprise leaders. A plethora of facts have proven that good Party building work is one of the major factors promoting the growth of enterprises. Because non-public enterprise Party organizations could train and cultivate talent and key business members via playing the vanguard and exemplary role of Party members; they could guide enterprises to fulfill their social responsibilities and establish a positive public image through carrying out diverse Party building work and various public welfare activities towards society; and they could boost cultural building and other activities of enterprises by leveraging the core cohesive role of Party organizations.

2.2 Theoretical basis

2.2.1 Stakeholder theory

2.2.1.1 Connotation of stakeholder theory

The traditional enterprise theory adheres to the view of "shareholders first", and regards shareholders as the only objects that enterprises need to be responsible for. Enterprises should aim at maximizing the interests of shareholders, and all corporate actions must serve shareholders. However, modern enterprises are not only economic entities in the economic system but also complex entities in the social environment. Their survival and development need to rely on a variety of conditions (Li, 2005). The stakeholder theory holds that the essence of an enterprise is a combination of a series of stakeholders (Jensen & Meckling, 1976). The survival and development of an enterprise must rely on the support of the series of stakeholders. In addition, the indispensable resources for the survival and development of enterprises are also jointly invested by all stakeholders (Pfeffer & Salanckik, 2003), not only the equity capital invested by shareholders. Therefore, companies must take into account the interests of other stakeholders other than shareholders (Mitchell et al., 1997).

Stakeholders of an enterprise refer to individuals or organizations that affect or are affected by corporate behavior (Freeman, 1984). Clarkson (1995) classified stakeholders into two types, primary and secondary, according to the closeness of their relationship with the company. Primary stakeholders are very important to the survival and development of the company, and they include shareholders, creditors, employees, customers, suppliers, governments and communities, while secondary stakeholders only exert a relatively large influence on the production and operation of the enterprise and the interests of the enterprise, and they include social media and so on. Chen and Jia (2004) divided stakeholders into three types: internal, external and public stakeholders. Internal stakeholders include shareholders, management and employees, external stakeholders include creditors, suppliers, distributors and customers, and public stakeholders include governments, non-profit organizations and communities. Although enterprises are responsible to all stakeholders, there are big differences in the interest requirements, importance and realization of different stakeholders (Chen, 2003). Therefore, when meeting the needs of all stakeholders, enterprises should also coordinate the conflict of interests among stakeholders.

Scholars often use the quality of stakeholder relationships to measure whether the relationship between enterprises and stakeholders is good or not, which reflects not only the quality of communication, coordination, interaction and mutual trust between enterprises and stakeholders, but also the degree of satisfaction on the relationship to the needs and expectations of all parties, as well as the comprehensive perception and evaluation of this status by all parties in the relationship. Gummesson (1987) focused on measuring relationship quality from three aspects of loyalty, interaction frequency, and relationship persistence. Crosby et al. (1990) divided relationship quality into two dimensions of trust and satisfaction. Storbacka et al. (1994) focused on constructing relationship quality from the dimensions of relationship stability, sustainability, and reciprocity.

Among them, the dimensions of trust, commitment, communication, satisfaction, adaptation, cooperation and coordination, participation in governance, fairness and mutual benefit are often adopted by scholars (Fynes & Voss, 2002; Garbarino & Johnson, 1999; Jia, 2007).

An enterprise is a consortium composed of a series of stakeholders, so the enterprise and all its stakeholders are not only a simple dual relationship between the enterprise and a single stakeholder, but a complex multiple relationship between the enterprise and many stakeholders (Post et al., 2002), which also forms a stakeholder network. In this stakeholder network, enterprises and various stakeholders influence and restrict each other (Rowley, 1997). The stakeholder network helps enterprises realize information exchange and resource sharing, helps enterprises clarify social responsibility, optimize management strategies, resource acquisition, increase of R&D innovation, and promotes the realization of corporate economic performance.

2.2.1.2 Non-public enterprise Party building and stakeholder theory

As mentioned above, non-public enterprise Party building in China refers to the building of Party organizations in the enterprises. The CPC occupies a core position in the state organs such as the government. The unification of the Party and government means that the CPC practices leadership over government activities. Chu and Jia (2012) argued that when the non-public enterprise Party organizations, as a stakeholder closely related to the development of the enterprise, take part in the corporate governance board of supervisors, a joint supervision mechanism for stakeholders will be formed, which is in line with the basic principles of corporate governance. On the one hand, the establishment of Party organizations in enterprises can provide enterprises with a channel to have political connections, and help enterprises gain advantages in easier access to financing, to some industries, and to resources, property rights protection, tax incentives, and government subsidies (Hu, 2006; Luo, 2009; Wu, 2009; Zhou, 2013; Yu, 2008). On the other hand, it contributes to the establishment of harmonious labor relations in enterprises, including restraining executives from grabbing excess salary to narrow the salary gap between executives and ordinary employees (Ma, 2013), significantly improving the benefits other than the wages of employees, safeguarding the interests of employees, and raising labor productivity (Long, 2014). Therefore, the impact of Party building in non-public enterprises on corporate stakeholders is mainly manifested in its influence on the government, management and employees.

First, in terms of the government, it is an important stakeholder of enterprises, and its interests in the enterprise include the provision of employment, tax revenue, long-term enterprise development, and corporate social responsibility. The government is in a dominant position in the relationship with enterprises. This dominance is mainly reflected in the formulation of policies and the allocation of resources. Compared with enterprises that are alienated from the government, enterprises that are closely connected to the government are more likely to obtain these resources. A good relationship between government and enterprise helps enterprises obtain more resources and preferential policies, and win a more relaxed development environment (Wang, 2011). The enterprise Party organization is the primary-level organization of the CPC and the government, which enables enterprises to be politically connected with the government with no cost, and this political connection can bring many conveniences to enterprises, including easier access to market opportunities, to financing, and to financial subsidies (Allen et al., 2005; Deng, 2011; Yu, 2010).

Second, the management and employees are the core stakeholders of the enterprise. Their interests in the enterprise include wages, benefits, job stability, promotion opportunities, working environment, human capital improvement, and corporate image. The management and employees provide human capital for the production of the enterprise and are the specific executors of the production and operation activities of the enterprise, which directly affects the survival and development of the enterprise (Ji, 2009). The establishment of enterprise Party organizations can effectively supervise and restrict the behavior of agents on behalf of the principals of SOEs, namely, the state and the whole people, supervise and manage the internal control of enterprises, restrain loss of state- owned assets (Chen, 2014), and inhibit major shareholders from stealing the enterprise interests (Chang & Wong, 2004). Moreover, enterprise Party organizations can surpass the limitations of pursuing short-term or single-subject interests in corporate operation, enabling state-owned enterprise executives to actively implement the policy which imposes a ceiling on their income. In order to have a political promotion, they have to act as a political role model. It also reduces the salary gap between executives and the ordinary employees (Ma, 2013), becoming an important force for the company to balance interests and relationships (Huang, 2017). The functions and roles of enterprise Party organizations and corporate labor unions in China overlap in many aspects. The Party organizations of some companies fully assume the functions and roles of labor unions. As a result, the existence of non-public enterprise Party building can safeguard the interests of employees, enhance their sense of belonging, stimulates their off-role behaviors and promote the occurrence of organizational citizenship behaviors.

2.2.2 Social capital theory

2.2.2.1 Connotation of social capital theory

As mentioned above, social capital refers to the sum of actual or potential resources embedded in the relationship network owned by individuals or social organizations, available through the relationship network, and derived from the relationship network (Nahapiet & Ghoshal, 1998). Social capital is not only a resource, but also a capability and a network (Burt, 1992; Coleman, 1988; Portes, 1998). All economic behaviors are embedded in various social relations (Granovetter, 1985), and enterprises are nodes on social networks that have various connections with all aspects of the economic field (Bian, 2000). Corporate social capital is an important source of corporate competitive advantage (Li, 2012). The social capital owned by each enterprise is unique and difficult to be imitated and copied by competitors in the short term, which gives enterprises access to information and resources that are difficult to obtain by other competitors. In addition, enterprises can rely on their unique social capital to establish good cooperative relations with external stakeholders (Oh., 2004).

According to different standards, corporate social capital can be divided into different types. First, in terms of organizational boundaries, corporate social capital can be divided into external social capital and internal social capital. Considering the fact that the limited resources, technology and capabilities that can be mastered by a single enterprise, it has to obtain resources, technologies and capabilities from the outside, and the existence of external social capital provides channels for enterprises to obtain scarce resources from the social network. Internal social capital can encourage corporate functional departments to increase communication and coordination, strengthen information sharing and cooperation, and encourage external social capital to be fully absorbed and utilized, which is conducive to reducing internal transaction costs. According to the essential attributes of corporate social capital, it can be divided into three categories: structural social capital, relational social capital and cognitive social capital. Structural social capital refers to the breadth and density of corporate social networks, as well as the intensity of interaction and frequency of communication. Relational social capital refers to the level of trust and reciprocal behavior between actors in corporate social networks. Cognitive social capital refers to shared vision and behavioral norms among actors in corporate social networks (Nahapiet & Ghoshal, 1998). According to the connection objects, corporate social capital can be divided into three types: horizontal connection, vertical connection and social connection. Horizontal connection refers to the connection with other enterprises, including upstream suppliers, downstream distributors and other stakeholder companies. This type of connection is mainly business cooperation, holding, and lending. Vertical connection refers to the connection with government departments, including local governments, industrial and commercial bureaus, tax bureaus and other government agencies. This type of connection is mainly the relationship between superior and subordinate, and the management and the managed. Social connection refers to the social connection and contacts of business operators, and this type of connection is mainly communication and exchange (Bian, 2000).

2.2.2.2 Non-public enterprise Party building and social capital theory

Social capital belongs to the informal system of an enterprise. It is not only a substitute for the formal system of an enterprise, but also the result of adapting to the current institutional environment. Social capital can make up for various resources that are necessary for the survival and development of enterprises. To be specific, good bank-enterprise relationship can help companies have an easier access to financing, good supplier relationship can enable enterprises to obtain better business credit and more business and investment opportunities, good customer relationship can help enterprises obtain a bigger market share, good relations with local communities can help enterprises to increase market influence and competitiveness, and good government-enterprise relationship can help enterprises enjoy preferential policies such as tax incentives, easier access to credit, financial subsidies, and certain industries, and relaxed administrative approval (Li, 2014). Affected by Chinese traditional culture, private enterprises generally tend to use interpersonal relations to obtain economic resources (Wu & Cheng, 2011). In regions with low marketization, poor financial development, and inadequate rule of law in China, private entrepreneurs often actively seek political participation and establish political connections (Wu, 2013) for the purpose of obtaining resources and convenience from government departments. In addition, compared with large SOEs, private enterprises often regard the relationship with the government as a kind of corporate competitiveness (Chen et al., 2012).

Enterprise Party organization is one of the channels for enterprises to establish political relations. The CPC and private enterprises are a symbiotic relationship of mutual integration (He, 2016). On the one hand, as the ruling Party, the CPC seeks to gain the political recognition of more classes and give play to the other classes' resource advantages and their role in spurring the economic and social development. The Party organization often relies on its own political advantages and organizational resources, and uses methods such as political absorption and organizational embedding to integrate private enterprises into Party organizations and state institutions, making them become a "conspirator" within China's "Party-state" political system and easing the Party's relationship with private enterprises (Huang, 2014). The existence of Party organizations in enterprises can coordinate the relationship between society, government, employees and other parties, which contribute to the improvement of enterprise economic efficiency, and enhances employees' sense of identity with Party organizations (Li, 2008). On the other hand, private enterprises and business owners have long benefited from stability of China's economic system and politics, and they must have a strong desire to become part of the system, participate in politics, and establish Party branches (Cao, 2006; Chen, 2008; Pearson, 1997), and they will become active defenders of the current political system (Chen, 2010). The establishment of enterprise Party organizations and the status of Party member of private business owners have served as an alternative mechanism to the formal system (Zhou, 2013). It enhances the protection of corporate property rights, helps entrepreneurs to obtain political rents at a low cost, creates a favorable policy environment for private enterprises, and ultimately helps enterprises increase their investment in productive activities and long-term oriented activities. In addition, selection of Party members tends to favor the social elites who have relatively high human capital or social capital. As a result, the Party organizations of private enterprises play the role of absorbing outstanding talents and giving play to the advantages of human capital, which can provide backbone force to the production, business operation and innovation activities of the enterprises.

2.3 Literature review and evaluation of enterprise Party building in China

Enterprise Party organizations are the organizations of the CPC at the primary level, and their establishment is to guide the enterprises to a development path that conforms to the national guidelines and policies. State-owned enterprise Party organizations directly participate in and lead corporate operation and decision-making, while non-public enterprise Party organizations supervise and guide corporate operation and decision-making in an indirect form. The difference in the status and role of Party organizations in SOEs and non-public enterprises has led to differences in Party organizations' influence on enterprise performance in these two types of enterprises.

Therefore, reviewing literature on the status and role of enterprise Party organizations and the impact of enterprise Party building on enterprise performance simultaneously will help deepen the understanding of Party building in Chinese companies and clarify the status and role of non-public Party building, providing a new path for analysis of non-public Party building on enterprise performance.

2.3.1 Status and role of enterprise Party building

2.3.1.1 Status and role of state-owned enterprise Party building

Internationally, SOEs only refer to enterprises invested or controlled by the central government or the federal government of a country. In China, SOEs include not only enterprises invested and controlled by the central government but also enterprises controlled by local governments (Zhao, 2017). The state-owned economy controls the lifeline of the national economy, and SOEs are owned by the whole people. The Notice of the Central Committee of the CPC on Further Strengthening and Improving Party Building in SOEs promulgated by the Chinese government in 1997 clearly stated that the modern enterprise system with public ownership as the mainstay is the foundation of the socialist market economic system and we must adhere to the CPC's political leadership over SOEs.

The CPC's political leadership over SOEs is embodied in five aspects. First, in terms of politics, the enterprise Party organization supervises the implementation of the policies formulated by the CPC and the central government in the enterprises; second, in terms of operation, the enterprise Party organizations must participate in the decision-making of major issues of the enterprise, and support the factory director (manager), the shareholders meeting, the board of directors, and the board of supervisors to exercise their powers in accordance with the law; third, in terms of ideology and culture, the enterprise Party organizations organize the enterprise's ideological and political work and the work of cultural and ethical progress, and aim to build a workforce with ideal, ethics, education, and discipline; fourth, in terms of talents, the enterprise Party organizations must select and recommend state-owned assets and property rights representatives and business management personnel in accordance with the management authority, and educate, train, assess and supervise them; fifth, in terms of employees, the enterprise Party organizations must wholeheartedly rely on the masses of workers, support the workers' congress, and lead and support the labor unions, the Communist Youth League and other mass organizations to carry out their work independently in accordance with the law and the irrespective regulations. Through the above five aspects, the CPC emphasizes the CPC's political leadership in SOEs, but it is not acceptable to use the Party to replace the government or the enterprise or ignore the laws of business operations.

The CPC occupies a core position in state institutions, and due to the political structure of Party-government unity, the relationship between the Party and the government has a strong internal unity (Ma, 2012). Participation of Party organizations in corporate governance is not only a manifestation of this unity, but also a major feature in the corporate governance of Chinese SOEs. Although the status and role of Party organizations in business operations and corporate governance have undergone several reforms and institutional adjustments along with the process of China's economic development and state-owned enterprise reforms, there still exists the dual system of Party-government management and Party organizations are still at the core position in SOEs. The Party organization's legal qualifications and its statutory institutions to participate in corporate governance in the SOEs have been determined in the form of law. Especially in the Constitution of the People's Republic of China, it is clearly stipulated that the CPC is core of leadership for the development of socialism with Chinese characteristics. The Decisions of the Central Committee of the CPC on Several Major Issues Concerning the Reform and Development of State-owned Enterprises passed by the CPC Central Committee in 1999 provides for the first time a clear definition of the leading position of the Party organizations in SOEs and proposes "two-way entry and cross-position-holding," which clarifies the specific ways and methods for the Party committee to participate in the enterprise business decision-making, and provides a basis for the state-owned enterprise Party committee to intervene in the enterprise behavior.

The Party Committee includes the CPC Standing Committee which functions as a permanent institution. The Party committee of an enterprise is composed of several standing members or members who are elected by the Party Congress. The state-owned enterprise Party committees participate in decision-making on major issues of SOEs and are also the core for Party organizations to participate in corporate governance. The participation of state-owned enterprise Party committees in corporate governance is to better support the scientific decision-making of the board of directors and avoid and reduce mistakes. Generally, the Party committee and the board of directors will communicate with each other before making a decision, so that the final decision made by the board of directors can reach a consensus with the Party committee. Therefore, the overlap and cross-position-holding of the Party committee and the board of directors can help improve the efficiency of decision-making and implementation, avoid cumbersome procedures and waste of time, and avert prevarication in the implementation process. There can be a streamlined and efficient way to coordinate national policies and the business decision-making of the enterprise (Ma, 2012).

State-owned enterprise Party organizations have formed a principal-agent relationship between the state and SOEs. State-owned enterprise Party committees represent the interests of the state and government and participate in the decision-making of the enterprise production and operation. They can internalize social goals into business goals and safeguard the economic foundation for the national economic and social development. In addition, the state-owned enterprise Party organizations adhere to the principles of "the Party supervising officials and talents", control the power of personnel appointment and removal in SOEs, and directly intervene and influence enterprises' internal affairs. Therefore, the development of SOEs is inseparable from the Party organization. In state-owned enterprise, the Party organization can ensure that the enterprises assume political and social responsibilities in the process of pursuing profit maximization, providing strong and stable economic foundation for the development of China (Guo, 2014).

In summary, the enterprise Party organization of the CPC is at the core of political leadership among SOEs and can directly participate in the management of enterprises.

2.3.1.2 Status and role of non-public enterprise Party building

The status and role of the CPC Party organizations in non-public enterprises is different from that in SOEs. In China, Party organizations in public enterprises directly participate in and play a leading role in the operation and decision-making of enterprises; while Party organizations in non-public enterprises supervise and guide the operation and decision-making of enterprises in an indirect manner. As there are a great number of non-public enterprises and they play an important role in the socialist market, Party building in them has become increasingly more important in the Party work. The Opinions on Strengthening and Improving Party Building in Non-Public Enterprises (Trial) issued by the General Office of the CPC Central Committee in 2012 clearly stipulated that "Non-public enterprises are an important force in the development of the socialist market economy. Non-public enterprise Party organizations play a key role in the enterprises and a political core role in the masses of enterprise employees, and play the political leadership role in enterprise development".

The Party organizations of non-public enterprises use their own organizational resource advantages to participate in enterprise operation in an indirect form, and support and promote the development of the enterprises. This kind of participation is mainly embodied in the aspects of provision of information communication channels, talent absorption, and motivation of human capital. Its main purpose is to motivate enterprises to improve the willingness and ability of productive activities (He, 2018).

However, differences in the nature of ownership, property rights, operating methods, leadership systems, and operating mechanisms result in different Party building process in SOEs and private businesses. In addition, non-public enterprises face much more difficulties than those in SOEs in their work on establishing the Party organization and ensuring its smooth functioning. This is because enterprise Party building and corporate governance belong to two completely different institutional arrangements in China. The goal of non-public enterprise Party organizations is to pursue the building of a "service-oriented" Party organization, while the goal of corporate governance is to solve the survival and development of enterprises (Chu, 2012). The direction of the main activities of the two seem to be inconsistent, which also leads to restriction of the status and role of the non-public enterprise Party organization. In addition, entrepreneurs often regard the non-public enterprise Party organizations as a kind of political connection, and the political connection of entrepreneurs and the organizational dependence of non-public Party organizations present a pluralistic symbiotic relationship.

At present, there are still many problems in the non-public enterprise Party building in China, including unsound Party organizations, "marginalization" of Party organization, unclear membership of Party members in Party organizations, irregular Party organization work systems, and insufficient funding for Party organizations (Liu, 2012). To establish and improve a sound work coordination mechanism and awareness of Party building for non-public enterprises is an effective way to solve the plight of non-public Party building. This is mainly because the primary task of the non-public enterprise Party organization is to properly handle and coordinate the relationship between the Party organization and the state, collectives, business managers, the mass of employees and other stakeholders. The Party organization acts as a lubricant, especially to coordinate the "labor-capital-management" relationship. In addition, non-public enterprise Party organizations emphasize "service- orientation", with enterprise development in the first place and service and supervision in the second place.

Although the role of non-public enterprise Party organizations in assisting non-public enterprises is limited compared with their counterparts in SOEs, the Party organizations, as the grassroots enterprise organization of the CPC, have irreplaceable advantages to promote non-public enterprise development over any other political organization. The advantages are mainly manifested in three aspects (Chu, 2012). First, although the non-public economy is not the mainstay of the socialist market economy, it is a product of the practice of socialism with Chinese characteristics under the leadership of the CPC. Its growth and development are under the encouragement, support and guidance of the CPC. The Chinese government recognizes that non-public enterprises and public-owned enterprises have equal status in the market. Second, the organization and management experience accumulated by the CPC in the Party building process is helpful to the production and operation of enterprises, and its accumulated ideological and political education experience helps to coordinate various relationships among enterprises. Third, the members of the CPC are the top talents selected from all walks, industries, and all classes. The Party organizations have attracted the best talent resources in China. The establishment of Party organizations in non-public enterprises can provide a large number of high-quality talents for the production and management of enterprises and ensure the supply of talents for enterprises. Therefore, non-public enterprise Party organizations have an irreplaceable advantage that cannot be replaced by any other political organization in promoting the development of non-public enterprises.

For non-public enterprises, especially private enterprises, in the initial stage of their establishment, the scale is small, the resources are limited, the financing needs are scarce, and the management model is simple, as the family-run management style can support the operation of the enterprise. However, with the expansion of the scale of the enterprise as well as the huge number of personnel and institutions, the irrational family-run management model is prone to meet with problems such as individualism, inbreeding, short-sighted strategic planning, and ambiguous strategic goals, which makes the enterprises unable to make optimal decisions in the process of operation and development (Ye, 2010). The non-public enterprise Party building can improve these problems in the corporate development, and contribute to the improvement of the soft power of the sustainable development (Xie, 2013). This soft power is mainly reflected in the three aspects of corporate culture, harmony and innovation. First, in terms of corporate culture, non-public enterprise Party organizations attach importance to the promotion of corporate development by corporate culture, and are good at building a corporate culture platform with all staff participation. They can popularize the construction of corporate culture to grassroots employees, and continuously adjust and update corporate culture in a timely manner to adapt to changes in the external market environment. Second, in terms of corporate harmony, promoting labor-management harmony is the main responsibility of non-public enterprise Party organizations. The non-public enterprise Party organizations can act as a bridge and link between the ruling Party and the masses of workers, mobilize the enthusiasm of all parties, create a good atmosphere that promotes the harmonious development of the enterprise, supervise and guide the legal employment of the enterprise, promote the implementation of a democratic management system in the enterprise, and guide the trade union to rationally safeguard the rights and interests of employees. Third, in terms of corporate innovation, non-public enterprise Party organizations can mainly promote the innovation of enterprise property rights system, organizational system, and management system. Non-public enterprise Party organizations do not represent the interests of a certain group of people or their own special interests but the interests of the whole staff. They can guide the transformation of the enterprise from family-run management to modern enterprise management system, coordinate the conflicts between professional managers and shareholders, promote the transformation of the enterprise management mechanism to the "human-oriented" model, promote enterprise democratic management and increase employee participation. The continuous improvement of the internal environment of non-public enterprises, that is, the improvement of organizational structures, the standardization of rules and regulations, and the formation of corporate governance structures, in turn, provides an endogenous institutional support for the comprehensive and orderly implementation of the work and activities of non-public enterprise Party organizations (Huang, 2011).

In summary, it can be seen that non-public enterprise Party organizations play a guiding and supervising role in non-public enterprises, and participate in the operation of enterprises in an indirect way. In addition, the objectives of non-public enterprise Party organizations are to supervise the enterprises to comply with the laws and regulations of the country, unite the employees, and build harmonious labor relations. Therefore, the starting point and objective of non-public enterprise Party building is to promote the rapid and healthy development of enterprises.

2.3.2 Impact of enterprise Party building on enterprise performance

Existing literature discusses the impact of non-public enterprise Party building on enterprise performance from different perspectives, and attempts to explain how non-public enterprise Party building affects enterprise performance from multiple perspectives.

First, from the perspective of different subjects. Stakeholder theory (Freeman, 1984) believes that the business managers carry out management activities in order to comprehensively balance the interests of various stakeholders. The enterprise pursues the overall interests of stakeholders, not just the interests of certain subjects. These stakeholders include ownership stakeholders, economic dependence stakeholders and social interest stakeholders. Shareholders, board of directors and managers are the most important ownership stakeholders of an enterprise, and are the core components of the corporate governance system, exerting a significant impact on the enterprise performance (Harris & Shimizu, 2004; Jensen & Meckling, 1976; Yang, 2009; Yu, 2004; Zhang, 2015). Employees, trade unions, creditors, internal service agencies, local communities, consumers, suppliers, competitors and other subjects constitute the economic dependence stakeholders of the enterprise. They are an important part of corporate governance and also affect the enterprise performance (Iverson & Currivan, 2003; Clark, 1984; Monastiriotis, 2007). Government agencies, media, social organizations and special groups are social interest stakeholders of the enterprise and they affect enterprise performance from the outside (Pan, 2008; Xia, 2011; Xu, 2013). Therefore, these stakeholders can all affect the operation and management decisions of the enterprise, but different types of stakeholders exert different impacts on the enterprise management decisions (Jia, 2002).

Second, from the perspective of enterprises of different ownership. As the grassroots organization of the CPC in enterprises, the Party organizations specifically implement the ruling ideas and political pursuits of the CPC (Jiang, 2006). As SOEs are an important pillar and backbone of China's economic development, the participation of Party organizations in corporate governance has become a major feature of corporate governance of SOEs in China (Ma, 2012). Therefore, most domestic scholars start from the perspective of SOEs to discuss the influence of Party organizations on enterprise performance (Chen, 2014; Huang, 2017; Ma, 2013). In particular, companies with political connections can gain advantages in financing convenience, property rights protection, tax incentives, government subsidies, industry access, and resource acquisition (Hu, 2006; Luo, 2009; Wu, 2009; Zhou, 2013; Yu, 2008). However, due to the differences in the status, role, and binding force of Party organizations between SOEs and non-public enterprises, the impacts of Party organizations on SOEs and non-public enterprises are also different. In addition, with the increasing proportion and influence of non-public enterprises in the Chinese economy, the CPC has gradually increased its efforts in non-public enterprise Party building, making these non-public enterprises increasingly more urgent to understand the relationship between non-public enterprise Party building and business operation. Therefore, in recent years, more and more scholars have begun to pay attention to the impact of enterprise Party organizations on non-public enterprises (Chen, 2014; Jiang, 2006; Kou, 2017; Liang, 2004; Liu, 2012). Most of these studies are qualitative and stay in theoretical elaboration, lacking quantitative research, that is, there are few empirical studies on the impact of non-public enterprise Party organizations on non-public enterprise performance. Even though there are a few empirical studies on the impact of non-public enterprise Party organizations on non-public enterprises, they all set the variable of enterprise Party organization as a dummy variable, that is, use 0 or 1 to indicate whether there is a Party organization in the enterprise or not, and simply analyze the differences in the impact of existence or absence of Party organizations on enterprise performance (Chen, 2017; He, 2018; Long, 2014). Due to the obvious differences in the level and function of Party organization activities among different enterprises, this approach cannot reflect the differences in Party building activities and functions, and it is even more difficult to explain the degree of influence and path of action of different Party organization activities.

This thesis mainly focuses on the impact of non-public enterprise Party building on enterprise performance. Although the main functions and roles of Party organizations in non-public enterprises and SOEs are different, both have the same functions of supervising the legal operation of enterprises, building harmonious labor relations and promoting the healthy development of enterprises. Therefore, to explore the impact of non-public enterprise Party building on enterprise performance based on the existing research on the impact of state-owned enterprise Party building on enterprise performance can not only find out path and mechanism suitable for exploring the impact of non-public enterprise Party building on enterprise performance based on the differences in the functions and roles of enterprise Party building in state-owned and non-public enterprises, but also draw on a large number of existing ideas and methods of empirical research on the impact of state-owned enterprise Party building on enterprise performance.

2.3.2.1 Impact of state-owned enterprise Party building on enterprise performance

As mentioned above, state-owned enterprise Party organizations play a political core role in SOEs, making grassroots Party organizations the third channel for the government to intervene in SOEs other than government departments and government-controlled shareholders (Chang & Wong, 2004), that is, the government can influence the operation of SOEs through grassroots Party organizations. Therefore, grassroots Party organizations can also exert an impact on the performance of SOEs.

Existing studies mainly focus on two perspectives to examine the impact of state-owned enterprise Party building on enterprise performance. The first is to examine the impact of state-owned enterprise Party building on enterprise performance from the perspective of insider control, and the second is to examine the impact of state-owned enterprise Party building on enterprise performance from the perspective of state-owned assets maintenance.

(1)Restrain insider control

The participation of Party organizations in corporate governance is the biggest feature of corporate governance in China, and it is also an important balancing force to restrict insider control (Ma, 2012). In the pursuit of the maximization of their own interests, insiders often harm the interests of shareholders, resulting in the distortion of resource allocation and leading to agency costs (Jensen & Meckling, 1976). It is ultimately detrimental to the enterprise performance and healthy development of the enterprise (Aoki, 1994; Zhang, 1995).

The board of directors, the board of supervisors, and the management can achieve a stable state of checks and balances in the corporate governance system. However, SOEs are an asset of the country and the entire people, their owners, the state and the entire people, are a relatively abstract concept. This phenomenon of "absence of owners" of state-owned property rights makes state-owned enterprise owners incapable to monitor and restrain the behavior of state-owned enterprise agents (Zhang, 1995). It also means that relying solely on the corporate governance system to govern SOEs cannot guarantee sufficient binding force among the board of directors, the board of supervisors and the management. As the fourth Party force of the enterprise, the Party organizations can replace the clients of the SOEs, namely, the state and the entire people, to effectively supervise and manage the internal control of the enterprise. The Decision of the Central Committee of the CPC on Several Major Issues on the Reform and Development of SOEs proposes that the Party organization implements a "two-way entry and cross-position-holding" leadership system for SOEs, that is, the Party committee members enter the board of directors, board of supervisors and the management by means of "two-way entry and cross-position-holding". To be specific, the Party committee (Party group) secretary and chairman of the board of directors is assumed by the same person, the Party committee members enter the board of directors, the board of supervisors and the management through legal procedures, and Party members in the board of directors, board of supervisors and the management enter the Party committee through relevant regulations. In addition, the Party organizations of SOEs adhere to the principles of "Party assuming the responsibility for officials' affairs" and "Party exercising leadership over talents", they have the power to appoint and dismiss personnel in SOEs, and can directly intervene and influence the internal affairs of the enterprise.

Wu and Wang (2018) divided the internal corporate control affected by state-owned enterprise Party organizations into five aspects: internal control environment, risk assessment, control activities, information and communication, and supervision. First, Party organizations can control the internal environment of SOEs by leading the construction of corporate culture; second, Party organizations can control the internal risks of SOEs by fulfilling the primary responsibility and assessing the risk of violations of regulations and disciplines; third, Party organizations can control the internal activities of SOEs through participation in major decision-making and major personnel decisions; fourth, Party organizations can control the internal information and communication of SOEs through the Party committee; fifth, Party organization can achieve internal supervision of the SOEs through strict enforcement of Party disciplines. Through these five aspects of internal control, the participation of enterprise Party organizations can comprehensively improve the effectiveness of internal control of SOEs. In addition, the participation of state-owned enterprise Party organizations in the governance of SOEs adheres to the principle of "limited participation" (Wang, 2017). This is because excessive government intervention will weaken the effectiveness of internal control of SOEs (Zhao, 2015). The Party organization and the board of directors, the board of supervisors and the management of SOEs assume different responsibilities. The Party organization bears political responsibility, the board of directors bears the decision-making responsibility, the board of supervisors bears the supervision responsibility, and the management bears the implementation responsibility. The Party organization cannot fully assume all responsibilities. When the Party organization excessively participates in enterprise internal control, it will not only affect the coordination of the relationship between the Party organization and other internal control subjects, but also reduce the work efficiency of the board of directors, the board of supervisors and the management, and even cause the enterprise to bear excessive political and social burdens.

Ma et al. (2012) used data on the disclosure of Party organizations in China' s A- share listed companies from 2008 to 2010 to empirically test that the leadership system of "two-way entry and cross-appointment" of the Party committee has an impact on the corporate governance of SOEs and efficiency of the board of directors. The research results show that the degree of "two-way entry" has an inverted U-shaped relationship with the level of corporate governance, and is positively correlated with the efficiency of the board of directors. "Cross appointment" can significantly affect the level of corporate governance, but it is not conducive to improvement of corporate governance for the chairman to assume the position of Party secretary. Later, Wang and Ma (2014) still used this data to empirically test whether the grassroots enterprise Party organizations effectively reduce the agency costs of SOEs based on the perspective of insider control. The research results show that the "two-way entry and cross-appointment" between the Party committee and the board of directors will increase the agency costs of SOEs, while the "two-way entry" in the board of supervisors and senior management can significantly reduce the agency costs. In addition, it is conducive to curbing the generation of state-owned enterprise agency costs for deputy Party secretary to hold a concurrent post of chairman of the board, chairman of the board of supervisors, or the general manager. Therefore, the Party organizations of SOEs can influence the value of enterprises by influencing the agency costs of SOEs. Wu and Wang(2018) used the data of Shanghai and Shenzhen A-share state-owned listed companies from 2012 to 2014 to empirically test the relationship between the degree of Party organization participation in governance and the effectiveness of internal control. The research results show that the degree of Party organization participation in governance is in an inverted U-shaped relationship with the effectiveness of internal control, and the Party organization participation in board governance is also in an inverted U-shaped relationship with the effectiveness of internal control. In addition, the high degree of capital mix and the nature of centrally-administered SOEs make this inverted U-shaped relationship even more significant.

Huang et al. (2017) believed that state-owned enterprise Party organizations are one of the important participating forces in the corporate governance of SOEs. Due to the political nature of the Party organizations, they can transcend the limitation of pursuing short-term or single-subject interests in business operation and become an important force to balance the corporate interests and relationships. The governance of Party organizations in SOEs can affect the equalization of informal hierarchies within SOEs, and this equalization will exert a positive and significant impact on the enterprise performance when faced with high environmental uncertainty.

(2) Inhibit loss of state assets

Participation of Party organizations in corporate governance can help restrain major shareholders from stealing corporate interests (Chang & Wong, 2004), and restrain the occurrence of "loss of state-owned assets" in mergers and acquisitions (Chen, 2014). In addition, the participation of state-owned enterprise Party committees in corporate governance will reduce the absolute compensation of company executives, inhibit the state-owned enterprise executives from obtaining excessive compensation, narrow the salary gap between executives and ordinary employees, and maintain harmony within the enterprise (Ma, 2013).

Chen and Lu (2014) used the data of state-owned listed companies to empirically test the influence of the participation of state-owned enterprise Party organizations in corporate governance on the level of M&A premium demanded by SOEs when they sell state-owned assets or equity. The results show that the M&A premium for state-owned enterprise Party organizations participating in corporate governance is higher than those not participating in corporate governance. In addition, this high premium is more significant when Party members participate in governance of the board of directors or board of supervisors than when Party members participate in governance of the senior executive team. The positive impact of the Party organization participation in governance when the seller is a local state-owned enterprise is more significant than when the seller is a central state-owned enterprise. Ma et al. (2013) used the data of 344 A-share state-owned non-financial listed companies in Shanghai and Shenzhen from 2008 to 2010 to empirically confirm that the participation of state-owned Party organizations in corporate governance can motivate state-owned enterprise executives to actively cater to the "salary ceiling" for political promotion, proactively reduce their own salaries, and reduce the salary gap between executives and ordinary employees.

Whether the impact of state-owned enterprise Party building on enterprise performance is explored from the perspective of insider control or state-owned assets maintenance, it is based on the result that the impact of Party building on enterprise performance is affected by the opposite effects of political costs and agency costs. This also divides the existing research on the impact of enterprise Party organization on enterprise performance into three categories: beneficial theory, harmful theory and irrelevant theory. On the one hand, political control increases the cost of the enterprise and is not conducive to enterprise performance, because the enterprise must complete some political and social tasks; on the other hand, political control restricts the self-interested behavior of managers to benefit the enterprise performance, because there exists the problem of agency by agreement in enterprise management. Since shareholders seek to maximize profits, while managers seek to maximize the possibility of sales, employee expenditures, management salaries and discretionary funds, the goals pursued by the two are different. As a result, the behaviors of Party organizations in the enterprise management exert different impacts, which, in turn, exerts different effects on enterprise performance.

2.3.2.2 Impact of non-public enterprise Party building on enterprise performance

The role of Party organizations in non-public enterprises is different from their role in SOEs. Party organizations play a guiding and supervising role in non- public enterprises, and their work objectives are concentrated on supervising the enterprises to comply with the laws and regulations of the country, uniting employees and building harmonious labor relations.

There are a large number of empirical studies on the impact of state-owned enterprise Party building on enterprise performance, but there are few empirical studies on the impact of non-public enterprise Party building on enterprise performance. As the data of non-public enterprises are difficult to obtain, research on non-public enterprise Party building is mainly descriptive. There are a few existing studies using corporate data to directly carry out empirical tests on the impact of non-public enterprise Party building on enterprise performance.

Due to the late start of research on non-public enterprise Party building, there are relatively few empirical studies on non-public enterprise Party building and activities, especially there lacks empirical literature on the impact of non-public enterprise Party building and activities on enterprise performance. Although the literature has empirically tested the impact of non-public enterprise Party building on enterprise performance, it lacks a clear and complete overall context and paradigm analysis of the mechanism and path of the impact of non-public enterprise Party building on enterprise performance.

The descriptive research on non-public enterprise Party building mainly focuses on its significance, current situation, mechanism construction and institutional improvement (Chen, 2014; Jiang, 2006; Kou, 2017; Liang, 2004; Liu, 2012). The empirical research on non-public enterprise Party building mainly uses enterprise-level data to empirically test the impact of non-public enterprise Party building on the enterprise performance. These empirical studies try to explore the impact of non-public enterprise Party building on the enterprise performance, including coordination of labor relations, stimulation of enterprise investment, and acquisition of external resources.

Long and Yang (2014) investigated the impact of Party organizations in private enterprises on enterprise performance from the path of coordinating labor relations and safeguarding the interests of employees. Based on the data of the seventh national private enterprise sample survey in 2006, they empirically tested the impact of the private enterprise Party organizations on the welfare of employees and enterprise performance. Research results show that the establishment of Party organizations in private enterprises can significantly improve the welfare of employees other than wages, and affirms the role of Party organizations in private enterprises in building harmonious labor relations and safeguarding the interests of workers. However, although the private enterprise Party organizations are conducive to promoting labor productivity, there is no significant impact on the profit margin of the enterprise. The reason may be that the Party organization increases the labor cost of the enterprise while improving the welfare of workers.

From the path of encouraging and motivating the willingness and ability of private enterprises to invest more energy and resources in productive activities, He and Ma (2018) examined the impact of private enterprise Party organization on the level of enterprise performance. Based on the data of the 2, 183 enterprises in the ninth national private enterprise sample survey, they empirically tested the impact of private enterprise Party building on the level of enterprise performance. Research results show that grassroots Party organizations encourage private enterprises to invest more in productive activities through their organizational resource advantages so that the performance of private enterprises that have established grassroots Party organizations is significantly higher than that of those having not established grassroots Party organizations. Chen et al. (2017) used the data of Jiangsu Province in the twelfth national private enterprise sample survey, and also empirically tested that the private enterprise Party organization can significantly promote private enterprises to increase investment. In particular, the facilitating role of private enterprise Party organization in promoting R&D investment is stronger than large-scale investment. In addition, Party organizations in private enterprises also have a significant role in improving the enterprise performance.

Ye (2017) used the data of listed private companies from 2008 to 2014 to empirically test the external and internal effects of Party organization in corporate governance of private enterprises, and the research results show that the participation of private enterprise Party organizations in corporate governance can help enterprises obtain external resources, but cannot reduce the internal agency costs.

2.3.3 Impact of political connection on enterprise performance

Although there are few empirical studies on the impact of non-public enterprise Party building on enterprise performance, there are a number of empirical studies on the impact of enterprise political background, political relations, and political connections on enterprise performance. Since the establishment of non-public enterprise Party organizations can provide enterprises with channels to establish political relations, reviewing literature on the impact of enterprise political background, political relations, and political connections on the performance of non-public enterprises will help this thesis focus on the impact of non-public enterprise Party building on enterprise performance.

It is a universal fact that enterprise political relationships affect corporate value (Faccio 2006; Johnson & Mitton, 2003). Private entrepreneurs can establish political relationships with the government through formal or informal political participation. The informal way of political participation is a kind of non- institutional contact, which strives to establish a "symbiotic relationship" with government officials through the formation of informal interest relationships (Wang, 2006). Relations have the function of facilitating resource allocation and resource acquisition to both individuals and enterprises (Liu, 2004). The time that entrepreneurs spend on social activities has significantly improved the enterprise performance (He, 2013). Political connections can produce certain property rights protection effects for private enterprises in a poor institutional environment (Tian, 2013), and political relations have significantly enhanced the survival prospects of enterprises (Du & Girma, 2010).

Non-public enterprise Party organizations are one of the channels for enterprises to establish political relations. Through non-public enterprise Party building, enterprises can establish political relations with the government at low or no cost. This political connection can bring many conveniences to non-public enterprises, including market access opportunities, financing facilities, and financial subsidies.

(1) Acquisition of market access opportunities

Due to the government's strict control of industry access, some industries have high barriers to entry. Private enterprises suffer from policy "discrimination" in market access. In most cases, non-public enterprises cannot enter these industries which are monopolized by SOEs. The external "political entrepreneurial capabilities" of private enterprises can play a key role in breaking through government regulatory barriers to entry. In other words, the political connections of private enterprises help them breakthrough various administrative barriers to entry so as to perform diversified investment (Deng, 2011). As a result, the political resources owned by private enterprises can influence their development by influencing the motives of diversified investment and the choice of diversification strategies. Private enterprises with political resources are more likely to implement diversification strategies (Hu, 2008). Luo and Liu (2009) used the data of private listed enterprises from 2004 to 2006 to conduct empirical tests. It is verified that the political strategies adopted by private enterprises can effectively help them enter the government-regulated industry, thereby significantly improving enterprise performance. This also shows that the more political resources private enterprises have and the better their political relations with the government, the more likely they are to enter the high-barrier industry regulated by the government. Hu (2006) used the data of the top 100 private enterprises in Zhejiang Province in terms of total operating income in 2004 to empirically test that the political identity of private entrepreneurs reduces the barriers for private enterprises to enter the financial industry. This is because the political identity of private entrepreneurs has played a role of partially replacing the formal legal system during China's economic transition, sending out a quality signal for private enterprises, providing property rights protection for private enterprises, reducing barriers for private enterprises to enter regulated industries, and promoting the development of private enterprises. Therefore, the establishment of non-public enterprise Party organizations can provide enterprises with a channel to establish a good political relationship with the government, and this political relationship can affect enterprise performance through the path of breaking entry barriers.

(2) Acquisition of financing facilities

The state-owned banking system often has prejudice against the loans of local private enterprises, and political relations can be used as an alternative informal mechanism under the imperfect market system in China (Luo, 2009) to alleviate the hindering effect of the backward system on the development of private enterprises as well as alleviate the problem of bank loan difficulties caused by institutional defects in private enterprises (Allen et al., 2005), which ultimately contributes to the development of private enterprises. Yu and Pan (2008) used the data of 118 non-financial private listed companies in Shanghai and Shenzhen A shares from 1993 to 2005, and empirically tested that political relations are beneficial for private enterprises to obtain bank loans. Enterprises with political relations can obtain more bank loans and longer loan terms than those without political relations. In addition, in areas with backward financial development, low level of the rule of law, and serious violations of property rights by the government, this kind of loan effect is more significant. Wu et al. (2008) found that since most of the business activities of private enterprises are mainly under the jurisdiction of local governments, the positive impact of the local government background of private enterprise executives on company value is significantly greater than the central government background of private enterprises. Furthermore, the more serious the government intervention, the more likely it will be for the local government background of enterprise executives to increase the value of the enterprise. This is mainly because the local government background of non-public enterprise executives helps companies obtain short-term loan financing from local governments. Therefore, the political relations established by non-public enterprise Party organizations can influence the enterprise performance through the access to financing facilities.

(3) Acquisition of financial subsidies

The establishment of political connections by private enterprises is conducive to the effective allocation of scarce resources in society (Li et al., 2008). The purpose of the government providing financial subsidies to enterprises is to encourage technological innovation of enterprises to achieve the goal of improving social benefits. Because of the information asymmetry in the market, the government cannot effectively identify the targets of financial subsidies, and the political connections established by private enterprises are a signal that the enterprises have good development prospects, social contributions and high efficiency (Cull & Xu, 2005; Wu, 2008), which helps enterprises to obtain government subsidies. Yu et al. (2010) used the data of 230 non-financial listed companies in Shanghai and Shenzhen A-shares from 2002 to 2007, and empirically proved that the establishment of political connections between private enterprises and local governments can help enterprises to obtain more financial subsidies from local governments. In addition, the political connections in regions with worse institutional environment have a stronger positive effect on obtaining local financial subsidies. However, the empirical results prove that the financial subsidy obtained by the political connections of private enterprises is an unproductive rent-seeking behavior. This subsidy is not conducive to the improvement of enterprise performance, that is, the political connections of private enterprises are not conducive to improvement of enterprise performance. Therefore, the political relations established by non-public enterprise Party organizations can influence enterprise performance through the path of obtaining financial subsidies.

Therefore, for non-public enterprises, especially private enterprises, it has become a political participation strategy commonly used by entrepreneurs of enterprises at this stage to become Party members (Zhang, 2005). This political participation strategy can consolidate and improve the political status of private entrepreneurs. It creates a good external environment for the development of private enterprises, and also promotes the effective operation of private enterprises, which is conducive to the improvement of the performance of private enterprises. From the perspective of the external environment of business operations, the establishment of Party organizations in private enterprises provides a channel for them to participate in politics and to reflect their own interests, thereby increasing their political capital, restricting certain government departments from abusing power, and protecting the property of the enterprise and themselves from being violated. From the perspective of the internal operation of the enterprise, the establishment of Party organizations can make up for the shortcomings of excess rigid management and insufficient flexible management of private enterprises, and promote the construction of corporate culture and employee management and incentives (Liang, 2010).

However, the above research mainly focuses on the impact of the political background, political relationship, and political connection of entrepreneurs or senior managers on the performance of non-public enterprises, and does not explore the impact of the political background of the grassroots employees and the organization on enterprise performance. This is mainly because in non-public enterprises, individual entrepreneurs have a very large influence on enterprises (Zhang, 2007). The lack of channels for grassroots employees to exert their political relations makes their influence on enterprises relatively small. Furthermore, most of the above-mentioned studies regard the political relationship of the enterprise as an external variable that affects the external operating environment of the enterprise, and regard this political relationship as a channel for the enterprise to establish contact with external Party organizations and the government. There is no research on the impact of political relationship on the behavioral choice and the mechanism of action in the enterprise.

The establishment of Party organizations in non-public enterprises can bring into play not only the political relations possessed by shareholders and senior managers, but also the political relations possessed by grassroots employees and the organization. In addition, the establishment of Party organizations in non-public enterprises can embed the influence of political relations on the enterprise from the internal perspective of the enterprise organization. According to (He, 2018), the "endocentric organizational transformation type" characteristic of political connections at the organizational level is different from the "exocentric individual seeking type" characteristic shown by political connections at the individual level, and it does not have the rent-seeking, utilitarian and speculative features. The Party organization of private enterprises has built a bridge for interaction between private enterprises and the ruling Party, established a reciprocal and emotional "relationship "bond, enhanced the sense of identity and belonging of the "community", and formed a new type of government-enterprise interaction and mutual trust relationship. Party organization embedding is an organizational, institutionalized, and normalized interactive governance mechanism between the ruling Party and non-public enterprises.

2.3.4 Impact of relationship between enterprise Party organization and the management on enterprise performance

As mentioned above, on the one hand, entrepreneurs and managers use the political participation strategy of becoming Party members to consolidate and improve their political status, thereby improving the enterprise performance; on the other hand, whether it is a state-owned enterprise or a non-public enterprise, enterprise Party organizations focus on the construction of harmonious labor relations. Although these two aspects both examine the impact of Party organizations on enterprise performance from the impact of enterprise Party organizations on the management, they have not investigated whether a harmonious relationship between enterprise Party organizations and the management exerts impact on enterprise performance. Enterprise Party organization and corporate governance belong to two completely different systems. To integrate enterprise Party organization into the process of corporate governance, it is necessary to focus on the relationship between the enterprise management and the enterprise Party organization.

Existing research seldom directly discusses the impact of the relationship between the enterprise Party organization and the management on enterprise performance, and more often uses an indirect approach to discuss this issue. Due to the large differences in social and economic systems between China and other countries, international scholars seldom discuss the impact of the relationship between enterprise Party organizations and the management on enterprise performance. Western literature focuses more on discussing the impact of relationship between trade unions and the management on enterprise performance. Due to the needs of China's actual economic and social development, Chinese scholars focus on the impact of enterprise Party organization on the management to explore the impact of enterprise Party organization on enterprise performance.

(1) The relationship between trade union and the management

The relationship between trade union and the management refers to the degree of harmony between the union and the management, reflecting the fairness of the interaction between the management and the union and the degree of harmony between the union and the management in solving common problems (Iverson, 1996). This degree of harmony is used to measure the degree of mutual respect for each other's goals and joint problem solving between the union and the management (Deery et al., 1999; Deery & Iverson, 2005). Therefore, this relationship can be used to directly reflect the quality of the enterprise's labor relations (Blyton, Dastmalchian, & Adamson, 1987).

The harmonious relationship between the trade union and the management has a positive impact on the enterprise and employees, thereby promoting the improvement of enterprise performance. For enterprises, the cooperative relationship between the trade union and the management is conducive to the creation of harmonious industrial relations and the formation of a fair and competitive business environment (Brissenden & Keating, 1948), which can reduce the employment costs and the absenteeism and turnover rate of employees (Harrison & Martocchio, 1998), improve the efficiency of enterprise management (Wu & Lee, 2001), and promote the decline of enterprise production costs and the increase of enterprise productivity (Katz et al., 1983; Nee et al., 1999); for employees, the cooperative relationship between the union and the management helps them obtain a safe and healthy working environment, obtain more training and opportunities to participate in business management (Oxenbridge & Brown, 2004), improve the quality of work and life of employees, and improve the attitude and behavior of trade union members (Angle & Perry, 1986).

(2) Impact of enterprise Party organizations on the management

According to existing research, the impact of enterprise Party organization on the management is mainly manifested in the constraints of the enterprise Party organization on the management, and this constraint is mainly manifested in reducing the principal-agent conflict between managers and shareholders to reduce agency costs (Yang, 2010), so that the interests of the management are linked with shareholder wealth and enterprise performance (Jensen & Meckling, 1976; Aggarwal & Samwick, 1999), thereby inhibiting executives from obtaining excess salaries through informal channels, reducing the absolute salaries of executives, and narrowing the salary gap between executives and employees (Ma, 2012). In addition, the participation of enterprise Party organizations in corporate governance can effectively restrain the power of managers and restrain the scale of excess employees. Therefore, enterprise Party organizations can balance fairness and efficiency in the distribution of corporate benefits (Chen, 2018) and restrain the self-interested behavior of managers. These studies affirm the role of enterprise Party organizations in promoting enterprise relationship, especially the management relationship (Han, 1999), but some studies have denied the positive role of enterprise Party organizations on the management. The cross-management of the enterprise by the Party organization and the board of directors will bring the disadvantages of multiple leadership, and will bring biased guidance to the decision-making of the enterprise management (Liu, 2007). In addition, the decision-making model integrating the enterprise Party organization and the management has an essential difference in philosophy (Dong, 2009). The excessive intervention of enterprise Party organizations in corporate decision-making will affect the realization of strategic goals (Chang & Wong, 2004), weaken the executive power of the enterprise or even lower the value of the enterprise, and ultimately hinder the development of the enterprise.

The management plays a decisive role in the enterprise strategic decision-making (Bertrand & Schoar, 2003). On the one hand, the existing literature focuses on the impact of the management's own capabilities, skills, and styles on corporate value and enterprise performance (Bamber et al., 2010; Demerjian et al., 2013; Chemmanur et al., 2010). On the other hand, it focuses on the impact of the relationship between the management and the trade union on enterprise performance (Brissenden & Keating, 1948; Harrison & Martocchio, 1998), with little literature focusing on the relationship between enterprise Party organizations and the management to study the impact on enterprise performance. Reviewing the relationship between enterprise Party organizations and the management will, on the one hand, help scholars clarify the impact of enterprise Party organizations on enterprise labor relations from the perspective of the management, and then understand the paths and mechanisms by which enterprise Party organizations affect enterprise performance; it will, on the one hand, help corporate management to achieve the best integration of the two completely different systems of enterprise Party organization and corporate governance in the daily operations.

2.4 Literature on influencing factor analysis of enterprise performance

As mentioned above, the working functions and goals of Party organizations in non-public enterprises are concentrated in the three points of supervising enterprise compliance with national laws and regulations, uniting employees and building harmonious labor relations. Non-public enterprise Party organizations participate in enterprise operation in an indirect form. This participation is mainly reflected in the provision of information communication channels, talent absorption, and incentives for human capital. In particular, it is necessary to coordinate the three-Party relationship of "labor-capital-management". This is because, according to the stakeholder theory, business managers must comprehensively balance the interests of various stakeholders to carry out management activities. The enterprises pursue the overall interests of stakeholders, not just the interests of certain subjects (Freeman, 1984). Workers, capitalists, and managers respectively represent the three most important types of stakeholders in an enterprise. These stakeholders can influence the corporate operation and management decisions, but the impact of different types of stakeholders on enterprise management decision-making is different (Jia, 2002). However, existing research does not study the impact of non-public enterprise Party organizations on enterprise performance based on the differences in the impact of these three types of stakeholders on corporate management decisions. In addition, existing literature has verified the influence of non-public enterprise Party organizations on the performance of non-public enterprises from the perspective of coordinating labor relations, stimulating enterprise investment, and obtaining external resources. However, there is no systematic research on how non-public enterprise Party organizations affect enterprise performance based on the role or function.

Therefore, this section systematically reviews the impact of corporate social capital, corporate labor relations and organizational citizenship behavior, and trade unions on enterprise performance. It helps this thesis to study the impact of non-public enterprise Party building on enterprise performance based on the path of the role played by Party organizations in non-public enterprises, and also helps the thesis to study the impact of non-public enterprise Party building on enterprise performance based on the path of the impact of non-public enterprise Party building on different behavioral agents within the enterprise.

First of all, the functions and roles of Party organizations and trade unions in most non-public enterprises in China overlap, or Party organizations fully assume the functions and roles of trade unions. Therefore, reviewing the related literature on the impact of trade unions on enterprise performance will help this thesis draw on the impact of the cross-function of trade unions and non-public enterprise Party organizations on enterprise performance, and focus the research perspective on the impact of non-public Party organizations on enterprise performance of non-public enterprises.

Secondly, non-public enterprise Party organizations play a leading and cohesive role in the masses of enterprise employees, not only affecting the behavior of non-public enterprise entrepreneurs, but also the behavior of corporate management, and even the behavior of grassroots employees. Therefore, discussing the impact on enterprise performance from the three aspects of corporate social capital, corporate labor relations, and organizational citizenship behavior helps this thesis to start from the role or function of non-public Party organizations in the enterprise, and, based on the different impacts of non-public enterprise Party organizations on different subjects within the enterprise, systematically study the impact of non-public enterprise Party building on enterprise performance.

2.4.1 Impact of corporate social capital on enterprise performance

Social capital refers to the sum of actual or potential resources embedded in the relationship network owned by individuals or social organizations and available through the relationship network (Nahapiet & Ghoshal, 1998). Social capital is an abstract concept, it can be regarded as resources (Chen, 2007; Coleman, 1988), or capabilities (Ma, 2010; Portes, 1998), or a network (Bian,

2000; Burt, 1992). From the perspective of resources, social capital refers to the collection of actual or potential resources acquired or mastered by individuals or organizations through strong connections with the outside world (Kreiser et al., 2013); from the perspective of capabilities, social capital refers to the capability of individuals or organizations to use their social relations to obtain resources and optimize their own resource allocation (Peng, 2008); from the perspective of network, social capital refers to a kind of social relationship network embedded among different individuals, including the relationship within the organization and the relationship with other stakeholders outside the organization (Adler, 2002). These network relationships can enable the organization network to obtain a large number of useful resources.

All economic behaviors are embedded in various social relations, and enterprises are nodes on social networks that have various connections with all aspects of the economic field (Bian, 2000). Early research only regarded social capital as a resource at the individual level, and then gradually expanded social capital to the level of enterprises and organizations. Social capital at the individual level regards the single individual as an actor for the construction and profit of social capital, while social capital at the organizational level regards an organization as a node and subject of action in a social network (Li, 2018). Although there are differences between social capital at the individual level and the organizational level, in essence, the role of social capital at the two levels is played by individuals themselves or individuals in the organization (Geng, 2010).

Corporate social capital is an important source of corporate competitive advantage (Li, 2012). The social capital owned by each enterprise is unique and difficult to be imitated or copied by competitors in the short term, which allows enterprises to obtain information and resources that are difficult to obtain by other competitors. In addition, enterprises can rely on their unique social capital to establish good cooperative relations with external stakeholders (Oh et al., 2004). Therefore, corporate social capital, as an important resource, capability, and relationship of an enterprise, can affect its performance. In addition, corporate social capital can affect enterprise performance through various channels. These channels include the financing constraints that affect enterprises (Wang, 2017; Yu, 2017; Zhao, 2016), corporate technological innovation performance (Chen, 2018; Hou, 2013; Zeng, 2018), corporate capital structure (Xin, 2017), corporate diversification strategy (Wu, 2008), corporate investment (Zhao, 2013), and corporate credit risk (Liu, 2016). These studies not only explore the impact of corporate social capital on enterprise performance, but also focus on the channels and paths through which corporate social capital affects enterprise performance. They try to explain the impact of corporate social capital on enterprise performance from all aspects of the enterprise.

Wang (2017) used the data of listed companies on the Shenzhen SME Board from 2009 to 2014 and empirically proved that corporate social capital can act as an intermediary between venture capital and corporate financing constraints, that is, venture capital can mitigate the financing constraints of enterprises by enhancing corporate social capital. Wu et al. (2008) used panel data of 210 listed companies on the Shanghai Stock Exchange of China from 2004 to 2006 to empirically test the impact of social capital owned by entrepreneurs on corporate diversification. The results show that the political network of corporate top managers has a positive role in promoting corporate business and geographic diversification. Zhao (2013) used the data of 3, 862 Shanghai and Shenzhen A-share listed companies from 2007 to 2010 to empirically test the impact of corporate social capital on corporate investment opportunities and investment efficiency. The research results show that corporate social capital can promote corporate investment opportunities and investment efficiency. Liu and Yan (2016) used 2,058 sample data of 686 listed companies in the Shenzhen Stock Exchange of China from 2010 to 2012 to empirically prove that the three levels of macro, meso, and micro social capital owned by the inside and outside of enterprises can significantly reduce the credit risk of the enterprise. Therefore, corporate social capital can affect enterprise performance by influencing corporate financing constraints, technological innovation performance, capital structure, diversification strategies, investment opportunities, investment efficiency, and credit risk.

The above-mentioned research attempts to explore the impact of corporate social capital on enterprise performance from different channels, while some studies are based on the division of corporate social capital to explore the impact of different types of social capital on enterprise performance. This type of research mainly divides corporate social capital according to different standards and discusses the impact of different types of corporate social capital on enterprise performance.

(1) External social capital and internal social capital

According to organizational boundaries, corporate social capital can be divided into external social capital and internal social capital. External social capital can directly provide enterprises with market information, product ideas and resources (Ring & Andrew, 1992), or the relationship network of information needed by enterprises (Wang, 2008). Due to the limited resources, technology and capabilities that a single company can master, enterprises have to obtain the resources, technologies and capabilities they need from outside, and the existence of external social capital provides channels for enterprises to obtain scarce resources from the social network. External social capital helps enterprises reduce external transaction costs and promote knowledge exchange between organizations (Lee & Cavusgil, 2006). Internal social capital can encourage functional departments of the enterprise to increase communication and coordination, strengthen information sharing and cooperation, and promote the full absorption and utilization of external social capital, which will help enterprises reduce internal transaction costs. Xin et al. (2017) used 1,974 sample data of A-share listed companies listed from 2012 to 2014 to conduct an empirical analysis. The research results show that corporate social capital has a negative impact on capital structure. In addition, internal society capital and external social capital have opposite effects on capital structure.

Sun et al. (2017) empirically tested the influence of internal and external social capital of the executive management team on the open innovation capability of the enterprise based on the survey data of 214 corporate executive teams. The research results show that the external social capital of the executive management team has a significant positive impact on the acquisition of external resources of the enterprise, the internal social capital of the executive management team has a significant positive impact on the integration of internal and external resources of the enterprise, and corporate social capital can affect the level of enterprise open innovation by affecting resource acquisition and resources integration. Therefore, the members of the corporate executive team should strengthen the relationship with government departments, banking and financial institutions, scientific research institutions, universities, and external partners. Based on the questionnaire survey data of 238 biopharmaceutical companies established over five years in the Pearl River Delta, Yangtze River Delta and the Middle Delta of China, Zhang et al. (2017) empirically tested the impact of the synergistic effects of internal and external social capital on corporate capabilities. Research results show that the synergy effect of internal and external social capital can promote the improvement of corporate capabilities. Furthermore, the balance of internal and external social capital and corporate capabilities present an inverted U-shaped relationship. Enterprises should coordinate the balance between internal and external social capital through "repairing weaknesses" or "enhancing strengths" to achieve a positive cycle of synergy.

(2) Structural social capital, relational social capital, and cognitive social capital

According to the essential attributes, corporate social capital can be divided into three categories of structural social capital, relational social capital and cognitive social capital. Structural social capital refers to the breadth and density of corporate social networks as well as the intensity of interaction and frequency of communication. Relational social capital refers to the level of trust and reciprocal behavior between actors in corporate social networks. Cognitive social capital refers to the shared vision and behavioral norms among actors in social networks (Nahapiet & Ghoshal, 1998).

Li (2012) empirically tested the relationship between corporate social capital and operating performance based on the questionnaire survey data of 328 private enterprises in Beijing-Tianjin and Chengdu-Chongqing regions of China. The research results show that although structural, relational, and cognitive social capital can all promote the improvement of corporate market knowledge capabilities, only structural social capital can have a significant impact on corporate operating performance. Li (2013) empirically tested the impact of corporate social capital on enterprise performance through technological innovation based on data of 176 questionnaires of middle and senior executives and business executives of high-tech companies. The research results show that structural, relational, and cognitive social capital all have a significant positive correlation with corporate technological innovation behavior. In addition, technological innovation behavior also has a significant impact on enterprise performance. It indicates that corporate social capital can indirectly improve the operating performance and innovation performance of high-tech enterprises through technological innovation behavior.

(3) Horizontal, vertical and social connections

According to the connection subjects, corporate social capital can be divided into three types of horizontal connection, vertical connection and social connection. Horizontal connection refers to the connection with other companies, including upstream suppliers, downstream distributors and other interested companies. This type of connection is mainly business cooperation, shareholding, and lending. Vertical connection refers to the connection with government departments, including local governments, industrial and commercial bureaus, tax bureaus and other government agencies. This type of connection is mainly the relationship between the superior and the subordinate, and the management and the managed. Social connection refers to the social contacts and connections of business operators, and this type of connection is mainly communication and exchange (Bian, 2000). As mentioned above, many scholars have focused on the impact of vertical corporate social capital on enterprise performance. This vertical social capital is mainly reflected in political connections of the enterprise (Du & Girma, 2010; Tian, 2013).

Based on the data of 188 companies randomly selected in 1998 in Guangzhou regarding wages and operating conditions, Bian and Qiu (2000) empirically proved that vertical, horizontal and social connections are the important formation channels of corporate social capital. In addition, these three types of social capital have a direct role in improving the business capabilities and economic benefits of enterprises. The empirical research results of Hou and Zhang (2013) show that corporate social relational capital has a significant positive impact on technological innovation performance, vertical relational capital has a significant negative impact, while horizontal relational capital has no significant impact. Yu et al. (2015) distinguished between horizontal corporate connection and vertical corporate connection when discussing the impact of corporate social capital on the relationship between corporate social responsibility and enterprise performance. Although the research results confirmed that the horizontal corporate connection plays an inverted U-shaped moderating role in the relationship between corporate social responsibility and enterprise performance, no evidence has been found that corporate vertical connections play an inverted U-shaped moderating role in the relationship between corporate social responsibility and enterprise performance. Huang and Zhu (2018) used questionnaire data from 320 private technology companies in Guangdong and Jiangxi provinces to empirically prove that both horizontal and vertical social capital of private technology companies can promote the improvement of enterprise performance. Social capital is also an important transmission mechanism for the social responsibility of private technology companies to affect enterprise performance.

Li et al. (2018) put the social connections of (Bian, 2000) into commercial social capital, and corporate social capital is only divided into commercial social capital and political social capital. Commercial social capital refers to the connections established with business partners, including intermediaries, suppliers and strategic partners; political social capital refers to the connections established with the government and industry authorities, including government management agencies such as industry and commerce, taxation, and industry associations. They used 192 sample data collected by questionnaires designed by themselves to empirically test the relationship between entrepreneurial social capital and business performance based on the perspective of business model innovation. The empirical results show that commercial social capital positively affects efficiency and novel business model innovation, while political social capital only has a significant effect on novel business model innovation. In addition, efficiency business model innovation significantly drives market and financial performance, while novel business model only has a positive effect on financial performance. Shen and Fang (2018) divided entrepreneur social capital into three types of institutional social capital, market social capital, and technological social capital. Institutional social capital refers to the connection with government regulatory agencies, market social capital refers to the relationship with external commercial organizations of the enterprise, and technological social capital refers to the connection with technical experts or relevant technical personnel of institutions such as universities, research institutes, and industry associations. They used questionnaire survey data from 234 private enterprises to empirically test the impact of different types of entrepreneurial social capital on technological innovation. The research results show that different types of private entrepreneurial social capital have different effects on technological innovation. Market social capital and technological social capital have a significant positive influence on technological innovation performance, while the influence of institutional social capital on technological innovation performance presents an inverted U-shaped relationship. It indicates that the impact of social capital on enterprise performance is not a simple linear relationship, and the impacts of different types of corporate social capital on enterprise performance are different.

2.4.2 Impact of organizational citizenship behavior on enterprise performance

As mentioned above, the functions of non-public enterprise Party organizations in enterprises are mainly reflected in the supervision of enterprise compliance with national laws and regulations, unity and cohesion of employees, and establishment of harmonious labor relations. To coordinate the three-Party relationship of "labor-capital-management" is one of the most important functions. "Labor" refers to the employees of an enterprise. Employees are the most valuable asset of an enterprise and the key source of its competitive advantage (Flammer & Luo, 2017). Labor-management relations focus on the relationship between laborers and the capital, while organizational citizenship behavior focuses on laborers' extra-role behavior in the organization. Therefore, labor-management relations and organizational citizenship behavior have different focuses.

Organizational citizenship behavior is a behavior that is spontaneously manifested by employees or workers and is conducive to the improvement of the organizational social environment and working atmosphere as well as the organizational performance. This behavior is a social psychological behavior outside of the employee's role and does not belong to the scope of responsibility of the employees, and is not within the provisions of the employee incentive performance system (Organ, 1988). Therefore, organizational citizenship behavior presents the characteristics of spontaneity, voluntariness, altruism and gratuitousness (Podsakoof, 2014).

Organizational citizenship behavior is an important link between employees and the organization, and is the "lubricant" for the effective operation and healthy development of the organization (Podsakoff et al., 1997). The design of any organizational system cannot effectively achieve organizational goals when it only relies on the intra-role behaviors of employees. It must rely on the extra-role behaviors of employees to make up for the lack of intro-role behavior. As the extra-role employee behavior implemented by employees and benefited by the organization, organizational citizenship behavior can promote the effective operation of the organization, improve organizational competitiveness and organizational performance (Farh, 1997; Organ, 1988). Organizational citizenship behavior mainly affects the organizational performance from seven aspects: first, improve the work efficiency of colleagues and managers; second, release resources for more production activities; third, reduce the scarce resources needed to maintain the normal operation of the organization; fourth, help coordinate activities within and between groups; fifth, enhance the organization's ability to attract and retain outstanding employees; sixth, enhance the stability of the organization; seventh, enable the organization to be more adaptable to environmental changes (Podsakoof et al., 2000).

Organizational citizenship behavior can affect organizational performance through the above-mentioned multiple channels, which is mainly caused by the division of organizational citizenship behavior by scholars. As organizational citizenship behavior is the sum of a series of employee extra-role behaviors, scholars have quite different classifications of this concept. Organ (1988) divided organizational citizenship behavior into five dimensions: altruistic behavior, prior notification, awareness of responsibility, athlete spirit and civic morality; Farh et al. (2004) also divided organizational citizenship behavior into five dimensions: identification with the organization, assistance of colleagues, not striving for profit, protection of company resources and professional dedication. Podsakoof et al. (2000) expanded organizational citizenship behavior into seven dimensions: helping behavior, athlete spirit, civic morality, organizational loyalty, organizational compliance, personal initiative and self-development; Xiao (2005) expanded organizational citizenship behavior into nine dimensions: self-development, information sharing, civic virtues, mutual help and mutual assistance, athlete spirit, maintenance of public relations, self-innovation, organizational loyalty and expression of opinions. Williams & Anderson (1991) summarized organizational citizenship behavior into two dimensions: interpersonally-friendly organizational citizenship behavior and organizationally- friendly citizenship behavior; Liu et al. (2014) also divided organizational citizenship behavior into two dimensions of interpersonal citizenship behavior and organizational citizenship behavior.

As organizational citizenship behavior is an extra-role behavior of employees that benefits the organization, its effect on improving organizational performance is obvious. Variable aspects of the organizational atmosphere is closely related to employee behavior, Organizational atmosphere refers to the perception of organizational policies, practices, procedures, and goals shared by members of the organization (Schneider, 1990), including trust atmosphere, fairness atmosphere, communication atmosphere, emotional atmosphere, and safety atmosphere.

Organizational trust is a very important social capital of an enterprise. It exerts a huge impact on the behavior of individuals in the organization and the entire organization. Organizational trust is one of the most direct, economical, and effective ways for leaders to improve organizational effectiveness. This is because it can improve organizational productivity without changing the organization's production process. In addition, trust can eliminate the internal friction of some conflicts within the organization and promote the organization to operate in a more effective manner (Kramer, 1999). When there is insufficient trust among the members of the organization, employees will devote more personal resources to the supervision of the behavior of others to avoid potential negative effects caused by others on their own interests; when the members of the organization have a certain degree of trust, employees will devote more personal resources to their work. Therefore, organizational trust can effectively reduce the cost of organizational supervision, promote collaborative behavior among organization members, and ultimately promote the occurrence of organizational citizenship behavior.

Employees are both the creators of corporate profits and the most important stakeholders of corporate social responsibility. The stronger the sense of fairness that employees feel from the organization, the better the interpersonal treatment of employees will receive (Colquitt, 2001), and the more support employees can feel from the organization, so that employees will show more organizational citizenship behavior (Eisenberger et al., 2002). The sense of fairness of employees comes from the way the organization treats its employees, and it also comes from the way the organization treats other people, because employees will judge how the organization treats themselves based on the way the organization treats other people (Cropanzano et al., 2001). According to the theory of social exchange, in the process of social interaction between people, when someone is supported by tangible or intangible resources of others, the person will present emotional, attitude or behavioral feedback (Blau, 1964). This feedback will be expressed through knowledge sharing and increased loyalty to the organization. (Yao, 2016) used their own designed questionnaire to collect 596 sample data to empirically test the influence of organizational fairness on the willingness to share knowledge. The research results show that fairness of distribution and fairness of interaction can significantly affect willingness of knowledge sharing. Zhang et al. (2009) used 240 sample data collected from the questionnaire designed by themselves to empirically prove that the reciprocal motivation and reciprocal behavior of employers in private enterprises in China have significantly increased employee loyalty and dedication, which in turn improves the operational performance of the enterprise. Zheng and Guo (2016) used their self-designed questionnaire to collect 849 sample data from 56 companies in 10 provinces and cities, and empirically tested that organizational fairness has a significant impact on organizational citizenship behavior of employees.

A good communication atmosphere within the organization can promote the establishment of trust relationships between members and leaders, and between members and members, and contribute to information sharing and knowledge exchange within the organization (Samsup & Shim, 2005). Positive emotional performance and behavior will encourage employees to show more mutual assistance behavior and cooperation intentions, and make employees more willing to show organizational citizenship behavior (Ramachandran et al., 2011). An unsafe atmosphere at work is an important "stress atmosphere" in an organization. When employees feel a highly unsafe atmosphere at work, they will show a more obvious sense of helplessness and greater work pressure, which will cause employees to generate negative attitudes towards work and organization (Chirumbolo & Hellgren, 2003), which is not conducive to the generation of organizational citizenship behavior.

2.4.3 Impact of trade unions on enterprise performance

The trade union is a self-protection group of workers established to maintain or improve the living conditions of labor workers (Webb & Webb, 1959). It first appeared in Western capitalist countries, with a purpose to ease the relationship of exploiting and being exploited, contradiction and opposition between the working class and the bourgeoisie in capitalist countries. Therefore, the functions of trade unions in Western capitalist countries are mainly reflected in ensuring that workers can strive for better working conditions and benefits during negotiations with the employers, and striving to ease labor-capital relations (Thacker & Fields, 1987). It indicates that in the process of negotiating on behalf of employees with the management, the trade union must not only promote cooperation between the two parties, but also guide the behavior and activities of employees in conflicts with the capital.

Due to the large differences in social systems, culture, and economic development stages between China and capitalist countries such as Europe and the United States, the functions of trade unions in the Chinese context are quite different from those in Western capitalist countries. The Trade Union Law promulgated by China in 1992 clearly stipulated the four functions of trade unions, namely, maintenance, construction, participation, and education. In contrast, trade unions in China must perform not only the function of safeguarding the rights and interests of employees, but also the functions of economic development, participation in national and social affairs, and employee quality education. The functions of trade unions are more diversified in the Chinese context (Hu, 2016). Therefore, the trade union in the Chinese context presents a dual role, that is, the trade union is not only a representative of the rights and interests of employees, but also an extension of the Party and government functions within the enterprise or an important channel for enterprises to connect government resources (Chan et al., 2006; Wei, 2018). In addition, there are also differences between the methods of union formation in China and Western countries. Trade unions in Western capitalist countries are formed by workers in a spontaneous way during negotiations and rights protection between workers and employers, using a bottom-up approach, while trade unions in China are organized and established under the leadership of the CPC, using a top-down method of formation. Politically, it accepts the leadership of the Party, serves as a bridge between the Party and the masses, and often plays the dual role of "collective endorsement" and "Party and government endorsement". It is precisely because of the above differences that the impact of trade unions in European and American capitalist countries on enterprise performance is not exactly the same as the impact of trade unions in China on enterprise performance.

First of all, international research on the impact of trade unions on enterprise performance is mainly divided into two aspects according to the effect of the impact, namely the "favorable theory" and the "non-favorable theory".

(1) The "favorable theory" of the impact of trade unions on enterprise performance holds that trade unions and their practices are beneficial to the improvement of enterprise performance. Trade unions or trade union practices improve

enterprise performance mainly through two channels. First, trade unions or trade union practices promote the improvement of enterprise performance by safeguarding the interests of employees. These methods include reducing employee turnover or absenteeism (Ress, 1991; Deery et al., 1999; Iverson & Currivan, 2003), increasing employee wages (Laroche & Wechtler, 2011; Walsworth, 2010), increasing employee skills training (Green & Lemieux, 2007; Mcilroy, 2008; Rees, 1991), promoting generation of employee organizational citizenship behavior (Aryee & Chay, 2001; Skarlicki & Daniel, 1996), improving the atmosphere of labor relations (Batt & Welbourne, 2002; Jodar et al., 2010) and encouraging enterprise innovation. Second, trade unions or trade union practices promote the improvement of enterprise performance by motivating employee enthusiasm to participate in corporate management (Mishra & Shah, 2009; Belman, 1992).

(2) The "non-favorable theory" of the impact of trade unions on enterprise performance holds that trade unions and trade union practices will not be conducive to the improvement of enterprise performance, or that such improvement is conditional. Trade unions are usually regarded as "a branch of corporate management" which often exert pressure on corporate management and have a monopolistic nature. This feature may hinder the optimization of the efficiency of labor market resource allocation, and it will especially exert a negative impact on the initiative of enterprises in innovation and investment. Fang & Ge (2012) believed that the rent-seeking activities of trade unions hinder R&D investment, and collective bargaining rules between trade unions and the management will limit the flexibility of management, especially when trade unions use their strong positions to increase wages and demand "quasi rents", which will inhibit newly-increased investment (physical investment) and innovation investment (R&D investment). Based on data from the United States, Canada, Britain, and Germa-

ny, Doucouliagos & Laroche (2013) found that trade unions inhibit innovation investment at the enterprise and industry level. However, this adverse impact continues to decline over time, but rise with the increase of flexibility of the labor market. Based on the data of Japan, Brunello (1992) found that the trade union's restriction on employees' working hours under the same work efficiency will lead to a decline in the total output of the enterprise, thereby reducing the productivity and profitability. Monastiriotis (2007) found based on British data that there is an inverted U-shaped nonlinear relationship between trade union practice and corporate productivity. Kmenta (1967) found based on US data that trade union practice has a negative impact on enterprise performance, and this negative impact increases with the enhancement of bargaining power of the trade union.

Second, the Chinese research on the impact of trade unions on enterprise performance is mainly based on the four functions of maintenance, construction, participation and education performed by trade unions in China. Based on the data of 717 questionnaire surveys of non-public enterprises in 21 prefecture-level cities in Guangdong Province, Wang and Zheng (2012) empirically prove that trade unions have performed their rights protection, construction, participation, and education functions through cross-border actions, so as to exert a positive impact on enterprise performance, employee affective commitment and job satisfaction. According to the 433 data collected by the questionnaire designed based on mature scale and the Chinese context, Shan et al. (2014) empirically tested the impact of trade union practices on enterprise performance. The empirical results show that the functions of participation, education, and maintenance of trade union practices are positively related to enterprise performance, but the construction function has no significant correlation with enterprise performance. Based on the data of 1, 221 questionnaire surveys of 43 non-SOEs with trade unions in 13 prefecture-level cities in Jiangsu Province, Gu and Hu (2016) empirically tested the impact of corporate union functions on employee job satisfaction and enterprise performance. The research results show that the four functions of the trade union have different degrees of positive impact on employee job satisfaction and enterprise performance. Among them, the education function has the greatest impact on employee job satisfaction, followed by maintenance, construction and participation. Wei et al. (2018) used data from a 2012 sample survey of Chinese private enterprises to empirically test the impact of enterprise grassroots trade unions on newly-increased investment. The research results show that trade unions have significantly promoted the expansion of the original product scale of the enterprise, new product development and process innovation. Therefore, the grassroots trade unions of enterprises can play a positive role in promoting the development of Chinese private enterprises under a suitable labor market system.

2.5 Summary

The establishment of Party organizations in non-public enterprises is designed to guide enterprises on a development path that conforms to national guidelines and policies, which will inevitably have an impact on enterprises, especially their performance. First of all, non-public enterprise Party organizations are the grassroots organizations of the CPC in the non-public enterprises, and their influence on the enterprise performance is affected by the position and role of the Party organizations in the non-public enterprises. Second, the functions and roles of Chinese enterprise Party organizations and corporate labor unions are quite overlapping, which makes the impact of non-public enterprise Party organizations on enterprise performance similar to the impact of trade unions on enterprise performance. Third, the main purpose of the establishment of non-public enterprise Party organizations is to coordinate the "labor-capital-management" relationship. This enables non-public enterprise Party organizations to exert influence on enterprise performance though the three channels of workers, the management and entrepreneurs. Therefore, reviewing relevant literature on enterprise Party organizations, as well as reviewing the relevant literature on corporate social capital, organizational citizenship behavior, labor relations and the impact of labor unions on enterprise performance will help this thesis analyze the impact of non-public enterprise Party organizations on enterprise performance.

(1) Literature related to enterprise Party building

Since the status and role of grassroots Party organizations in non-public enterprises are different from those of grassroots Party organizations in SOEs, existing studies have respectively explored the impact of state-owned enterprise Party building and non-public enterprise Party building on enterprise performance. Research on state-owned enterprise Party organization mainly focuses on the two perspectives of insider control and state-owned assets maintenance, and it empirically tests the impact of state-owned enterprise Party building on enterprise performance. Research on non-public enterprise Party building mainly focuses on the significance, status quo, system construction and system improvement of non-public enterprise Party building. However, due to the difficulty of obtaining non-public enterprise data, there are relatively few empirical studies on the impact of non-public enterprise Party organizations on enterprise performance. The existing empirical studies mainly focus on coordination of labor relations, stimulation of corporate investment, and acquisition of external resources to explore the impact of non-public enterprise Party building on enterprise performance. Although there are few empirical studies on the impact of non-public enterprise Party building on enterprise performance, there are relatively a large number of empirical studies on the impact of corporate political background, political relationships, and political connections on enterprise performance. Most scholars regard the Party organization as a channel for non-public enterprises to establish political relations, and empirically test the effect of this political connection on the performance of non-public enterprises from the aspects of obtaining market access opportunities, financing facilities, financial subsidies, and diversified investment. However, the above-mentioned research does not systematically study the impact of non-public enterprise Party building on enterprise performance based on the role or function of non-public enterprise Party building in the enterprises.

Therefore, reviewing relevant literature on enterprise Party building will help this research identify paths and mechanisms suitable to explore the impact of non-public enterprise Party building on enterprise performance based on a large number of empirical studies on the impact of state-owned enterprise Party building on enterprise performance as well as the differences of the status and role of grassroots Party organizations in state-owned and non-public enterprises, and empirically test the impact of non-public enterprise Party building on enterprise performance. In addition, it also helps this research to draw on the empirical studies on the impact of corporate political background, political relations, and political connections on the performance of non-public enterprises, and focus the research perspective on the impact of political connections brought by non-public enterprise Party building on enterprise performance.

(2) Relevant literature on analysis of factors affecting enterprise performance

Enterprise performance is affected by a variety of factors. The existing literature explores the impact of corporate social capital, organizational citizenship behavior, labor relations, and trade unions on enterprise performance. These studies examine the impact of enterprise organizations or groups on enterprise performance as well as the impact of individuals in the enterprise on enterprise performance. In addition, the functions of organizations or groups in enterprises overlap with those of enterprise Party organizations. Individuals in enterprises include both entrepreneurs and the management as well as grassroots employees. However, these studies did not systematically study the three main bodies of entrepreneurs, the management and grassroots employees affected by non-public enterprise Party building based on its role or functions in the enterprise.

Therefore, reviewing the impact of corporate social capital, organizational citizenship behavior, labor relations, and trade unions on enterprise performance is helpful for this research to learn from the path of the cross-functional part of the labor union and the non-public enterprise Party organization. The following part of this research studies the impact of non-public enterprise Party building on non-public enterprise performance as well as the impact of non-public enterprise Party building on enterprise performance based on the path that non-public enterprise Party organizations influence the behavior of different entities of entrepreneurs, management, and grassroots employees.

2.6 Research hypothesis and hypothesized model

2.6.1 Relationship between non-public enterprise Party building and enterprise performance

Long and Yang (2014) empirically confirmed that the establishment of Party organizations in private enterprises can significantly improve the welfare of enterprise employees other than wages, which is conducive to the promotion of labor productivity. He and Ma (2018) found that through their organizational resource advantages, grassroots Party organizations encourage private enterprises to invest in more productive activities, making the performance of private enterprises that have established grassroots Party organizations significantly higher than that of private enterprises that have not established grassroots Party organizations.

Chen et al. (2017) empirically confirmed that the Party organizations of private enterprises can significantly promote private enterprises to increase investment, which is ultimately conducive to the improvement of private enterprise performance. Ye et al. (2017) empirically proved that the participation of private enterprise Party organizations in corporate governance can help enterprises obtain external resources and contribute to the improvement of enterprise performance. Therefore, Hypothesis 1 is proposed.

Hypothesis 1: Non-public enterprise Party building is positively related to enterprise performance.

2.6.2 Relationship between non-public enterprise Party building, social capital and organizational citizenship behavior

Enterprise Party organization is one of the channels for enterprises to establish political relations. Through non-public enterprise Party building, non-public enterprises can establish political relations with the government at no cost. Lv (2015) believed that the political connections brought by enterprise Party organizations can bring a lot of social capital to non-public enterprises. Chen (2014) believed that enterprise Party organizations play a leading role in politics and can create conditions for business owners to approach politics, participate in politics, and obtain various political resources. In addition, non-public enterprise Party organizations continue to help employees improve their labor quality, expand development room, unblock upward channels, allow employees to participate in the production and operation activities, and provide a stage for employees to realize their own value. Kou (2017) believed that Party organizations and

Party members of non-public enterprises can reflect corporate interests, wishes and demands outside the enterprise, and can serve as a channel for non-public enterprises to interact with government departments, with higher positioning, fewer hierarchies, and easier communication. Wei et al. (2015) empirically proved that grassroots Party organizations in private enterprises can arouse the attention of higher-level Party committee and government, thereby affecting the employment period structure of employees and safeguarding the interests of employees. Therefore, Hypothesis 2 is proposed.

Hypothesis 2a: Non-public enterprise Party building is positively related to corporate social capital.

Hypothesis 2b: Non-public enterprise Party building is positively related to organizational citizenship behavior.

2.6.3 Relationship between social capital and organizational citizenship behavior and enterprise performance

First of all, from the perspective of social capital, Bian and Qiu (2000) empirically proved that the three types of social capital including vertical connection, horizontal connection and social connection have a direct effect on the improvement of business capabilities and economic benefits. Sun et al. (2017) found that the external social capital of the executive team has a significant positive impact on the acquisition of external resources of the enterprise, and the internal social capital of the executive team has a significant positive impact on the integration of internal and external resources of the enterprise. Social capital can influence the open innovation level of enterprises by influencing resource acquisition and resource integration. Zhang et al. (2017) empirically proved that the synergistic effect of internal and external social capital of the enterprise can promote the improvement of corporate capabilities. In addition, from the perspective of organizational citizenship behavior, employees are the most valuable asset of the enterprise and the key source of corporate competitive advantage (Flammer & Luo, 2017). Organizational citizenship behavior is an extra-role social psychological behavior of the employees, which is conducive to the improvement of the organization's social environment and working atmosphere, and promotion of the organizational performance (Organ, 1988). Podsakoof et al. (2000) found that organizational citizenship behavior affects organizational performance mainly through improvement of work efficiency, release of productive resources, reduction of scarce resource consumption, coordination of work groups, attraction of outstanding employees, enhancement of organizational stability, and improvement of organizational environment adaptability. Therefore, Hypothesis 3 is proposed.

Hypothesis 3a: Corporate social capital is positively related to enterprise performance.

Hypothesis 3b: Organizational citizenship behavior is positively related to enterprise performance.

2.6.4 Mediating effect of social capital and organizational citizenship behavior

Chen (2014) believed that enterprise Party organizations play a leading role in politics and create conditions for business owners to approach politics, participate in politics, and obtain various political resources. Luo and Liu (2009) found that political strategies adopted by private enterprises can effectively help enterprises obtain social capital to enter government-regulated industries, thereby significantly improving enterprise performance. Wu et al. (2008) found that the local government background of private enterprise executives helps enterprises obtain social capital from local government short-term loan financing, which in turn is beneficial to the improvement of enterprise performance. Huang and Zhu (2018) found that corporate social capital is an important transmission mechanism for the social responsibility of private technology companies to affect enterprise performance, and empirically confirmed that the social capital of private technology companies can promote enterprise performance. Therefore, as stated in the empirical conclusion of Ye (2017), the participation of private enterprise Party organizations in corporate governance can help enterprises obtain external resources and contribute to the improvement of enterprise performance.

Zhang et al. (2009) empirically proved that the reciprocal motivation and reciprocal behavior of employers in private enterprises in China significantly increase employee loyalty and engagement, which in turn improves the operational performance of the enterprise.

Therefore, Hypothesis 4 is proposed.

Hypothesis 4a: Social capital mediates the positive relationship between non-public enterprise Party building and enterprise performance.

Hypothesis 4b: Organizational citizenship behavior mediates the positive relationship between non-public enterprise Party building and enterprise performance.

Hypothesis 4c: Organizational citizenship behavior mediates the positive relationship between social capital and enterprise performance.

According to the Stakeholder Theory and Social Capital Theory, through the establishment of Hypothesis 4a, the possible influence of non-public Party building on corporate social capital was analyzed; through the establishment of Hypothesis 4c, the influence of corporate social capital on organizational citizenship behavior was analyzed; through the establishment of Hypothesis 4b and Hypothesis 4c, the influencing relationship between organizational citizenship behavior and enterprise performance was established. Based on the possible relationships among the above variables, this research expect that non- public enterprise Party building may have an impact on enterprise performance through the sequential mediation of corporate social capital and organizational citizenship behavior. Therefore, the following hypothesis is proposed.

Hypothesis 4d: Non-public enterprise Party building is positively related to enterprise performance through a sequential indirect effect via (a) corporate social capital and subsequent (b) organizational citizenship behavior.

2.6.5 Moderating role of harmonious relationship between the enterprise Party organization and the management

Li (2008) found that the grassroots Party organizations in enterprises can help improve the economic efficiency of non-public enterprises by coordinating the relationship between society, government, and employees. Since the functions and roles of most non-public enterprise Party organizations in China overlap with those of most non-public enterprise trade unions, the enterprise Party organizations assume part of the functions and roles of trade unions. A harmonious relationship between the trade union and the management can positively affect the enterprise and employees, thereby promoting the improvement of enterprise performance. Among them, the cooperative relationship between the trade union and the management can reduce the company's employment costs and the absenteeism and turnover rate of employees (Harrison & Martocchio, 1998), improve the efficiency of corporate management (Wu & Lee, 2001), promote the decline of corporate production costs and the increase of corporate productivity (Katz et al., 1983; Nee et al., 1999). In addition, the cooperative relationship between the trade union and the management helps employees obtain a safe and healthy working environment, obtain more training and opportunities to participate in business management (Oxenbridge & Brown, 2004), improve the work and life quality of employees, and improve the attitudes and behaviors of trade union members (Angle & Perry, 1986). In addition, enterprise Party organizations can balance fairness and efficiency in the distribution of corporate interests (Chen, 2018), restrict the self-interested behavior of managers, reduce the principal-agent conflict between managers and shareholders of SOEs (Yang, 2010), narrow the salary gap between executives and employees (Ma, 2012), effectively restrict the power of managers and restrain the scale of excess employees. Therefore, Hypothesis 5 is proposed.

Hypothesis 5a: Harmonious relationship between enterprise Party organization and the management accentuates the positive relationship between social capital and enterprise performance, such that when the quality of the relationship between the enterprise Party organization and the management is high, social capital is more positively related to enterprise performance.

Hypothesis 5b: Harmonious relationship between enterprise Party organization and the management accentuates the positive relationship between organizational citizenship behavior and enterprise performance, such that when the quality of the relationship between the enterprise Party organization and the management is high, organizational citizenship behavior is more positively related to enterprise performance.

2.6.6 Research model

This research attempts to study the impact of non-public enterprise Party organizations on enterprise performance from the perspectives of corporate social capital and organizational citizenship behavior. Based on the above two perspectives, it is helpful to study the impact of Party building in non-public enterprises on enterprise performance through the path of the function of non- public enterprise Party building in non-public enterprises, and it is also helpful to study the impact of non-public enterprise Party building on enterprise performance based on the path of the impact of non-public enterprise Party building on behaviors of different subjects including entrepreneurs, the management and grassroots employees.

Based on the previous discussion of relevant literature, the model idea of this research is put forward, and corresponding research hypotheses are proposed accordingly as the ideas of the empirical research. Non-public enterprise Party building can affect enterprise performance by affecting corporate social capital and organizational citizenship behavior. In addition, the relationship between enterprise Party building and the management plays a mediating role in the process of social capital and organizational citizenship behavior affecting the performance of non-public enterprises. The model idea of this dissertation is shown as per Figure 2- 1.

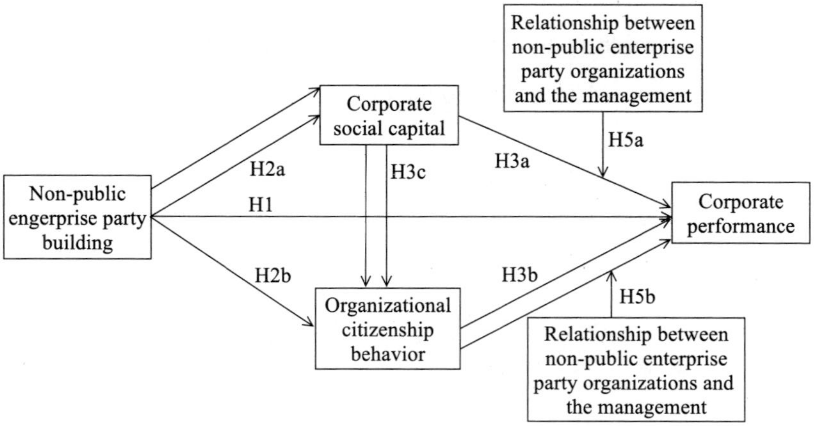

Note: H4a=H2a+H3a; H4b=H2b+H3b; H4c=H3c+H3b; H4d=H4a+H4b+H4c; H4e=H2a+H3c+H3b, is represented by three red arrows in the figure.

Figure 2-1 Research Model

2.7 Chapter summary

This chapter systematically reviews relevant literature on non-public enterprise Party building and influencing factors of enterprise performance. First, the concept of non-public enterprises and non-public enterprise Party building are explained, the status and role of state-owned enterprise Party organizations and non-public enterprise Party building are respectively discussed, and, on this basis, the research on the impact of state-owned enterprise Party building and non-public enterprise Party building on enterprise performance are reviewed. Second, literature on the impact of corporate social capital, organizational citizenship behavior, labor relations, and trade union organizations on enterprise performance is reviewed. Third, relevant literature on influencing factors of existing enterprise Party building and enterprise performance is briefly reviewed, and the model idea of this research is summarized. Finally, the hypotheses of the empirical research are put forward according to the research model.

Chapter 3: Research Methods

This chapter introduces the respondents and data collection process of this research. It presents the measurement scale from five aspects of enterprise Party building, corporate social capital, corporate citizenship behavior, enterprise performance, and harmonious relationship between enterprise Party organization and the management, and explains in detail the data quality control, statistical analysis methods and the validity test methods of variables.

3.1 Participants and data collection

The investigation respondents were mainly the persons in charge or Party secretaries of the non-public enterprise Party organizations for three reasons. First, the Party secretary is a Party member in the first place and has the basic conditions for being a Party organization member; second, the Party secretary is an enterprise employee, and has the basic knowledge of the specific situation of the enterprise; third, the knowledge and activities of Party building are relatively professional, and it is difficult for non-Party workers to fully grasp.

Data collection consisted of two stages, pilot test and formal questionnaire survey. In the first stage, on January 3, 2020, a pilot test was conducted on the initially designed questionnaire, with a main purpose to identify whether the Party secretaries of the tested non-public enterprises could understand the questions correctly to make corresponding modifications. Organized by the Organization Department of Party Committee of Xixia District of Yinchuan, the participants were required to fill out the questionnaire in the meeting room of Xixia District Party Committee. A total of 17 questionnaires were issued, of which 16 were valid, and the other was invalidated because it was filled out by the Party secretary of a social organization rather than a non-public enterprise. On January 6, during a meeting participated by leaders of the grassroots Party organizations convened by Shizuishan high-tech industrial development zone, we resorted to the Shizuishan Municipal Party Committee Organization Department to issue questionnaires to the Party secretaries of non-public enterprises. A total of 18 questionnaires were distributed and 17 were valid, with one invalidated because of incompleteness. After the pilot tests, the expression of the questionnaire was modified and improved based on the opinions provided by the respondents. In addition, a preliminary statistical analysis of the 33 valid questionnaires was conducted, and the content of the questionnaire was adjusted and modified based on the statistical results to further improve the quality of the questionnaire.

In the second stage, the questionnaires were formally distributed to collect data. The Organization Department of the Ningxia Hui Autonomous Region Party Committee issued notification to the organization departments of each municipal Party Committee. The organization departments of municipal Party Committees carried out questionnaire tests on the enterprises belonging to the municipal working committee of non-public economic organizations and social organizations. The municipal organization departments then issued notification to the subordinate district and county organization departments to organize the local non-public enterprise to receive the questionnaire test, and a total of 775 questionnaires were distributed. For instance, from January 13 to 14, 2020, a total of 78 questionnaires were issued on-site for the leaders of non-public enterprise Party organizations in the one district and three counties of Guyuan, which is the most remote area of Ningxia, and all of the questionnaires were collected and valid. On January 16, 19, 20, and 21, we distributed questionnaires to the leaders of non-public enterprise Party organizations in the Economic Development Zone of Yinchuan, Helan County, Lingwu City, Xixia District, Jinfeng District, and Xingqing District respectively and collected them on the spot. A total of 296 questionnaire were collected and all of them were valid. Since the questionnaire were distributed and filled out on the spot, the response rate was 100%.

For instance, on April 9, 2020, a total of 98 questionnaires were distributed to the heads of non-public enterprise Party organizations in Zhongning County, Zhongwei Industrial Park, Shapotou District, and Haiyuan County under the jurisdiction of Zhongwei City; from April 14 to 15, a total of 202 questionnaires were distributed to the heads of non-public enterprise Party organizations in Yanchi County, Taiyangshan Development Zone, Tongxin County, Hongsibao District, Jinji Industrial Park, Litong District, and Qingtongxia City under the jurisdiction of Wuzhong City; on April 16, a total of 101 questionnaires were distributed to the heads of non-public enterprise Party organizations in Dawukou District, Shizuishan High-tech Industrial Development Zone, Pingluo County, Huinong District, Shizuishan Economic and Technological Development Zone under the jurisdiction of Shizuishan City. Since the questionnaire were distributed and filled out on the spot, the response rate was 100%.

In the third stage, data entry was performed on the collected questionnaires and the unqualified questionnaires were screened at the same time. There were 16 unqualified questionnaires in total, 13 were because the participants were social organizations rather than non-public enterprises; the other three were because of missing information. There were 759 valid questionnaires, including 293 in Yinchuan, 76 in Guyuan, 94 in Zhongwei, 200 in Wuzhong, and 96 in Shizuishan, with an effective rate of 98%.

3.2 Measurement

In addition to non-public enterprise Party organizations, this research also drew on the Chinese and international mature scales of corporate social capital, organizational citizenship behavior, enterprise performance, and harmonious relationship between non-public enterprise Party organizations and the management. According to the actual context of China and the focus of this research, we constructed a scale suitable for the purpose of this study. For the measurement of non-public enterprise Party organizations, we compiled a scale for this study through interview. Except for enterprise performance which was represented by five points from one to five indicating "absolutely worse, worse, no change, better, absolutely better" respectively, other variables adopted Likert 6-point scale to divide the answers to six options including "Strongly Agree = 6" "Agree = 5", "Basically Agree = 4", "Basically Disagree = 3", "Disagree = 2", "Strongly Disagree = 1".

3.2.1 Enterprise Party building

Based on interviews with experts and the basic system and functions of non-public enterprise Party organizations, we developed a scale for measuring the practice of non-public enterprise Party organizations, which includes four aspects: organizational structure, organizational activities, team, and Party member management.

1. Organizational structure:

(1) The Party organization is established in a standardized manner and elec-

tion at expiration of office terms is carried out on schedule;

(2) The enterprise Party organization is part of the corporate organizational structure;

2. Organizational activities:

(3) The enterprise Party organization effectively participates in business management activities;

(4) The enterprise has regular Party organization activities;

3. Team:

(5) The Party organization team is sound and fulfills responsibility normally;

4. Party member management:

(6) The Party member management records and documents are complete and sound, and Party members can pay Party membership dues in full and on time.

3.2.2 Corporate social capital

We referred to the book of Nahapiet & Ghoshal (1998) and measured structural social capital by social network so as to construct the corporate social capital scale.

1. Enterprises have very frequent contacts with customers, suppliers and other enterprises;

2. Enterprises have very frequent contacts with scientific research institutes, universities and technology intermediary organizations;

3. Enterprises have very frequent contacts with government departments such as the People's Congress, the Chinese People's Political Consultative Conference, and the competent departments of the industry;

4. Enterprises have very frequent contacts with financial institutions (banks, securities, insurance companies);

5. Enterprises have very frequent contacts with industry associations.

3.2.3 Organizational citizenship behavior

We drew on the measurement scale of organizational citizenship behavior developed in the Chinese context by Farh et al. (1997) which measured organizational citizenship behavior from the five dimensions of organizational identification, altruism, sense of duty, interpersonal harmony, and protection of corporate resources, and formulated the scale to measure organizational citizenship behavior in this dissertation.

1. Organizational identification:

(1) I am willing to stand up and protect the reputation of the company;

(2) I am eager to tell outsiders about the good news of the company and clarify others' misunderstandings about the company;

(3) I will take the initiative to put forward some constructive suggestions to improve the company's management level;

(4) I actively participate in company meetings;

2. Altruism:

(5) I am willing to help new colleagues to adapt to the working environment;

(6) I am willing to help my colleagues solve work-related issues;

(7) When necessary, I am willing to help colleagues to do extra work;

(8) I am willing to cooperate and communicate with colleagues;

3. Sense of duty:

(9) I will follow the rules and procedures of the organization, even if no one sees it and no evidence remains;

(10) I treat my work seriously and rarely make mistakes;

(11) I don't mind new jobs or challenges;

(12) I will work hard to learn by myself to improve work effectiveness;

(13) I often arrive at the company early and start working immediately;

4. Interpersonal harmony:

(14) In order to gain personal influence, I used some illegal methods to affect interpersonal harmony within the company;

(15) I will use my power to pursue personal gains;

(16) I value honor, evade negligence, and fight fiercely for personal gains;

(17) I often speak ill of my boss or colleagues behind their back;

5. Protection of corporate resources:

(18) I handle personal affairs during working hours (such as stock trading, shopping, going to a barber shop, etc.);

(19) I use company resources to do personal things (such as using company phone, computer, and car);

(20) I regard sick leave as a benefit, and make excuses for sick leave.

3.2.4 Enterprise performance

We mainly drew on the enterprise performance measurement developed by Shan et al. (2014) to measure enterprise performance from two perspectives of organizational performance and market performance. The subjective evaluation of enterprise performance by this scale can measure the level of objective enterprise performance in a relatively accurate manner.

1. Market performance:

(1) The company's profits since the establishment of the Party organization;

(2) The company's sales since the establishment of the Party organization;

(3) The company's market share since the establishment of the Party organization;

2. Organizational performance:

(4) The degree of harmonious relationship between the company's non- pub-

lic enterprise Party organization and the management since the establishment of the Party organization;

(5) The company's participation rate of social insurance such as old-age care, medical treatment, work injury, and unemployment since the establishment of the Party organization;

(6) The company's labor dispute resolution since the establishment of the Party organization;

(7) Decrease of the company's voluntary turnover rate since the establishment of the Party organization;

(8) The company's employee participation in corporate decisions since the establishment of the Party organization;

(9) The company's investment in staff training since the establishment of the Party organization.

3.2.5 Relationship between non-public enterprise Party organization and the management

To measure the harmonious relationship between non-public enterprise Party organizations and corporate management in the Chinese context, we drew on the scale developed by Shan et al. (2014) based on the research by Dastmalchian et al. (1989), which was a measurement scale designed to measure a measure of industrial relations climate.

1. The Party organization and the management work together to improve the working environment;

2. The Party organization and the management respect job objectives of each other;

3. The Party organization and the management attach great importance to views of each other;

4. In our company, the Party organization and the management keep their

own promises;

5. In our company, the Party organization and the management work together to achieve practical results;

6. In our company, coordination and communication of existing problems are conducted in a harmonious atmosphere;

7. In our company, the Party organization and the management get along well;

8. In our company, the management generally believes that the Party organization is helpful to the company's operation and management.

3.2.6 Demographic variables

This thesis focused on the impact of non-public enterprise Party organizations on enterprise performance, and the key measurement variables were non-public Party organizations, corporate social capital, corporate citizenship behavior, enterprise performance, and harmonious relationship between non-public enterprise Party organizations and the management. In addition, in order to test the impact of demographic variables on other factors, this research took the factors of corporate characteristics and respondent characteristics as the main variables. Therefore, this research would also measure the characteristics of the enterprises and the respondents. The characteristics of the enterprises include the enterprise scale, the ownership, and the location; the characteristics of the respondents include gender, age, education, job title, length of working years, and monthly personal income.

3.3 Data quality control

(1) The main variables in this research came from mature scales and pilot test was conducted before formal data collection.

(2) In order to ensure the accuracy of data entry, two people were assigned for data entry, one being principal and the other auxiliary. The printed questionnaires were numbered, and a third person was assigned to re-check the questionnaires according to the serial number after all the entries had been made to avoid data contamination for human reasons.

(3) In this research, an exploratory factor analysis was first performed to pre-test the scale in order to obtain the optimal factor structure of the scale and establish the construct validity of the questionnaire.

3.4 Statistical analysis method

3.4.1 Reliability analysis of the survey

Reliability refers to the consistency of the results obtained when the same method is used repeatedly to measure the same object. The reliability analysis methods mainly include test-retest reliability, parallel-forms reliability, split-half reliability, and Cronbach's alpha reliability coefficient. This research adopted the Cronbach's alpha reliability coefficient method to represent the reliability of survey data, which is also the most used reliability coefficient. According to the standard, the reliability coefficient of the scale is preferably above 0.8. If the Cronbach's alpha coefficient is below 0.6, the questionnaire should be re-edited.

3.4.2 Validity analysis of the survey

The validity of the questionnaire refers to the goodness of fit between the results of the variable measurement and the survey contents. Higher validity of survey means higher goodness of fit between survey data and the actual situation, and more accurate reflection of the actual situation. Validity analysis is mainly divided into content validity, construct validity, and criterion validity. As for the questionnaire survey data, the validity was mainly tested by construct validity.

When conducting construct validity tests by means of exploratory factor analysis or confirmatory factor analysis, commonly used indicators include KMO values and Bartlett's test of sphericity. When KMO > 0.7, factor loading > 0.4, and cumulative variance ratio ≥ 60%, the variable measurement is considered to have good convergence validity; when the correlation coefficient of the items under the same variable is greater than the correlation coefficient with other variables, it is believed to have good discriminant validity (Wu, 2003; Zhou, 2017).

3.4.3 Descriptive statistical analysis of the survey

Descriptive analysis mainly refers to statistical analysis of the frequency, mean, and standard deviation of variables. In this research, a descriptive statistical analysis was performed on the sixth part of the questionnaire, namely the basic information of non-public enterprises and Party organizations, so as to understand the basic situation and distribution of the samples.

3.4.4 Correlation analysis of variables

Correlation analysis is one of the basic statistical analysis methods. This research analyzed the correlation between the five measured variables of the non-public Party organizations, corporate social capital, corporate citizenship behavior, enterprise performance and harmonious relationship between non-Party organizations and the management. When the p value is less than 0.05, there is a correlation between the variables. The Pearson correlation coefficient is one of the important indicators to measure correlation. The closer it is to 1, the higher the correlation between the variables will be.

3.4.5 Independent-sample T test and one-way ANOVA

Independent-sample T test and one-way analysis of variance are both methods of mean comparison, and are often used to compare differences. In this research, the basic information and data in the sixth part of the questionnaire were used as factor variables. The measured variables of non-public enterprise Party organizations, corporate social capital, corporate citizenship behavior, enterprise performance and harmonious relationship between non-public enterprise Party organizations and the management were used as the dependent variables, and the differences in the mean of the measured variables between different groups were compared.

3.4.6 Exploratory factor analysis and confirmatory factor analysis

According to purpose, factor analysis can be divided into exploratory factor analysis (EFA) and confirmatory factor analysis (CFA). The difference between the two analysis methods lies in the role and timing of measurement theory framework in the analysis process. As far as EFA is concerned, the theoretical structure of the measured variables is the product of factor analysis. The factor structure is determined by the researcher from a set of independent measurement indicators or items and it is a structure with metrological rationality and theoretical applicableness. The structure is used to represent the measured conceptual content or constructive characteristics, that is, the emergence of the theoretical framework in EFA is an ex-post concept. EFA aims to establish the construct validity of the scale or questionnaire, while CFA is to test the applicableness and authenticity of this construct validity.

In this thesis, an exploratory factor analysis was first carried out to pre-test the scale so as to obtain the optimal factor structure and establish the construct validity of the questionnaire. At this time, the factors and items of the scale were already fixed. In order to explore whether the factor structure model of the scale was consistent with the actual data collected, and whether the indicator variables could be effectively used as the measurement variables of the latent variables, this research adopted confirmatory factor analysis test it, and the test was performed using structural equation model (SEM).

3.4.7 SEM analysis

Structural equation model is also called latent variable models analysis, covariance structure analysis, and confirmatory factor analysis, which integrates two statistical methods of factor analysis and path analysis. It simultaneously tests the relationship between the dominant variable, latent variable, disturbance variable or error variable contained in the model, and then obtains the direct, indirect or total effect of the independent variables on the dependent variables.

According to the research hypotheses in Section 2.6, this research took non-public enterprise Party building, corporate social capital, corporate citizenship behavior, enterprise performance, and harmonious relationship between non-public enterprise Party organizations and the management as latent variables according to the research hypotheses and fit structural equations to explore the relationship between these latent variables.

3.5 Data reliability and validity analysis

3.5.1 Communality analysis

The communality of the variables also refers to the variance of the variables. It is the quadratic sum of the load of each original variable in each common factor, that is, the ratio of the original variable variance determined by the common factor. The variance of a variable consists of a common factor and a unique factor. The communality indicates the part of the original variable variance that can be explained by a common factor. The greater the communality, the higher the degree of variable explained by the factor. The significance of communality is to explain the extent to which the information of the original variable is retained if the original variable is replaced by a common factor.

In this research, observable variables with communality below 0.5 were deleted (Chen, 2016). A total of four variables were eliminated, including pc 1 "employees of the company do not mind new jobs or challenges", sc1 "close relationship between the company's Party organization and Party and government organs at all levels", sc4 "close relationship between the company's Party organization and competent authorities of the industry (such as the development zone administration committee and non-public industry Party committee and industry association)", and ocb 13 "employees often arrive at the company early and start work immediately". After factor analysis of the rest variables, the KMO of Party organization activities is 0.832; the KMO of corporate social capital is 0.862; the KMO of organizational citizenship behavior is 0.946; the KMO of enterprise performance is 0.924; the KMO of harmonious relationship between non-public Party organizations and the management is 0.939; all the KMO values were greater than 0.7; the Bartlett's test of sphericity $p < 0.000$, which also reached the significant level ($p < 0.01$); the communalities of all variables were above 0.5, indicating that it was suitable to carry out further analysis of the retained observable variables.

3.5.2 Exploratory factor analysis

After the communality test of the variables, the conditions of exploratory factor analysis were satisfied after the variables with low communality were deleted. First, exploratory factor analysis was performed on the sub-scale, and unqualified items were deleted or merged. After analysis, in the four dimensions of Party building activities, corporate social capital, enterprise performance, and harmonious relationship between non-public Party organizations and the management, four principal components with eigenvalue greater than one were extracted through principal component extraction method, which was in line with the questionnaire design structure. The exploratory factor analysis results of each dimension were shown as per Table 3- 1.

Table 3-1 Component matrix factor analysis

	Extraction Sums of Squared Loadings		**Component**
			1
Non-public enterprise Party building	63.327	Change of term of office on schedule	0.860
		Part of the corporate organizational structure	0.817
		Regular Party organization activities	0.803
		Effective participation in corporate management activities	0.759
		Sound Party organization leadership team	0.734
Corporate social capital	71.669	Industry and commerce department and tax authorities	0.719
		Financial institutions	0.785
		Client, supplier, other enterprises	0.738
		Scientific research institutions, colleges and universities, technology agencies	0.697
		General situation	0.644
Enterprise performance	64.409	Profit growth	0.669
		Sales growth	0.697
		Market share	0.679
		Degree of harmonious relationship between non-public enterprise Party organizations and the management	0.647
		Participation rate of social insurances including old-age pension, medical care, occupational injury and unemployment	0.587
		Solution of labor dispute	0.629
		Decrease of employee voluntary turnover	0.626
		Employee participation in corporate decision-making	0.625
		Investment in employee training	0.638

Continued table

	Extraction Sums of Squared Loadings		Component
			1
Relationship between non-public enterprise Party organizations and the management	75.317	Work together to improve working environment	0.763
		Respect job objectives of each other	0.796
		Value views of each other	0.757
		Keep promises of each other	0.771
		Achieve actual results	0.751
		Harmonious coordination and communication	0.724
		Get along well	0.754
		The management generally believes that Party organization is helpful to the operation and management of the company.	0.709

In the questionnaire, some questions (item 14 to 20) of the organizational citizenship behavior used reverse descriptions, so the data for these items were processed in a reverse manner. In the dimension of organizational citizenship behavior, there were up to 18 independent variables in the questionnaire, three principal components with eigenvalues greater than 1 were extracted, and the cumulative % of the three factors reached 72.834%. The principal component extraction effect was good.

Table 3-2 Total variance explained of the sub-scale (organizational citizenship) (unit: %)

	Extraction Sums of Squared Loadings			Rotation Sums of Squared Loadings		
Component	Total	Variance	Cumulative	Total	Variance	Cumulative
1	9.485	52.694	52.694	7. 151	39.728	39.728
2	2.776	15.422	68. 116	3.715	20.639	60.367
3	0.849	4.718	72.834	2.244	12.467	72.834

Table 3-3 Rotated component matrix

	Component		
	1	2	3
Protect company's reputation	0.917		
Clarify misunderstanding	0.795		
Propose constructive suggestions	0.827		
Attend corporate meeting	0.786		
Obey company rules and regulations	0.755		
Treat work seriously and rarely make mistakes	0.727		
Improve work effectiveness by self-learning	0.718		
Willing to help new colleagues to adapt to the working environment			0.789
Willing to help colleagues to solve problems			0.808
Willing to help colleagues to undertake extra work			0.768
Willing to communicate with colleagues			0.815
Use improper means to pursue individual influence and interests		0.691	
Use position power to pursue selfish personal interests		0.809	
Fight fiercely for personal interests		0.786	
Speak ill of superiors or colleagues behind their back		0.812	
Handle personal issues in working hours		0.828	
Do personal things using corporate resources		0.814	
Make excuses to take sick leaves		0.807	

Note: Extraction Method: Principal Component Analysis; Rotation Method: Varimax with Kaiser Normalization; a. Rotation converged in 3 iterations.

According to the rotated factor component matrix (Table 3-3), the three extracted factors were named organizational identification, altruism, and pursuit of personal interests. Since these three factors still belonged to the category of organizational citizenship behavior, these three factors were not treated as observed variables, but still used as factors under the observed variable of organizational citizenship behavior, replacing the previous 18 factors. The data of these three factors were calculated from the results of factor analysis.

Then, exploratory factor analysis was performed on the scale (Table 3-4) to check whether the factor structure is consistent with the questionnaire structure. The principal component extraction method was adopted to extract factors with eigenvalues greater than one. The KMO value of the scale was 0.960, greater than 0.7, and the Bartlett's test of sphericity also reached a significant level ($p < 0.0001$), which means further analysis can be carried out on the remaining observed variables. It can be known from the table of Total Variance Explained that a total of five factors with eigenvalues greater than one were extracted. The cumulative variance explained % reached 70.759%, which indicates that the cumulative explanatory ability of the extracted factors had reached 70.253%, greater than the standard of 60%. Namely, the five factors had relatively good explanatory ability.

Table 3-4 Total variance explained of the general scale (Unit: %)

	Extraction Sums of Squared Loadings			Rotation Sums of Squared Loadings		
Component	**Total**	**Variance**	**Cumulative**	**Total**	**Variance**	**Cumulative**
1	14.449	48. 165	48.165	6. 182	20.607	20.607
2	2.403	8.008	56.173	5.940	19.798	40.405
3	1.784	5.947	62.121	3.772	12.572	52.977
4	1.420	4.735	66.855	3. 161	10.538	63.515
5	1.019	3.398	70.253	2.021	6.738	70.253

The method of varimax was used to rotate the factor matrix, and the factors achieved convergence after three iterations. Finally, the component matrix of the research variables after rotation was obtained as per Table 3-5. The factor loadings of each variable were greater than 0.5 and the attribution relationship was consistent with the questionnaire structure, meeting the criterion.

Table 3-5 Rotated component matrix of factors

	Component				
	1	2	3	4	5
Get along well	0.804				
Respect job objectives of each other	0.797				
Improvement of working environment	0.777				
Keep promises of each other	0.775				
Respect views of others	0.764				
Achieve actual results from collaboration	0.743				
Harmonious communication	0.740				
Cognition of the management	0.712				
Market share		0.795			
Sales growth		0.791			
Profit growth		0.774			
Resolution of labor disputes		0.723			
Decrease of turnover rate		0.703			
Degree of harmonious relationship between non-public enterprise Party organizations and the management		0.698			
Social insurance participation rate		0.675			
Investment in training		0.656			
Participation in corporate decision-making		0.655			
With financial institutions			0.840		
With clients and suppliers			0.774		
With industry and commerce departments and tax departments			0.767		
With scientific research institutions			0.766		
With the outside world			0.602		
Standardized setting				0.747	
Have Party organization activities				0.746	
Complete Party organization team				0.724	
Corporate organizational structure				0.614	
Participation in business operation				0.566	
Personal interests					0.712
Help colleagues					0.695
Uphold the company					0.644

After exploratory factor analysis of the sub-scale and overall scale, some of the items were integrated, each factor met the criterion, and the structure of the factor matrix and the questionnaire remained the same. The final five factors are: non-public enterprise Party organizations, corporate social capital, organizational citizenship behavior, enterprise performance and harmonious relationship between non-public enterprise Party organizations and the management.

3.5.3 Reliability analysis

The degree of internal consistency of the five factors obtained from the above analysis was the basis for further research. Therefore, Cronbach's alpha coefficient was used for analysis. When the coefficient was greater than 0.8, the scale was considered to have relatively high reliability. The reliability analysis of each variable was as per Table 3-6.

Table 3-6 Research reliability analysis

Variable	Number of Items	Cronbach's Alpha
Non-public enterprise Party organization	5	0.854
Corporate social capital	5	0.899
Organizational citizenship behavior	3	0.877
Enterprise performance	9	0.930
Harmonious relationship between non-public enterprise Party organizations and the management	8	0.953

3.5.4 Validity analysis

After test of exploratory factor analysis, the factor consistency of the sub-scales and overall scale had met the requirement, and the relationship between different measured variables could be further verified through the structural equation model. During the model fitting process, factors with squared multiple correlations less than 0.5 were deleted. The deleted factors included: Pc1 Standardized Party organization setting, and timely change of term of office; Pc2 Management of documents; Pc3 Corporate organizational structure; Sc6 Close relationship between enterprise Party organizations and scientific research institutions, colleges and universities, and technical agencies. Due to the high correlation between the residuals of some factors and the poor model fitting effect, these factors were integrated. The items Ep1 Profit growth of the company since the establishment of the Party organization, Ep2 Sales growth of the company since the establishment of the Party organization and Ep3 Market share of the company since the establishment of the Party organization were integrated to EPP1 Market performance of the company.

Confirmatory factor analysis was performed on the remaining variables. The exploratory factor analysis results extracted five factors, however, whether these five factors had the strongest explanatory power in the structural equations needed further verification. In the verification process, the five factors were integrated into four, three, two, and one factors, and the saturated model in Figure 3-1 was used to test the structural equations with different degrees of integration.

The specific integration process was as follows. The 4-factor model an integrated corporate social capital and organizational citizenship behavior; the 3- factor model b integrated corporate social capital, organizational citizenship behavior and harmonious relationship between non-public Party organizations and the management; the 2-factor model c integrated non-public Party organization, corporate social capital, organizational citizenship behavior, and harmonious relationship between non-public Party organizations and the management; the single-factor model d integrated the five factors to be a single factor. Finally, the five results were summarized as per Table 3-7.

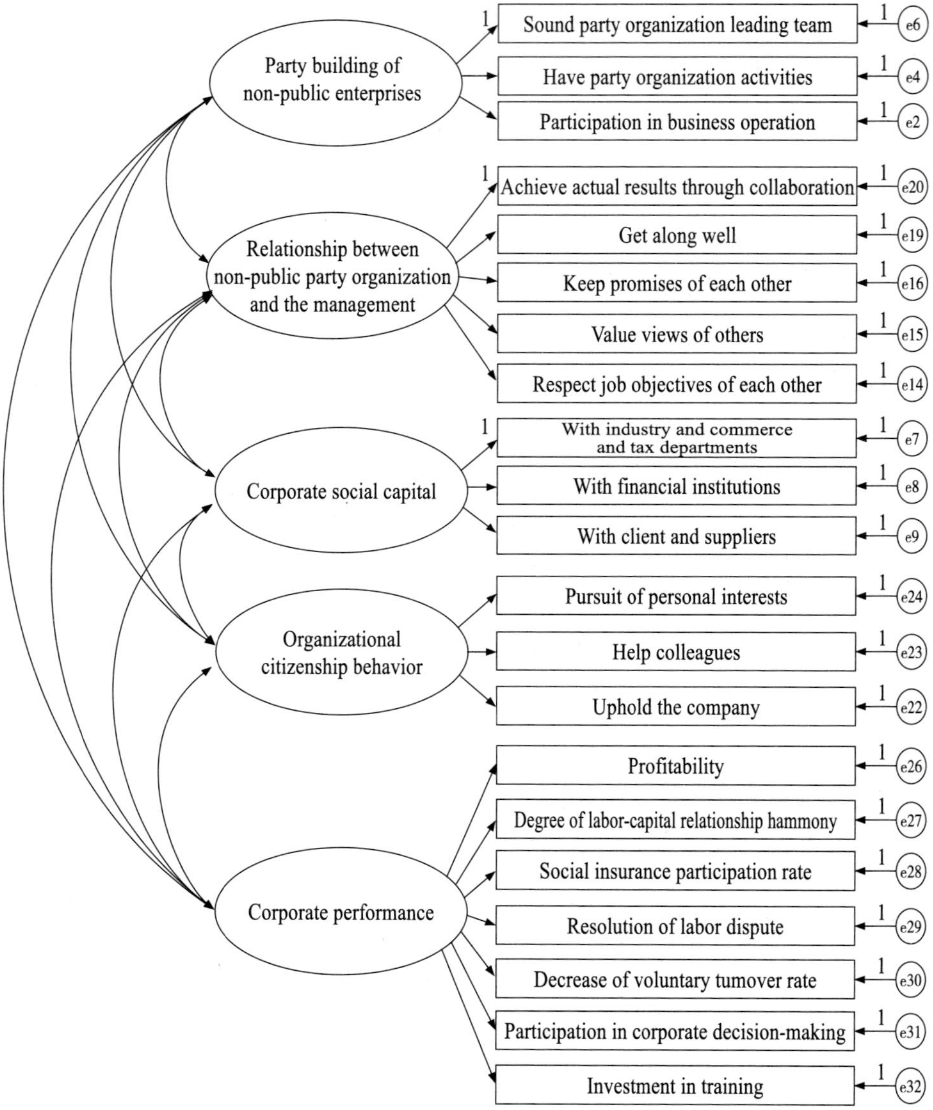

Party building of non-public enterprises and corporate performance relationship model Model Specification

CMIN=\CMIN(P=\P);DF=\DF;

RMSEA=\RMSEA;GF|=\GFI;AGFI=\AGFI

NFI=\NFI;IF|=\IFI;TLI=\TLI

Figure 3-1 Confirmatory factor analysis

Table 3-7 Indices offit for confirmatory factor analysis

Evaluation Index	X^2/df	AGFI	GFI	RMSEA	NFI	IFI	CFI
Desired value	<3	>0.9	>0.9	<0.07	>0.9	>0.9	>0.9
5-factor model	3.293	0.907	0.928	0.055	0.949	0.964	0.964
4-factor model[a]	7.916	0.785	0.830	0.096	0.876	0.890	0.890
3-factor model[b]	11.334	0.717	0.772	0.117	0.819	0.833	0.832
2-factor model[c]	12.783	0.691	0.748	0.125	0.794	0.807	0.807
Single-factor model[d]	18.683	0.525	0.612	0.153	0.697	0.709	0.708

The five-factor model had good fitting effect. The X^2/df was 3.293, AGFI was 0.907, GFI was 0.928, RMSEA was 0.055, NFI was 0.949, IFI was 0.964, and CFI was 0.964. Except that X^2/df was close to criterion index, others indicators all reached the fitting parameters criterion. Therefore, the five-factor model was used for structural equation fitting. In addition, reliability and validity tests were performed. Construct reliability (CR) reflected whether all items in each latent variable explained the variable consistently. When CR was higher than 0.70, the latent variable had a relatively good construct reliability. Average Variance Extracted (AVE) measured the convergence validity. When AVE was higher than 0.50, the latent variable had a good convergence validity. The calculation results of the model were as per Table 3-8.

Table 3-8 Convergence index of structural equation fitting

Latent Variable	Observed Items	Standardized Factor Loading	CR	AVE
Non-public enterprise Party building	Participation in business management	0.823	0.8314	0.6221
	Have Party organization activities	0.741		
	Sound Party organization leading team	0.800		

Continued table

Latent Variable	Observed Items	Standardized Factor Loading	CR	AVE
Corporate social capital	With industry and commerce and tax departments	0.843	0.8809	0.7119
	With financial institutions	0.894		
	With clients and suppliers	0.791		
Organizational citizenship behavior	Organizational identification	0.523	0.8230	0.6209
	Altruism	0.877		
	Pursuit of personal interests	0.961		
Enterprise performance	Market performance	0.769	0.9154	0.6073
	Degree of harmonious relationship between non-public Party organizations and the management	0.792		
	Social insurance coverage rate	0.753		
	Resolution of labor dispute	0.782		
	Decrease of voluntary turnover rate	0.775		
	Participation in corporate decision-making	0.778		
	Investment in training	0.805		
Harmonious relationship between non-public enterprise Party organizations and the management	Achieve actual results through collaboration	0.845	0.9317	0.7319
	Get along well	0.802		
	Keep promises of each other	0.880		
	Value views of others	0.873		
	Respect job objectives of each other	0.875		

As per Table 3-8, the CR of each variable were greater than 0.7 and the AVE were all higher than 0.5, indicating that the reliability and convergence validity of this structural equation had met the requirements.

In addition, a discriminant validity test was performed on the variables.

When the correlation coefficient between paired variables was smaller than the square root of the average variance extraction (AVE) of individual variables, there was a significant discriminant validity between the variables. The discriminant validity of variables in this research was calculated as per Table 3-9.

Table 3-9 Calculation of discriminant validity between variables

	Non-public enterprise Party building	Corporate social capital	Organizational citizenship behavior	Enterprise performance	Harmonious relationship between non-public Party organizations and the management
Non-public enterprise Party building	0.789				
Corporate social capital	0.553	0.843			
Organizational citizenship behavior	0.583	0.557	0.788		
Enterprise performance	0.646	0.584	0.688	0.779	
Harmonious relationship between non-public Party organizations and the management	0.756	0.566	0.698	0.657	0.8556

As per Table 3-9, the diagonal value of the variable correlation coefficient was the square root of AVE. The values were greater than the correlation coefficient between each variable and itself in the lower triangle, indicating that the model had discriminant validity.

3.6 Common method bias

Common method bias refers to the artificial co-variation between predictor and criterion variables caused by the same data source or rater, the same measurement environment, project context, and the characteristics of the project itself. Since the data of this research were self-reported, there might be a possibility of common method bias. Although the procedures were controlled by anonymous evaluation and reduction of item ambiguity in data collection, the statistical examination and control of the questionnaire data were still needed to further reduce the impact of the common method bias on the research. The specific test method is Harman single factor test. The test results showed that the variance explained % of the first common factor is 20.607%, which was less than the commonly used critical standard of 40%. Therefore, this scale had no serious common method bias.

3.7 Chapter summary

This chapter first introduces the respondents and data collection process, and measures the five core variables of non-public enterprise Party building, corporate social capital, organizational citizenship behavior, enterprise performance, and the relationship between non-public enterprise Party organizations and the management; secondly, it introduces the statistical analysis method used, the reliability and validity test of the data collected by the questionnaire, and the verification of the psychological measurement error of the respondents. The results show that the reliability and validity of the scale used in this research are high and there is no serious common method bias, so it can support the data analysis in the following part.

Chapter 4: Research Results

This chapter analyzes the data collected by the methods discussed in Chapter 3, constructs the research model based on the model idea and research hypotheses proposed in Chapter 2, measures the impact of non-public enterprise Party building on enterprise performance by constructing a structural equation model, and verifies the mediation pathway and moderating effect based on the hypotheses. This chapter adopts a hypothesis verification type quantitative research method, uses the measurement indicators of non-public enterprise Party building as the data source, and abstracts the law from the specific data to test the research hypotheses.

4.1 Data analysis

4.1.1 Descriptive statistical analysis

This section uses questionnaire data to conduct statistical analysis on companies from the basic information of the categorical variables such as the industry of the company, number of Party members, and Party organization level, with 759 samples. Outliers are treated as missing values, and missing values are not included in the table. The analysis results are shown as per Table 4-1.

Table 4-1 Statistics of basic information of categorical variables

Variable	Description	Frequency	Percentage (%)
Date of company establishment	Before 1989	52	6.9
	1990-1999	95	12.5
	2000-2009	328	43.2
	2010-2019	284	37.4
Number of employees	1-99	456	60.1
	100-199	121	15.9
	200-299	38	5.0
	300-399	35	4.6
	400-499	17	2.2
	500 and above	92	12.1
Date of establishment of enterprise Party organization	Before 1989	21	2.8
	1990-1999	37	4.9
	2000-2009	160	21.1
	2010-2019	539	71.0
History of establishment of enterprise Party organization	Before 1989	283	37.3
	1990-1999	224	29.5
	2000-2009	252	33.2
Number of Party members (N=759)	3-5	295	38.9
	6-10	202	26.6
	11-50	204	26.9
	51-100	18	2.4
	101 and above	40	5.3
Level of Party organization (N=759)	Party committee	55	7.2
	General Party branch	30	4.0
	Party branch	674	88.8

Continued table

Variable	Description	Frequency	Percentage (%)
Non-public enterprise Party building funds (N=759)	Below 10,000 yuan	321	42.3
	10,000-50,000 yuan	299	39.4
	50,000-100,000 yuan	72	9.5
	100,000-300,000 yuan	42	5.5
	Above 300,000 yuan	25	3.3
Job position of respondents (N=759)	High-level leader	234	30.8
	Mid-level leader	359	47.3
	Primary-level employee	163	21.5
Length of service in the company (N=759)	1-5 years	318	41.9
	6-10 years	193	25.4
	11-19 years	139	18.3
	21-29 years	48	6.3
	30 years and more	28	3.7
Degree of education of business owners (N=759)	Junior high school and below	21	2.8
	Senior high school/ vocational high school/ technical secondary school/ technical school/ junior college	378	49.8
	Bachelor	296	39.0
	Master	54	7.1
	Doctor	8	1.1
Nationality of the business owners (N=759)	The Han nationality	622	81.9
	The Hui nationality	130	17.1
	Other nationalities	7	0.9
Whether the business owner is a CPC member (N=759)	Yes	522	68.8
	No	236	31.1

Continued table

Variable	Description	Frequency	Percentage (%)
Whether the middle-level or high-level managers have held the posts of NPC deputy or CPPCC member (N=759)	No	378	49.8
	Yes, township level	23	3.0
	Yes, municipal or county level	274	36.1
	Yes, provincial or provincial capital level	78	10.3
	Yes, national level	3	0.4
Policy or support from Party and government departments (N=759)	Low (zero) interest loans	115	15.2
	Tax relief	308	40.6
	Financial subsidy	254	33.5
	Support fund	234	30.8
	Financing support	85	11.2
	No	246	32.4
Main source of non-public enterprise Party building funds - self-collected (%)	0-30	596	78.5
	31-60	114	15.0
	Over 60	49	6.5
Main source of non-public enterprise Party building funds - company support (%)	0-30	160	21.1
	31-60	269	35.4
	Over 60	330	43.5
Main source of non-public enterprise Party building funds - support from Party organizations at higher levels (%)	0-30	671	88.4
	31-60	61	8.0
	Over 60	27	3.6
Main source of non-public enterprise Party building funds - support from other sources (%)	0-30	747	98.4
	31-60	9	1.2
	Over 60	3	0.4

Continued table

Variable	Description	Frequency	Percentage (%)
Star rating of enterprise Party organization (N=759)	One-star	118	15.5
	Two-star	259	34.1
	Three-star	203	26.7
	Four-star	49	6.5
	Five-star	3	0.4
	No star	126	16.6

To begin with, few of the companies surveyed were established before 2000 (19.4%), the companies established between 2000 and 2009 accounted for 43.2%, and the proportion of companies established after 2009 was close, being 37.4%. The number of employees of the companies surveyed was mainly less than 99, accounting for 60. 1%. The distribution of the respondents' job position and industry of the company were relatively even.

In addition, the Party organizations of the surveyed companies were mostly established after 2010, accounting for 71.0%. Among the Party organizations, 674 were Party branches, accounting for 88.8%, the others were general Party branches and Party committees (Party branches must have no less than 3 full Party members, general Party branches must have no less than 50 full Party members, and Party committees must have no less than 100 full Party members). Party branches with 3-5 members accounted for about 40% (295), and Party branches with 11-50 members and 6-10 members accounted for about a quarter each. 321 companies had Party organization activity funds lower than 10, 000-yuan, accounting for about a quarter; 299 had Party organization activity funds between 10, 000 yuan and 50, 000-yuan, accounting for about a quarter; and the rest accounted for less than 10%.

Finally, as for the education level of the business owners, most graduated from senior high school/vocational high school/technical secondary school/ technical schools/junior colleges, accounting for 49.8%. 296 were undergraduates, accounting for 39.0%; the remaining accounted for less than 10%. As for the nationality of the business owners, most were the Han Chinese, accounting for 81.9%; 130 were the Hui Chinese, accounting for 17. 1%; and 7 were other ethnic groups, accounting for 0.9%. The number of business owners who were Party members was more than twice the number of business owners who were non-Party members.

4.1.2 Independent-samples T test and one-way ANOVA

(1) Independent-samples T test

Whether the company enjoys policy or support from the Party and government departments was a multiple-choice item, so after each option was treated as a dummy variable, an independent-samples T test was performed on the options and the five research variables. When the P value of the homogeneity of variance test was greater than 0.05, the P value of the T test was in the first row, and when the P value of the homogeneity of variance test was less than 0.05, the P value of the T test was in the second row. The P values of mean difference were all less than 0.05 as per Table 4-2, and there was no significant difference as for the mean of the remaining variables.

Table 4-2 Independent-samples T test

Variable	Demographic Factors	Homogeneity of Variance Test		T-test			Mean Difference	Mean
		F	P	T	Df	P		
Non-public enterprise Party building	No tax relief	2.351	0.126	-2.790	756	0.005	-0.50333	20.8645
	Tax relief							21.3679
	With support	6.547	0.011	3.885	423.977	0.000	0.77055	21.3151
	Without support							20.5445

Continued table

Variable	Demographic Factors	Homogeneity of Variance Test		T-test			Mean Difference	Mean
		F	P	T	Df	P		
Corporate social capital	No low (zero) interest loans	0.055	0.815	-2.457	756	0.014	-0.85015	16.7872
	Low (zero) interest loans							17.6374
	No tax relief	1.450	0.229	-3.291	756	0.001	-0.82907	16.5803
	Tax relief							17.4094
	No financing support	4.629	0.032	-2.173	563.085	0.030	-0.55119	16.7224
	Financing support							17.2736
	No support funds	0.347	0.556	-2.298	756	0.022	-0.61779	16.7187
	Support funds							17.3365
	With support	8.213	0.004	4.262	427.306	0.000	1.17587	17.2938
	Without support							16.1180
Organizational citizenship behavior	No support funds	0.229	0.632	-2.416	756	0.016	-0.45860	26.5053
	Support funds							26.9639
Enterprise performance	No low (zero) interest loans	0.684	0.409	-3.517	756	0.000	-1.06439	23.6267
	Low (zero) interest loans							24.6911
	No tax relief	0.010	0.920	-4.040	756	0.000	-0.89080	23.4271
	Tax relief							24.3179
	No financing support	0.054	0.816	-2.673	755	0.008	-0.61755	23.5785
	Financing support							24.1961
	No support funds	0.119	0.731	-4.238	756	0.000	-0.99071	23.4747
	Support funds							24.4655
	With support	0.195	0.659	4.516	757	0.000	1.04090	24.1248
	Without support							23.0839

Continued table

Variable	Demographic Factors	Homogeneity of Variance Test		T-test			Mean Difference	Mean
		F	P	T	Df	P		
Harmonious relationship between enterprise Party organizations and the management	No tax relief	2.663	0.103	-2.926	756	0.004	-0.81695	31.8852
	Tax relief							32.7021
	No support funds	8.216	0.004	-2.937	526.485	0.003	-0.81683	31.9660
	Support funds							32.7828
	With support	6.142	0.013	3.907	435.893	0.000	1.18545	32.5986
	Without support							31.4132

It can be seen from Table 4-2 that companies enjoying low (zero) interest loans reported higher corporate social capital (mean = 17.6374, SD = 0.31, $p < 0.05$) and enterprise performance (mean = 24.6911, SD = 0.25, $p<0.001$) than those without low interest loans on social capital (mean = 16.7872, SD = 0. 14) and enterprise performance (mean = 23.6267, SD = 0. 12).

Companies enjoying tax relief reported higher level of non-public enterprise Party building (mean =21.3679, SD=0. 13 $p<0.01$), higher social capital (mean = 17.4094, SD=0. 19, $p<0.01$), more harmonious relationship between enterprise Party organizations and the management (mean=32.7021, SD=0.21, $p<0.001$) and higher enterprise performance (mean=24.3179, SD=0. 17, $p<0.01$) than those not enjoying tax relief in non-public enterprise Party building (mean= 20.8645, SD=0. 12), social capital (mean=16.5803, SD=0. 16), harmonious relationship between enterprise Party organizations and the management (mean= 31.8852, SD =0. 18) and enterprise performance (mean=23.4271, SD=0. 14).

Companies enjoying support funds reported higher social capital (mean= 17.2736, SD=0.20, $p<0.05$) and higher enterprise performance (mean=24. 1961, SD=0. 18, $p<0.01$) than those not enjoying support funds in social capital (mean= 16.7224, SD=0. 16) and enterprise performance (mean=23.5785,

SD=0. 14).

Companies with support funds reported higher social capital (mean=17.3365, SD=0.21, $p<0.05$), higher level of organizational citizenship behavior (mean=26.9639, SD=0. 16, $p<0.05$), more harmonious relationship between enterprise Party organizations and the management (mean=32.7828, SD=0.22, $p < 0.001$), and higher enterprise performance (mean=24.4655, SD=0.19, $p<0.01$) than those without support funds in social capital (mean=16.7187, SD=0. 15), organizational citizenship behavior (mean=26.5053, SD=0. 11), harmonious relationship between enterprise Party organizations and the management (mean=31.9660, SD=0. 17), and enterprise performance (mean=23.4747, SD=0. 13).

In general, companies enjoying policy or support had advantages over those not enjoying policy or support in terms of non-public enterprise Party building (mean difference=0.77, $p<0.0001$), social capital (mean difference=1. 18, $p<0.0001$), enterprise performance (mean difference=1.04, $p<0.0001$), and harmonious relationship between enterprise Party organizations and the management (mean difference=1.19, $p<0.0001$). In addition, there were no significant differences in the mean of whether there is financial support or not among the five measured variables.

(2) One-way ANOVA of research variables

a) Homogeneity of variance test of research variables

To test whether the research variables differ in the background of Party organizations, this research will adopt the basic information of non-public enterprises and Party organizations (Part 6 of the questionnaire) as the factor, and the research variables as the dependent variables for one-way ANOVA. Since the research variables in this research were latent variables composed of several sub-items and cannot be directly calculated, the data of the latent variables were obtained by simply adding and summing all the sub-items of each latent variable.

After processing, five continuous variables were obtained including non-public enterprise Party building, corporate social capital, organizational citizenship behavior, enterprise performance, and harmonious relationship between enterprise Party organizations and the management.

In the basic information column of the company and the Party organization, the date of company establishment, the current number of employees, and the date of Party organization establishment were all continuous variables and their mean difference could not be directly compared. Therefore, these three variables went through visual binning with one standard deviation as the unit to generate cut-points, and the data of each variable were classified into four groups. After processing, the date of company establishment, the current number of employees, and the date of Party organization establishment were used as factors, and the five research variables were used as the dependent variables for one-way ANOVA. The analysis showed no significant differences.

The rest of the basic information, including the industry of the company, the number of Party members in the company, the level of the corporate Party organization, the non-public enterprise Party organization activity funds invested throughout the year, the education level of the business owners, the nationality of the business owners, whether the business owners are Party members, whether the middle-level and high-level managers are deputies to the National People's Congress or members of the CPPCC, and the star rating of the corporate Party organization, were also used as factor variables, and the five research variables were used as dependent variables for one-way ANOVA. First, the homogeneity of variance test was performed. The variance was homogeneous when the p value was greater than 0.05 in the "one-factor homogeneity test", and in this case one-way ANOVA can be used, otherwise it is not feasible. After testing, all the research variables met the homogeneity of variance criterion, so the one-way

ANOVA can be performed.

b) Results of one-way ANOVA

After the homogeneity of variance test, there were significant differences in the mean values as shown in Table 4-3, and there were no significant differences in the mean values among the remaining variable groups.

Table 4-3 One-way ANOVA

Demographic factors	Variable		Sum of Squares	Mean Square	F	P
Current amount of employees	Enterprise performance	Between Groups	126.090	25.218	2.817	0.016
		Within Groups	6741.534	8.953		
Amount of CPC members	Non-public enterprise Party building	Between Groups	123.856	30.964	5.271	0.000
		Within Groups	4429.045	5.874		
	Enterprise performance	Between Groups	175.249	43.812	4.936	0.001
		Within Groups	6692.375	8.876		
Expenses invested by the company in enterprise Party organization	Non-public enterprise Party building	Between Groups	387.814	96.954	17.551	0.000
		Within Groups	4165.087	5.524		
	Corporate social capital	Between Groups	502.175	125.544	11.261	0.000
		Within Groups	8405.718	11.148		
	Organizational citizenship behavior	Between Groups	221.407	55.352	9.866	0.000
		Within Groups	4230.221	5.610		
	Enterprise performance	Between Groups	584.983	146.246	17.551	0.000
		Within Groups	6282.642	8.332		
	Harmonious relationship between enterprise Party organizations and the management	Between Groups	772.476	193.119	14.375	0.000
		Within Groups	10129.199	13.434		
Educational level of business owners	Non-public enterprise Party building	Between Groups	73.780	14.756	2.484	0.030
		Within Groups	4466.881	5.940		
	Organizational citizenship behavior	Between Groups	64.862	12.972	2.224	0.050
		Within Groups	4386.108	5.833		

续表

Demographic factors	Variable		Sum of Squares	Mean Square	F	P
Whether there have been deputies to the NPC or CPPCC members in the middle-senior managers	Non-public enterprise Party building	Between Groups	69.731	13.946	2.342	0.040
		Within Groups	4483.170	5.954		
	Enterprise performance	Between Groups	131.351	26.270	2.937	0.012
		Within Groups	6736.274	8.946		
Star-rating of the enterprise Party organization	Non-public enterprise Party building	Between Groups	214.516	35.753	6.197	0.000
		Within Groups	4338.385	5.769		
	Corporate social capital	Between Groups	154.140	25.690	2.207	0.041
		Within Groups	8753.753	11.641		
	Enterprise performance	Between Groups	243.421	40.570	4.606	0.000
		Within Groups	6624.203	8.809		
	Harmonious relationship between enterprise Party organizations and the management	Between Groups	298.041	49.673	3.523	0.002
		Within Groups	10603.634	14.101		

Differences in enterprise performance among companies with different number of employees: enterprise performance (mean=24.64, SD=0.28) of companies with over 500 employees was significantly higher ($p<0.05$) than that (mean=23.52, SD=0. 14) of companies with 1-100 employees.

Differences in non-public enterprise Party building among companies with different amount of CPC members: non-public enterprise Party building of companies with 6-10 Party members (mean=21.30, SD=0.16), 11-50 Party members (mean=21.26, SD=0. 17), 51-100 Party members (mean=21.85, SD= 0.58), and more than 100 (mean=21.93, SD=0.31) was significantly higher ($p<0.001$) than that of companies with 3-5 Party members (mean=20.60, SD=0. 15).

Differences exist in enterprise performance among companies with different number of CPC members: enterprise performance of companies with 11-50 Party members (mean=24.07, SD=0.21) , 51 to 100 Party members (mean=25.07, SD = 0.64), and more than 100 Party members (mean=25.04, SD=0.47) was significantly higher ($p<0.001$) than that of companies with 3-5 Party members (mean= 23.32, SD=0. 18); in addition, enterprise performance of companies with more than 100 Party members (mean=25.04 , SD=0.47) was significantly higher ($p<0.001$) than that of companies with 6-10 Party members (mean=23.82, SD= 0.20) and companies with 11-50 Party members (mean=24.07, SD=0.21).

Differences exists in non-public enterprise Party building among companies with different investment of non-public enterprise Party organization funds: non-public enterprise Party building of companies investing 50, 000 to 100, 000 yuan (mean=22.21, SD=0.25), 100, 000 to 300, 000 yuan (mean=22.38, SD= 0.28), and over 300, 000 yuan (mean=22.27, SD=0.27) was higher ($p<0.001$) than that of companies investing less than 10, 000 yuan (mean=20.34, SD= 0.15) and those investing 10, 000 to 50, 000 yuan (mean=21.29, SD=0. 13).

Differences exist in social capital among companies with different investment of non-public enterprise Party organization funds: social capital of companies investing 50, 000 to 100, 000 yuan (mean=18.27, SD=0.36) and 100, 000 to 300,000 yuan (mean=18.72, SD=0.44) was higher ($p<0.001$) than that of companies investing less than 10, 000 yuan (mean=16.11, SD=0.21) and 10,000 to 50, 000 yuan (mean=17.13, SD=0.18); social capital of companies investing more than 300,000 yuan (mean=22.27,SD=0.27) was higher ($p<0.001$) than that of companies investing less than 10,000 yuan (mean=16.11,SD=0.21).

Differences exist in organizational citizenship behavior among companies with different investment of non-public enterprise Party building funds: organizational citizenship behavior of companies investing 50, 000 to 100, 000 yuan (mean=27.62, SD=0.24) and 100, 000 to 300, 000 yuan (mean=27.87, SD=

0.31) was higher ($p<0.001$) than that of companies investing less than 10,000 yuan (mean=26. 14, SD=0. 14), and 10, 000 to 50,000 yuan (mean=26.75, SD=0. 13).

Differences exist in enterprise performance among companies with different investment of non-public enterprise Party building funds: enterprise performance of companies investing 50, 000 to 100, 000 yuan (mean=25.23, SD=0.33) and 100, 000 to 300, 000 yuan (mean=25.56, SD=0.43) was higher ($p<0.001$) than that of companies investing less than 10, 000 yuan (mean=22.91, SD=0. 17) and 10, 000 to 50, 000 yuan (mean=24.03, SD=0. 16); enterprise performance of companies investing more than 300,000 yuan (mean=25.02, SD=0.57) was higher ($p<0.001$) than that of companies investing less than 10, 000 yuan (mean=22.91, SD=0. 17).

Differences exist in harmonious relationship between enterprise Party organizations and the management among companies with different investment of non-public enterprise Party building funds : harmonious relationship between enterprise Party organizations and the management of companies investing 50, 000 to 100, 000 yuan (mean=33.93, SD=0.35) and 100, 000 to 300, 000 yuan (mean =34.51, SD=0.32) was higher ($p<0.001$) than that of companies investing less than 10, 000 yuan (mean=31.27, SD=0.23) and 10, 000 to 50, 000 yuan (mean=32.39, SD=0.20); harmonious relationship between enterprise Party organizations and the management of companies investing more than 300, 000 yuan (mean=33.50, SD=0.67) was higher ($p<0.001$) than that of companies investing less than 10, 000 yuan (mean=31.27, SD=0.23).

Differences exist in non-public enterprise Party building among business owners with different educational levels: the non-public enterprise Party building of companies whose business owners were undergraduates (mean=21.28, SD=0.13) and postgraduates (mean=21.53, SD=0.27) was higher ($p<0.05$) than that of companies whose business owners were middle school graduates or below (mean=19.90, SD=0.67) and high school/vocational high school/technical secondary school/vocational school/junior college graduates (mean=20.88, SD = 0.13).

Differences exist in organizational citizenship behavior among business owners with different educational levels: the organizational citizenship behavior of companies whose business owners were undergraduates (mean=26.89, SD= 0.13) and postgraduates (mean=27.12, SD=0.30) was higher ($p<0.05$) than that of companies whose business owners were high school/vocational high school/ technical secondary school/vocational school/junior college graduates (mean= 26.37, SD=0. 13).

Differences exist in non-public enterprise Party building among companies whose middle-senior managers had or had not been NPC deputies or CPPCC members: the non-public enterprise Party building of companies whose middle-senior managers had been municipal or county-level NPC deputies or CPPCC members (mean=21.31, SD=0.14) and companies whose middle-senior managers had been provincial or provincial capital-level NPC deputies or CPPCC members (mean=21.42, SD=0.30) was higher ($p<0.05$) than that of companies whose middle-senior managers had not been NPC deputies or CPPCC members (mean= 20.81, SD=0.13).

Differences exist in enterprise performance among companies whose middle-senior managers had or had not been NPC deputies or CPPCC members: the enterprise performance of companies whose middle-senior managers had been municipal or county-level NPC deputies or CPPCC members (mean=24.10, SD= 0.18) and companies whose middle-senior managers had been provincial or provincial capital-level NPC deputies or CPPCC members (mean=24.40, SD= 0.37) was higher ($p<0.05$) than that of companies whose middle-senior managers had not been NPC deputies or CPPCC members (mean=23.43, SD=0.15).

Differences exist in non-public enterprise Party building among companies with different star ratings of Party organization: non-public enterprise Party building of companies with three-star (mean=22.34, SD=0.26) and four-star and five-star (mean=22.34, SD=0.26) Party organizations was higher ($p<0.001$) than that of companies with no-star (mean=20.48, SD=0.24), one-star (mean=20.62, SD=0.25) and two-star Party organizations (mean=20.91, SD=0.15); the enterprise performance of companies with four-star and five-star (mean=22.34, SD=0.26) Party organizations was higher ($p<0.001$) than that of companies with three-star Party organizations (mean=22.34, SD=0.26).

Differences exist in social capital among companies with different star ratings of Party organization: social capital of companies with four-star and five-star (mean=18.40, SD=0.35) Party organizations was higher ($p<0.05$) than that of companies with no-star (mean=16.44, SD=0.33) , one-star (mean=16.87, SD=0.34), two-star (mean=16.86, SD=0.20), and three-star (mean=16.93, SD=0.24) Party organizations.

Differences exist in enterprise performance among companies with different star ratings of Party organization: enterprise performance of companies with four-star and five-star (mean=25.43 , SD=0.40) Party organizations was higher ($p<0.001$) than that of companies with no-star (mean=23. 15, SD=0.27) , one-star (mean=23.507, SD=0.30), two-star (mean=23.61, SD=0. 18), and three-star (mean=24. 15, SD=0.20) Party organizations.

Differences exist in harmonious relationship between enterprise Party organizations and the management among companies with different star ratings of Party organization: harmonious relationship between enterprise Party organizations and the management of companies with three-star (mean=32.79, SD=0.24) and four-star and five-star (mean=33.88, SD=0.38) Party organizations was higher ($p<0.01$) than that of companies with no-star (mean= 31.79, SD=0.37), one-star (mean=31.88, SD=0.37) and two-star (mean=31.79, SD=0.24) Party organizations.

4.1.3 Correlation analysis

The non-public enterprise Party building, corporate social capital, organizational citizenship behavior, enterprise performance, and harmonious relationship between enterprise Party organizations and the management were tested for correlation, and the results were as per Table 4-4.

Table 4-4 Variable correlation matrix

	Non-public enterprise Party building	Corporate social capital	Organizational citizenship behavior	Enterprise performance	Harmonious relationship between enterprise Party organizations and the management	Mean	Standard deviation
Non-public enterprise Party building	1					21.065	2.450
Corporate social capital	0.528**	1				16.912	3.428
Organizational citizenship behavior	0.507**	0.527**	1			26.650	2.423
Enterprise performance	0.571**	0.589**	0.599**	1		23.787	3.010
Harmonious relationship between enterprise Party organizations and the management	0.673**	0.565**	0.659**	0.615**	1	32.214	3.792

Notes: *** $p<0.001$, ** $p<0.01$, * $p<0.05$

Pearson correlation refers to the correlation coefficient between variables, and the significance of the correlation is verified by two-tailed tests. When the value is less than 0.05, it indicates that there is a significant correlation between variables. The data showed that there were significant pairwise positive correlations among the five latent variables of non-public enterprise Party building, corporate social capital, organizational citizenship behavior, enterprise performance, and harmonious relationship between enterprise Party organizations and the management. Therefore, the next step of model construction can be performed.

4.2 Structure Equation Modeling

4.2.1 Models testing

In Chapter 2, the research hypothesis model was proposed based on literature review, and this model was also the primary reference for the construction of structural equations. The initial model was constructed in AMOS24.0 to form a model consistent with the research hypotheses. Then, according to the modification indices of the model, the model was further modified to form several optimized models. Finally, the optimal model was selected based on the comparison of the fitting parameters to verify the impact path of the non-public enterprise Party building on enterprise performance.

(1) Model 1: Without considering the moderating effect of the latent variable of harmonious relationship between enterprise Party organizations and the management, the resulting structural equation was model 1, and the significance of each path was less than 0.001. The fitting indices were : CMIN/DF = 3.292>3, RMSEA = 0.055<0.07, GFI = 0.947>0.9, AGFI = 0.927>0.9, NFI = 0.958>0.9, IFI = 0.971>0.9, CFI = 0.971>0.9. From the perspective of the fitting indices, except that CMIN/DF was close to the standard indices, all the others met the standard requirements, so the overall model fitting degree was considered to be very good. As can be seen from the table, all paths had statistical significance

(p <0.05).

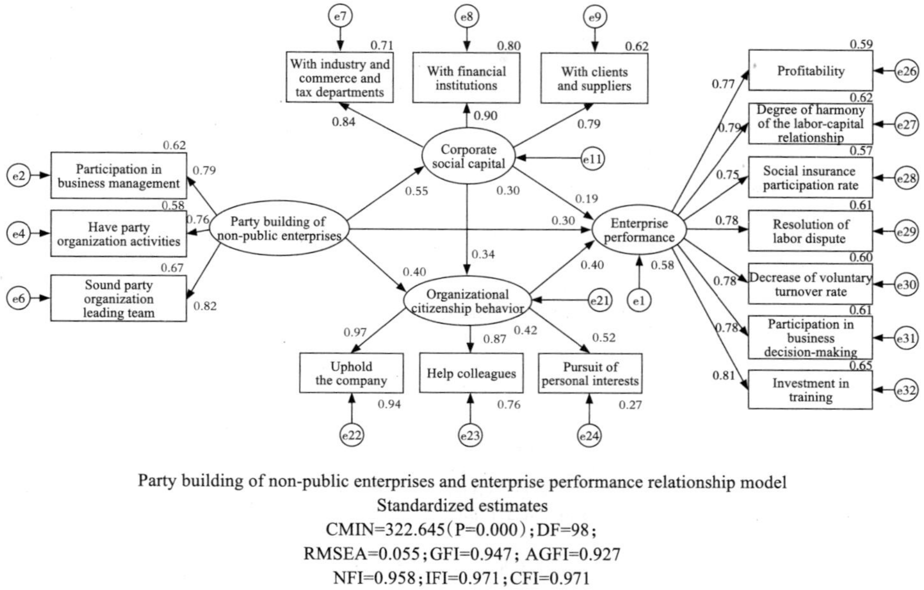

Figure 4-1 Model 1

(2) Model 2: After removing the relationship between non-public enterprise Party building (PC) and enterprise performance (CP) as well as (the relationship between) social relationship and organizational citizenship behavior, the resulting structural equation was model 2. Model 2 ignored the direct impact of non-public enterprise Party building on enterprise performance and only measured the indirect impact. The significance of each path was less than 0.001, and its fitting indices were: CMIN/DF = 4.337>3, RMSEA = 0.066<0.07, GFI = 0.930>0.9, AGFI = 0.905>0.9, NFI = 0.944>0.9, IFI = 0.956>0.9, CFI = 0.956 >0.9. From the perspective of the fitting indices, except that CMIN/DF was close to the standard indices, all the others met the standard requirements. Therefore, the overall model fitting degree was very good. As can be seen from the table, all paths had statistical significance (p<0.05).

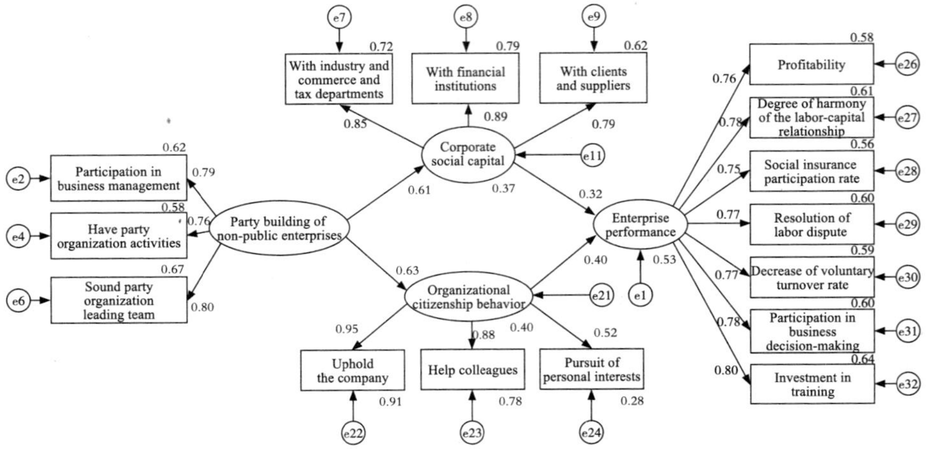

Party building of non-public enterprises and enterprise performance relationship model
Standardized estimates
CMIN=433.665(P=0.000);DF=100
RMSEA=0.066;GFI=0.930; AGFI=0.605
NFI=0.944;IFI=0.956;CFI=0.956

Figure 4-2 Model 2

(3) Model 3: After removing the relationship between corporate social capital (SC) and enterprise performance (CP) as well as the relationship between organizational citizenship behavior (OCB) and enterprise performance (EP), the resulting structural equation was Model 3. Model 3 ignored the indirect effect of non-public enterprise Party building on enterprise performance as well as the mediating effect of corporate social capital and organizational citizenship behavior. Instead, it only measured the direct impact of non-public enterprise Party building. The significance of all paths was less than 0.001, and its fitting indices were: CMIN/DF = 5.062>3, RMSEA = 0.073>0.07, GFI = 0.916>0.9, AGFI = 0.887<0.9, NFI= 0.934>0.9, IFI = 0.946>0.9, CFI= 0.946>0.9. From the perspective of the fitting indices, the values of CMIN/DF, RMSEA, and AGFI all failed to meet the standard requirements, so the overall model fitting degree was poor. As can be seen from the table, all paths had statistical significance ($p < 0.05$).

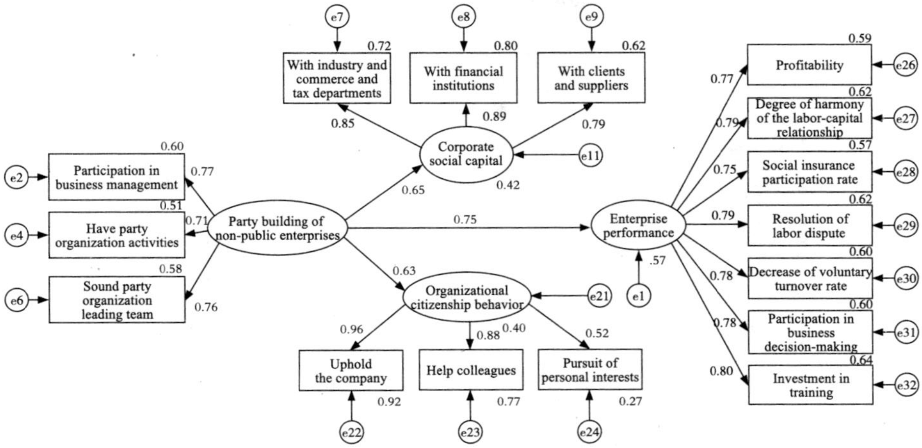

Party building of non-public enterprises and enterprise performance relationship model
Standardized estimates
CMIN=511.306(P=0.000);DF=101
RMSEA=0.073;GFI=0.916; AGFI=0.887
NFI=0.934;IFI=0.946;CFI=0.946

Figure 4-3 Model 3

(4) Model 4: This model analyzed the relationship between variables from the opposite thinking of Model 1, and removed the relationship between organizational citizenship behavior (OCB) and non-public enterprise Party building (PC) as well as the relationship between corporate social capital (SC) and organizational citizenship behavior (OCB) according to the actual situation.

The resulting structural equation was Model 4. The significance of all paths was less than 0.001, and its fitting indices were: CMIN/DF = 3.774>3, RMSEA = 0.060<0.07, GFI = 0.939>0.9, AGFI = 0.916>0.9, NFI = 0.951>0.9, IFI = 0.964>0.9, CFI = 0.964>0.9. From the perspective of fitting indices, except that AGFI was close to the standard indices, all the others met the standard requirements, and the value of AGFI was also higher than that of other models. Therefore, the overall model fitting degree was very good. As can be seen from the table, all paths had statistical significance ($p<0.05$).

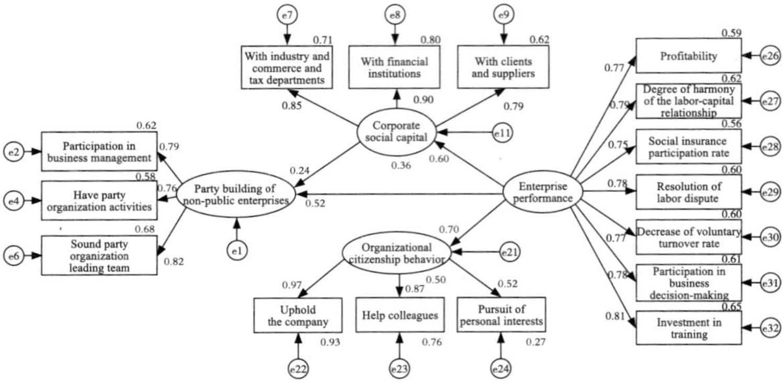

Party building of non-public enterprises and enterprise performance relationship model
Standardized estimates
CMIN=377.402(P=0.000);DF=100
RMSEA=0.060;GFI=0.939; AGFI=0.916
NFI=0.951;IFI=0.964;CFI=0.964

Figure 4-4 Model 4

4.2.2 Model comparison

Multi-group comparison was used to compare different models. With Model 1 as a reference, Model 2, Model 3, and Model 4 were compared with Model 1 respectively, and the p values were obtained by referring to the chi-square distribution critical value according to Δx^2 and Δ df. The fitting indices and comparative analysis of each model were shown in the following table. The results showed that there were significant differences between Model 2, Model 3, Model 4 and Model 1 ($p<0.001$, $p<0.001$, $p<0.01$).

Table 4-5 Comparison of model indices offit

Model	x^2	df	x^2/df	CFI	TLI	RMSEA	AIC	Δx^2	Δdf	p
Model 1	322.65	98	3.292	0.971	0.964	0.055	399	—	—	—
Model 2	433.67	100	4.337	0.956	0.947	0.066	505	111.02	2	***
Model 3	511.31	101	5.062	0.946	0.936	0.073	581	188.66	3	***
Model 4	377.403	100	3.774	0.964	0.956	0.060	449	54.753	2	***

*** $p<0.001$, ** $p<0.01$, * $p<0.05$

Through the comparison of the above four models, it was found that the CMIN/df value of Model 1 was 3.292, which was higher than the standard value three and was the lowest among the four models. GFI, NFI, IFI, CFI > 0.9, and were the highest among the four models. RMSEA<0.07 and together with AIC was the lowest among the four models. In general, Model 1 was superior to other models, while Model 3 had the worst indices off it.

The p values of the path coefficients between the latent variables in Model 1 were all less than 0.05, indicating that the influence paths between the latent variables in the model were significant. For every unit of increase in non-public enterprise Party building, social capital would increase by 0.55 units, organizational citizenship behavior would increase by 0.40 units, and enterprise performance would increase by 0.30 units. When social capital increased by 1 unit, enterprise performance would increase by 0. 19 units. When organizational citizenship increased by 1 unit, enterprise performance would increase by 0.40 units.

4.3 Mediating effect analysis

4.3.1 standardized mediating effect analysis

In order to verify the mediating effect, we refer to the introduction of testing mediating effect by Baron & Kenny (1986) and research practices of Cording et al. (2008) and Newman et al. (2017) to analyze the mediating effect of the data. There were three mediating paths in the model 1: non-public enterprise Party building → organizational citizenship behavior → enterprise performance; non- public enterprise Party building → corporate social capital → organizational citizenship behavior; corporate social capital → organizational citizenship behavior →enterprise performance. To test the mediating effect in the paths, 5, 000 times of Bootstrap analyses were taken, and the results were as follows:

Table 4-6 Analysis results of standardized mediating effect of the model

		Bias-Corrected 95% CI		Standardized Directs	p	Result
		Lower	Upper			
Mediating effect of corporate social capital in non-public enterprise Party building and enterprise performance	Total effects	0.588	0.699	0.410	0.000***	Partial mediation
	Direct effects	0.217	0.392	0.304	0.000***	
	Indirect effects	0.280	0.406	0.106	0.000***	
Mediation effect of organizational citizenship behavior in non-public enterprise Party building and enterprise performance	Total effects	0.588	0.699	0.463	0.000***	Partial mediation Partial mediation Partial mediation
	Direct effects	0.217	0.392	0.304	0.000***	
	Indirect effects	0.280	0.406	0.159	0.000***	
Mediation effect of organizational citizenship behavior in corporate social capital and enterprise performance	Total effects	0.244	0.414	0.329	0.000***	Partial mediation
	Direct effects	0.107	0.277	0.193	0.000***	
	Indirect effects	0.097	0.187	0.136	0.000***	

As for the mediation effect of social capital in the relationship between non-public enterprise Party building and enterprise performance, the direct effect size was 0.304, the non-public enterprise Party building at the 95% confidence interval was 0.217 and 0.392, and the significance was less than 0.001; the indirect effect size was 0. 106, the non-public enterprise Party building at the 95% confidence interval was 0.280 and 0.406, and the significance was less than 0.001. Therefore, social capital mediates non-public enterprise Party building and enterprise performance. Hypothesis 4a was supported.

As for the mediation effect of organizational citizenship behavior in the relationship between non-public enterprise building and enterprise performance, the direct effect size was 0.304, the non-public enterprise building at the 95% confidence interval was 0.217 and 0.392, and the significance was less than 0.001; the indirect effect size was 0. 159, the non-public enterprise Party building at the 95% confidence interval was 0.280 and 0.406, and the significance was less than 0.001. Therefore, organizational citizenship behavior mediates non-public enterprise Party building and enterprise performance. Hypothesis 4b was supported.

As for the mediation effect of organizational citizenship behavior in the relationship between social capital and enterprise performance, the direct effect size was 0.193, the corporate social capital at the 95% confidence interval was 0.107 and 0.277, and the significance was less than 0.001; the indirect effect size was 0.136, the social capital at the 95% confidence interval was 0.097 and 0.187, and the significance was less than 0.001. Hypothesis 4c was supported.

4.3.2 Analysis of multiple mediation effect and sequential mediation effect

1. Analysis of multiple mediation effect

In the above analysis, although it was verified that social capital mediates the relationship between non-public enterprise Party building and enterprise performance (Hypothesis 4a), organizational citizenship behavior mediates the relationship between non-public enterprise Party building and enterprise performance (Hypothesis 4b), and organizational citizenship behavior mediates the relationship between social capital and enterprise performance (Hypothesis 4c), it was still unknown whether social capital and organizational citizenship behavior were mediating variables subsequently affecting non-public enterprise Party building and enterprise performance. However, figuring out how mediating variables work is very important for studying the enterprise performance of non-public enterprise Party organizations. Therefore, specific mediation effects needed to be analyzed based on the previous mediation analysis. This study adopted the function of "Define new estimands" in AMOS for analysis.

The indirect effect of non-public enterprise Party building→ social capital→ organizational citizenship behavior → enterprise performance was defined as ind, and the syntax was as follows:

ind=e. Standardized Direct Effect (social capital, non-public enterprise Party building) *e. Standardized Direct Effect (corporate social capital, organizational citizenship behavior) *e. Standardized Direct Effect (enterprise performance, organizational citizenship behavior)

The computational results were shown as per Table 4-7.

Table 4-7 User-defined estimands

User-defined	Mediating Path	Mediating Effect	p	Proportion in Total Effect
Ind	Non-public enterprise Party building→ social capital→organizational citizenship behavior→enterprise performance	0.075	**	22.06%

The ind in the above table showed that social capital and organizational citizenship behavior successively affected the relationship between non-public enterprise Party building and enterprise performance, with an effect value of 0.075 ($p<0.001$), indicating that non-public enterprise Party building successively affects enterprise performance through social capital and organizational citizenship behavior. Hypothesis 4d was supported.

The mediating effect of corporate social capital in non-public enterprise Party building and enterprise performance was 0. 106, and the mediation effect of organizational citizenship behavior in non-public enterprise Party building and enterprise performance was 0. 159. The mediating effect of organizational citizenship behavior as the mediator was greater than that of corporate social capital. However, the mediation effect of corporate social capital and organizational citizenship behavior successively affecting non-public enterprise Party building and enterprise performance was 0.075, which was relatively weak. Therefore, the mediation effect between non-public enterprise Party building and enterprise performance was mainly manifested when social capital and organizational citizenship behavior were used as mediators.

2. Analysis of sequential mediation effect

Ind in the above table showed the sequential mediation analysis results of non-public enterprise Party building→ social capital → organizational citizenship behavior→ enterprise performance. The effect value was 0.075 ($p<0.001$), indicating that there was sequential mediation effect in non-public enterprise Party building→ social capital → organizational citizenship behavior → enterprise performance. Hypothesis 4d was supported.

4.4 Moderating effect analysis

4.4.1 Data processing

According to the research hypothesis, moderating effect analysis was required. We referred to description of moderating effect and operating procedures of Hayes (2013) and Tse et al. (2012) for data analysis. In order to test the moderating effect of the harmonious relationship between enterprise Party organization and the management, it is necessary to carry out Mean Centering on the independent variables and moderating variables (Tabachnick & Fidell, 2013), that is, subtract the respective means and multiply the decentralized independent variables by the moderating variables to obtain the cross-product item. These steps were all automatically completed in Process. This part mainly examines the moderating effect of the harmonious relationship between corporate party organizations and the management on the relationship between corporate social capital and corporate performance, as well as the relationship between organizational citizenship behavior and corporate performance.

4.4.2 Analysis of relationship between non-public enterprise Party organization and the management moderating social capital-enterprise performance

To test the moderating effect and moderating path of the harmonious relationship between enterprise Party organization and the management, according to Hypothesis 5a, the harmonious relationship between enterprise Party organization and the management moderates the relationship between social capital and enterprise performance. Therefore, Model 1 in Process was adopted. (See Figure 4-5).

Model1
Conceptual Diagram

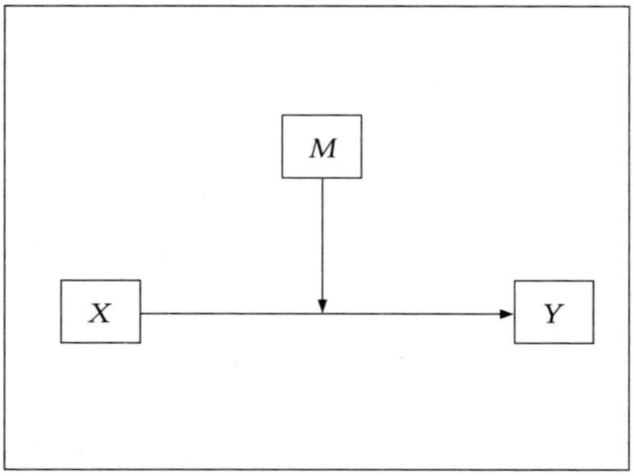

The analysis results of the moderating model were as per Table 4-8.

Table 4-8 Analysis results of moderating effect model

Dependent variable		coeff	se	t	p	LLCI	ULCI	R^2	F
Enterprise performance	constant	23.6052	0.0865	272.9917	0.0000	23.4354	23.7749	0.4823	234.5019***
	Corporate social capital	0.3137	0.0279	11.2619	0.0000	0.2590	0.3684		
	Harmonious relationship between enterprise Party organizations and the management	0.3771	0.0269	14.0323	0.0000	0.3243	0.4298		
	Corporate social capital*Harmonious relationship between enterprise Party organizations and the management	0.0249	0.0049	5.1087	0.0000	0.0153	0.0344		

As per Table 4-8, the interaction term between social capital*relationship between non-public enterprise Party organization and the management was significant ($p<0.001$), indicating that the relationship between non-public enterprise Party building and the management had a significant moderating effect. With one standard deviation as the unit, the mean values minus one standard deviation were the low score group, and the mean values plus one standard deviation were the high score group, so four groups were generated (Hayes, 2013; Tse et al., 2012). The simple slope of the moderation effect of relationship between non-public enterprise Party building and the management in the second half of corporate social capital-enterprise performance was shown as per Figure 4-6.

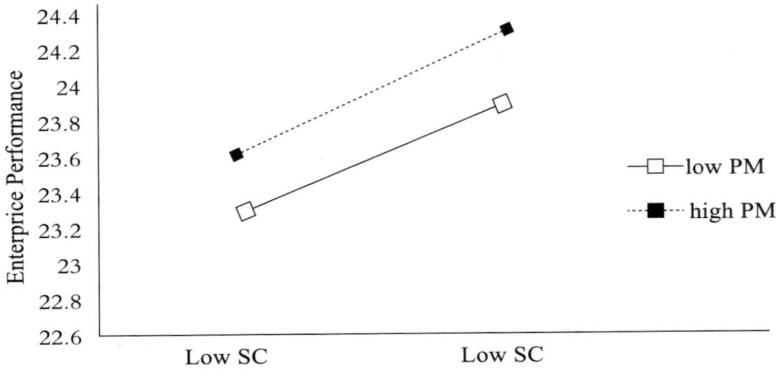

*Note: PM refers to relationship between non-public enterprise Party organizations and the management, SC refers to corporate social capital

Figure 4-6　Moderating effect of PM on SC and EP

As shown in Figure 4-6, the moderation effect of the relationship between non-public enterprise Party organization and the management was: with high quality relationship between non-public enterprise Party organization and the management, social capital is more positively related to enterprise performance.

The slope in the high quality relationship context is higher than that in the low quality relationship. Hypothesis 5a was supported.

4.4.3 Analysis of relationship between non-public enterprise Party organizations and the management moderating organizational citizenship behavior-enterprise performance

To test the moderating effect and moderating path of the harmonious relationship between enterprise Party organization and the management, according to Hypothesis 5b, model 1 in Process was adopted, namely, the harmonious relationship between enterprise Party organizations and the management moderated the relationship between organizational citizenship behavior and enterprise performance.

Model 1
Conceptual Diagram

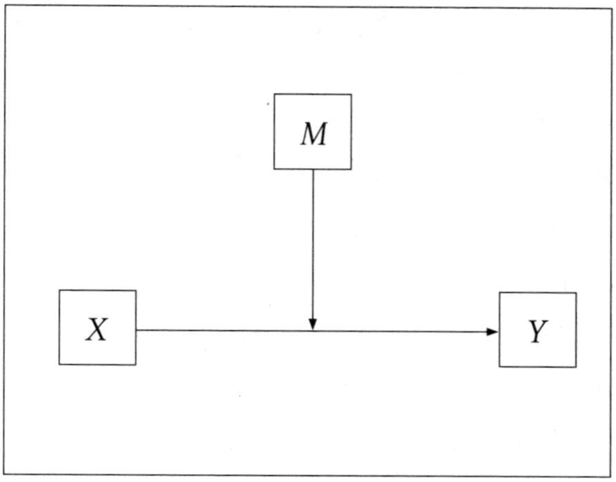

Figure 4-7

The analysis results of the moderating model were as per Table 4-9.

Table 4-9 Analysis results of moderating effect model

Dependent variable		coeff	se	t	p	LLCI	ULCI	R^2	F
Enterprise performance	constant	23.5915	0.0908	259.8828	0.0000	23.4133	23.7697	0.4603	214.6735***
	Organizational citizenship behavior	0.4299	0.0442	9.7317	0.0000	0.3432	0.5166		
	Relationship between non-public enterprise Party organizations and the management	0.3507	0.0296	11.8442	0.0000	0.2926	0.4089		
	Organizational citizenship behavior*Relationship between non-public enterprise Party organizations and the management	0.0324	0.0070	4.6541	0.0000	0.0187	0.0460		

Note: ***p<0.001, **p<0.01, *p<0.05.

Table 4-9 showed that the interaction term between organizational citizenship behavior*relationship between non-public enterprise Party organizations and the management was significant (p<0.001), indicating that the relationship between non-public enterprise Party organizations and the management has a significant moderation effect. With one standard deviation as the unit, the mean values minus one standard deviation were the low score group, and the mean values plus one standard deviation were the high score group, so four groups were generated. The simple slope of the moderating effect of relationship between non-public enterprise Party organizations and the management in the second half of organizational citizenship behavior-enterprise performance was as per Figure 4-8.

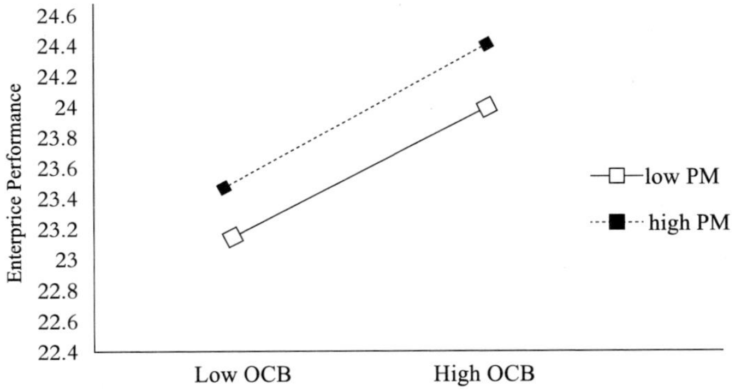

*Note: PM refers to relationship between non-public enterprise Party organizations and the management, OCB refers to organizational citizenship behavior

Figure 4-8 Moderating effect of PM on OCB and EP

As shown in Figure 4-6, the moderation effect of the relationship between non-public enterprise Party organization and the management was: with high quality relationship between non-public enterprise Party organization and the management, organizational citizenship behavior is more positively related to enterprise performance; the slope in the high quality relationship is higher than that in the low quality relationship. Hypothesis 5b was supported.

4.5 Empirical analysis conclusions

In summary, the fit indices, reliability between variables, convergence validity, and discriminant validity all met the requirements, so the model had a high degree of reliability. The main conclusions were as follows:

(1) Non-public enterprise Party building is positively related to enterprise performance. Hypothesis 1 was supported.

(2) Non-public enterprise Party building is positively related to corporate social capital. Hypothesis 2a was supported.

(3) Non-public enterprise Party building is positively related to organizational citizenship behavior. Hypothesis 2b was supported.

(4) Corporate social capital is positively related to enterprise performance. Hypothesis 3a was supported.

(5) Organizational citizenship behavior is positively related to enterprise performance. Hypothesis 3b was supported.

(6) Social capital mediates the positive relationship between non-public enterprise Party building and enterprise performance. Hypothesis 4a was supported.

(7) Organizational citizenship behavior mediates the positive relationship between non-public enterprise Party building and enterprise performance. Hypothesis 4b was supported.

(8) Organizational citizenship behavior mediates the positive relationship between social capital and enterprise performance. Hypothesis 4c was supported.

(9) Non-public enterprise Party building is positively related to enterprise performance through a sequential indirect effect via (a) corporate social capital and subsequent (b) organizational citizenship behavior. Hypothesis 4d was supported.

(10) Harmonious relationship between enterprise Party organization and the management accentuates the positive relationship between social capital and enterprise performance, such that when the quality of the relationship between the enterprise Party organization and the management is high, social capital is more positively related to enterprise performance. Hypothesis 5a was supported.

(11) Harmonious relationship between enterprise Party organization and the management accentuates the positive relationship between organizational citizenship behavior and enterprise performance, such that when the quality of the relationship between the enterprise Party organization and the management is high, organizational citizenship behavior is more positively related to enterprise performance. Hypothesis 5b was supported.

4.6 Chapter summary

This chapter measures the impact of non-public enterprise Party building on the performance of non-public enterprises by constructing a structural equation model, and verifies the mediating role played by corporate social capital and organizational citizenship behavior in the impact of non-public enterprise Party building on enterprise performance based on the hypotheses. It also verifies the moderating effect of harmonious relationship between enterprise Party organizations and the management on the relationship between non-public enterprise Party building and enterprise performance. The research results support the hypotheses, that is, non-public enterprise Party building has a significant positive impact on enterprise performance, corporate social capital, and organizational citizenship behavior. Corporate social capital and organizational citizenship behavior play a mediating role between non-public enterprise Party building and enterprise performance. There is sequential mediation effect in non-public enterprise Party building→ social capital→ organizational citizenship behavior → enterprise performance. In addition, the harmonious relationship between enterprise Party organizations and the management moderates corporate social capital and organizational citizenship behavior to affect enterprise performance.

Chapter 5: Discussions and Conclusions

This is the last chapter of the thesis. First, it summarizes the main research conclusions of the full text based on the contents of the previous four chapters; second, it puts forward corresponding policy recommendations for the research conclusions; finally, it points out the research deficiencies and the direction for future research.

5.1 Key findings

The central and local powers of most countries in the world today are controlled by political parties which play an important role in the political, economic and social life of modern society. The CPC has always been at the core of leadership in China's economic development and national construction, mainly by integrating Party organizations at all levels into the governance structure and governance mechanism of the economy, and influencing corporate decision-making and governance by influencing corporate resources. It is the basic economic system of China in which public ownership plays a leading role and all forms of ownership grow side by side. Non-public ownership enterprises are an important force in the development of the socialist market economy.

Strengthening and improving non-public Party building will help explore the optimal integration of two completely different systems of enterprise Party building in China and corporate governance, providing assistance for the improvement of enterprise performance (Jiang, 2006).

As the process of non-public enterprise Party building lags behind the process of state-owned enterprise Party building, related research on non-public enterprise Party building started late. At present, there are relatively abundant studies on the influence of state-owned enterprise Party organizations on enterprise performance, but there are relatively few studies on the influence of non-public enterprise Party building on enterprise performance. In addition, the data of non-public enterprises are difficult to obtain, which makes the existing research on the impact of non-public enterprise Party building on enterprise performance mainly focus on descriptive and qualitative research, while empirical research is even more scarce. In addition, the existing research lacks clear and complete literature on the overall context and paradigm analysis of the mechanism and path analysis of the impact of non-public enterprise Party building on enterprise performance.

On this basis, this book draws on Chinese and international mature scales on social capital, organizational citizenship behavior, enterprise performance, and harmonious relationship between enterprise Party organizations and the management, and constructs a scale suitable for the research objectives of this thesis based on the Chinese situation and the research focus. In addition, for the measurement of Party building in non-public enterprises, we compiled a scale after interview. Data are collected by the questionnaire designed based on this scale to empirically study the impact of non- public enterprise Party building on enterprise performance and explore the path and mechanism of non-public enterprise Party building affecting enterprise performance. The main conclusions of are as follows.

First, non-public enterprise Party building has a positive effect on the growth of enterprise performance, social capital and generation of organizational citizenship behavior. This research uses the structural equation model to empirically test the impact of non-public enterprise Party building on enterprise performance, and discusses the impact of social capital and organizational citizenship behavior on enterprise performance respectively. The research results show that: First, non-public enterprise Party building has a significant positive impact on enterprise performance, that is, non-public enterprise Party building can significantly improve enterprise performance ($\beta=0.3$, $p<0.001$). This conclusion supports the research conclusion of He and Ma (2018) that the Party building in private enterprises can significantly improve the enterprise performance. Second, non-public enterprise Party building has a significant positive impact on social capital and organizational citizenship behavior, that is, non-public enterprise Party building can significantly increase social capital ($\beta=0.55$, $p<0.001$) and promote the generation of organizational citizenship behavior ($\beta=0.4$, $p<0.001$). These conclusions support the research conclusions of Ye (2017) (that is, the participation of private enterprise Party organizations in corporate governance can help enterprises obtain external resources) and Long (2014) (that is, private enterprise Party organizations play an active role in building harmonious labor relations).

In China, the non-public enterprise Party organizations are the grassroots organizations of the ruling Party in non-public enterprises. They assume the responsibility of not only implementing the political ideas and political pursuits of the ruling Party, but also promoting the daily production, operation and development of the enterprise. This determines that non-public enterprise Party organizations must effectively match the goals and interests of cross-border institutions and organizations such as national systems, local development, enterprise performance, and corporate governance, and this organizational form with obvious functional cross-border characteristics is different from the singular form of corporate governance in Western countries, which makes this book different from the existing literature on corporate governance and enterprise performance. The non-public enterprise Party organizations embed the grassroots organization of the Chinese ruling Party into non-public enterprises. The organization has not only become a bridge between non-public enterprises and the ruling Party, but also an effective and legal way for non-public enterprises to obtain political resources. It even becomes a way for the ruling Party to expand the mass base of the new social class (Hu, 2008; Zhang, 2005). First of all, although non-public enterprise Party organizations do not directly interfere with the corporate operation, they must consider the operation and development of the enterprise. The positive or negative attitude of entrepreneurs towards the enterprise Party organization will affect the development and performance of the enterprise (Kou, 2017). Second, the non-public enterprise Party organizations provide non-public enterprises and business owners with a legal way to obtain political resources and political asylum without relying on private relationships and private social networks (Cao, 2006; He, 2018). Third, the employees in non-public enterprises belong to the working class, and are an important mass foundation of the CPC. The Party organizations of non-public enterprises take account of the legitimate interests of all stakeholders, including business owners, managers, and employees in the integration into corporate governance. In addition, safeguarding the rights and interests of employees is one of the core functions of non-public enterprise Party organizations (Chen, 2014). The activities of the non-public enterprise Party organizations in these three aspects can transform the advantages of the enterprise Party organizations in political resources, management resources, and organizational capabilities into resources of non-public enterprises, and ultimately benefit the improvement of enterprise performance. This is consistent with part of the main duties performed by Party organizations in non-public enterprises.

Second, non-public enterprise Party organizations can affect enterprise performance through two paths: the social capital and organizational citizenship behavior. That is, social capital and organizational citizenship behavior play a mediating role in the impact of non-public enterprise Party building on enterprise performance. The mediating role of organizational citizenship behavior is greater than that of social capital. This book adopts the mediating effect analysis method to construct the mechanism and path of the impact of non-public enterprise Party building on enterprise performance, and empirically examines the mediating role of social capital and organizational citizenship behavior in non-public enterprise Party building affecting enterprise performance. The research results show that: First, social capital and organizational citizenship behavior have a significant positive impact on enterprise performance. Companies can increase social capital and promote organizational citizenship behavior to improve enterprise performance. The results of the empirical research support Hypothesis 3a, that is, social capital is positively related to enterprise performance (β =0. 19, $p<0.001$). This conclusion supports the view of Bian and Qiu (2000) that social capital has a direct effect on improving the economic benefits of enterprises. The results of the empirical research support Hypothesis 3b, that is, organizational citizenship behavior is positively related to enterprise performance (β =0.4, $p<0.001$). This conclusion supports the view of Farh et al. (1997) that organizational citizenship behavior, as an off-role behavior of employees, can promote the effective operation of the organization and improve organizational competitiveness and organizational performance. Second, social capital and organizational citizenship behavior play a mediating role in non-public enterprise Party building and enterprise performance. Social capital and organizational citizenship behavior are effective ways for non-public enterprise Party building to affect enterprise performance. The empirical research results support Hypothesis 4a, that is, social capital plays a mediating role between non-public enterprise Party building and enterprise performance, and the mediating effect is 0. 106, $p<0.001$. This conclusion supports the view of Ye (2017) that the participation of private enterprise Party organizations in corporate governance can help enterprises obtain external resources and improve enterprise performance. The empirical research results support Hypothesis 4b, that is, organizational citizenship behavior plays a mediating role between non-public enterprise Party building and enterprise performance. This conclusion supports the view of Long and Yang (2014) that the Party organizations of private enterprises can significantly improve the labor productivity of enterprises by coordinating labor relations and safeguarding the interests of employees. Third, the mediating effect of organizational citizenship behavior as a mediating variable is greater than the mediating effect of social capital, which indicates that the positive influence exerted of non-public enterprise Party organizations through organizational citizenship behavior within the organization may be greater than the influence exerted through the social capital outside the organization. Chu and Jia (2012) analyzed the contribution of Party building in non-public enterprises to corporate governance mechanisms from both internal and external aspects, but they did not compare the differences between the internal and external influences. Ye (2017) found that the participation of Party organizations in private enterprises in corporate governance can help enterprises obtain external resources but cannot reduce the internal agency costs. Although the external governance benefits and internal governance effects of Party organizations are compared, the internal governance effect is not based on labor relations, so it is impossible to compare the differences between the influence of non-public enterprise Party organizations on internal organizational citizenship behavior and external social capital. The finding of this study supplements the existing literature and also provides a direction for future research.

As the grassroots organizations of the ruling Party, the non-public enterprise Party organizations can affect enterprise performance from the outside as well as from the inside. The external approach is mainly manifested in that non-public enterprise Party organizations can broaden social capital channels and optimize the external environment of non-public enterprises, including providing non-public enterprises with public goods, preferential policies, scarce resources, market access opportunities, signal transmission and property rights protection, and narrowing the gap between non-public enterprises and SOEs in terms of financing, market access, resources, opportunities, policies, communication, systems, and competition (Allen et al., 2005; Cao, 2006; Jiang, 2006; Liang, 2004; Yu, 2008). These are the social capital that non-public enterprise Party organizations can provide to non-public enterprises, which can reduce the investment of non-public enterprises in non-productive activities to maintain political connections, and at the same time save the investment in non- public enterprise production activities.

The internal approach is mainly manifested in the fact that the non-public enterprise Party organizations can compensate for the complex internal organization, the unscientific management model, the lack of human resources, the low quality of employees, and the tension between labor and capital of the non-public enterprises. This is because the non-public enterprise Party organizations are developed in the long-term economic construction of the ruling Party, and they have rich, complete and systematic organizational experience and management model (Chen, 2014; Dang, 2017; Long, 2014; Xie, 2013). The embedding of Party organizations in non-public enterprises can help them get rid of the constraints of family operation and management mode on the sustainable development of the company, and convey to the company employees a positive atmosphere of fairness, trustworthiness, recognizability, communication, and promotion opportunities, which enhances the employees' sense of belonging to the company. In addition, the existence of Party organizations in non-public enterprises has effectively eased the labor relationship of "strong capital and weak labor" that is common between enterprises and employees (Chen, 2014). This offers a fair and effective channel for the mutual respect, mutual trust, and consultation on the basis of equality between employees and enterprises. It stimulates employees' off-role behaviors, that is, employees' organizational citizenship behavior, so that employees take the initiative to present spontaneous, voluntary, altruistic and unpaid behavior to the company. Therefore, non-public enterprise Party organizations ultimately contribute to the improvement of enterprise performance through both external and internal aspects.

Third, harmonious relationship between enterprise Party organizations and the management plays a positive moderating role in the impact of social capital and organizational citizenship behavior on enterprise performance. This book adopts the method of moderating effect analysis to empirically test that the harmonious relationship between enterprise Party organizations and the management moderates the effect of social capital and organizational citizenship behavior on enterprise performance. The research results show that harmonious relationship between enterprise Party organizations and the management plays a moderating role in the impact of social capital and organizational citizenship behavior on enterprise performance. Enterprises should actively work to build a harmonious relationship between enterprise Party organizations and the management to increase the social capital and promote the generation of organizational citizenship behavior. The results of empirical research support Hypothesis 5a and 5b, that is, the harmonious relationship between enterprise Party organizations and the management strengthens the relationship between social capital, organizational citizenship behavior and enterprise performance. This conclusion supports the views of Wang & Ma (2014) and Long & Yang (2014).

The embedding of enterprise Party organizations in the daily operations of non-public enterprises will exert an impact on enterprise management. This impact involves the training of management talents, supervision of management's professional ethics, implementation of management's thinking and decision-making, management's selection of management style, and management's awareness of social responsibility (Ma, 2012; Wang, 2014; Wu, 2018). The enterprise Party organizations can not only supervise the behavior of the management in the form of board of supervisors, but also communicate and coordinate with the management in the form of trade union. They can not only supervise the rights of the management on behalf of the business owner, so as to reduce the principal-agent conflicts between managers and shareholders to reduce agency costs, but also negotiate with management on behalf of workers to obtain a safe and healthy working environment, opportunities for training and participation in corporate management, and opportunities to improve the quality of work and life of employees (Long, 2014). A harmonious relationship between the enterprise Party organizations and the management can create a good business environment for the company. It facilitates the management and employees to help the company achieve strategic goals and corporate value, and ultimately contributes to the improvement of enterprise performance.

5.2 Policy recommendations

The establishment of grassroots Party organizations in non-public enterprises is a political and economic development model with Chinese characteristics.

Its core purpose is to explore the best integration of two completely different systems of enterprise Party building and corporate governance, which is to give full play to the advantages of Party organizations in the modern corporate governance to promote the positive and rapid development of the enterprise. In this process, not only the continuous efforts of the enterprise Party organizations to improve themselves is needed, but also the support of the enterprise and the assistance of the government are required. Therefore, based on the main conclusions of this book, the policy recommendations are proposed from three aspects of enterprise Party organization, enterprise and the government to better play the positive role of enterprise Party organization on the performance of non-public enterprises.

To begin with, there are two policy recommendations for enterprise Party organizations. First, it is necessary to give full play to the role of enterprise Party organizations in coordinating labor relations within the enterprise, safeguarding the legitimate interests of business owners, employees and all parties, building harmonious labor relations, and promoting the generation of organizational citizenship behavior of corporate employees; second, it is necessary to give full play to the role of the enterprise Party organization in the external social capital of the enterprise. They can rely on either the individual-level social capital or the organizational-level social capital to establish a good cooperative relationship with external stakeholders. As shown in the conclusions, non-public enterprise Party organizations play a positive role in promoting the growth of enterprise performance, social capital and organizational citizenship behavior. In addition, non-public enterprise Party organizations can use the two paths of social capital and organizational citizenship behavior to affect enterprise performance.

Non-public enterprise Party organization have obvious characteristics of socialist politics and economy. Its purpose is to strengthen the mass base of the socialist country, broaden the political communication channel of non-public enterprises, establish harmonious labor relations of the entire society, and focus on construction of "service-oriented" enterprise Party organization. The Party organizations of non-public enterprises do not represent the special interests of a certain group of people, but the interests of the whole. Promoting labor-management harmony is the main responsibility of the non- public enterprise Party organizations. The Party organizations of the non-public enterprises can act as a bridge between the ruling Party and the masses of workers, and they can mobilize the enthusiasm of all parties, create a good atmosphere for the harmonious development of enterprises, supervise and guide the legal employment of enterprises, promote the implementation of democratic management systems in enterprises, and guide trade unions to rationally safeguard the rights and interests of employees. In addition, enterprise Party organizations are one of the channels for enterprises to establish political relations. Through non-public enterprise Party building, non-public enterprises can establish political relations with the government at no cost through enterprise Party organizations, thus obtaining market access opportunities, financing conveniences, and financial subsidies, reducing the possibility of non-public enterprises suffering from policy "discrimination", monopoly and access barriers, alleviating the financing difficulties of non-public enterprises due to system defects, and making government financial subsidies tilt towards non-public enterprises. Through the efforts in these two aspects, non-public enterprises and the government can establish reciprocal and emotional relations, enhance the sense of identity and belonging between the community, and contribute to the formation of "pro-people" and "clean" new government-enterprise interaction as well as mutual trust, so as to achieve the best integration of the two different systems of enterprise Party organization and enterprise management.

Second, there are three policy recommendations for enterprises. First, non-public enterprises should actively support the establishment of grassroots Party organizations in enterprises and participate in the activities of enterprise Party organizations, strengthen Party building and stimulate Party organization vitality, and pay due attention to the full play of the positive role of enterprise Party organizations in non-public enterprises. In addition, this study shows that the higher the investment in Party activity funds, the higher the performance of the enterprise, and the higher the rating of the Party organization, the higher the performance of the enterprise. This means that enterprises can increase their investment in Party building activities, which can lead to positive enterprise performance; when enterprises support Party building and improve the star-rating of Party organizations, the enterprise performance will also be improved. Second, enterprises should promptly report to the Party organizations the problems they face in their economic development, and actively seek preferential policies or other corresponding policy support and policy supplies from relevant government departments in financing and taxation, so as to provide a more complete institutional environment for the development of the enterprise. Third, enterprises should correctly handle the relationship between the enterprise Party organization and the management, respect each other, promote the formation of harmonious labor relations, improve the corporate atmosphere, and give full play to the enthusiasm and resource advantages of the enterprise Party organization and the management. As the conclusion shows, the Party organizations of non-public enterprises have a significant positive impact on enterprise performance, that is, the non-public enterprise Party organization can significantly improve the performance of the enterprise. In addition, the harmonious relationship between the enterprise Party organizations and the management will help social capital and organizational citizenship behavior stimulate the improvement of enterprise performance.

The non-public enterprise Party organization, as an organized, systematic, and long-term interaction mechanism in non-public enterprises by the ruling Party, can effectively ease labor relations and provide social capital for enterprises. However, whether the establishment of a non-public enterprise Party organization can effectively help the production and operation of the enterprise also depends on the recognition of the enterprise Party organization by the enterprise and business owners. The establishment and activities of non-public enterprise Party organizations depend on the support of enterprises and cannot be separated from the interests, wishes and demands of enterprises and business owners. On the contrary, the survival and development of enterprises also depend on the support of the government and the ruling Party, and cannot be separated from the unique advantage of resources held by the government. Both parties can obtain the resources they need based on social exchange. The non-public enterprise Party organization has the policy publicity and organizational connection function lacked by the enterprises. Through the enterprise Party organization, the non-public enterprises can maintain close contact with the government, obtain timely information on various related policies and regulations, and offer support for the enterprise to formulate accurate development strategy based on current events. In addition, non-public enterprises can legitimately and legally use enterprise Party organizations to express their political aspirations and demands, reduce the inconvenience of communication with the government due to information asymmetry, and improve the competitiveness and enthusiasm of non-public enterprises in the market, especially eliminate the adverse effects of institutional barriers on non-public enterprises, and ensure that non-public enterprises can enjoy the same treatment as other enterprises in terms of market access, financing and taxation.

Finally, there are two policy recommendations for the government. First, the government should actively give full play to enterprise Party organizations, a formal organizational channel, to support enterprises, so as to reduce the support of informal government resources to enterprises, and improve the institutional construction of non-public enterprise Party organizations; second, the government should deal with the relationship between enterprise Party organizations and non-public business owners and the relationship between enterprise Party organizations and enterprise management to create a harmonious environment for Party organizations to play a role in non-public businesses. As the conclusion shows, a harmonious relationship between enterprise Party organizations and the management plays a moderating role in impact of social capital and organizational citizenship behavior on enterprise performance.

There are many shortcomings and imperfections in China's current institutional environment. Relationship network, especially political connections, has often become a perfect substitute for the lack of formal rules and policy uncertainty. Political connections emphasize the political background of enterprises or business owners at the individual level, and this connection is an informal one. The enterprise Party organization emphasizes the political connections at the organizational level, and this connection is a formal one and has strict requirements for organizational norms and regulations. The enterprise Party organization denies the traditional power-money transaction and government-enterprise collusion connection. Instead, it pays more attention to the use of the Party's political resources to promote the orderly, legal and fair participation of non-public enterprises in politics. It seeks to create a good and stable atmosphere for the development of non-public enterprises, and it seeks long-term development of the enterprise instead of personal gains. The non- public enterprise Party organizations try to send a good image signal to the enterprise, and guide the enterprise to pursue its own interests on the basis of following the laws of the market and complying with the legal constraints of the country. In addition, the political connections at the organizational level integrate organizational resources into the internal organizational reform system of the enterprise, which can effectively restrain the management's power in business decision-making, employment, and compensation contracts, reduce management rent-seeking, corruption, utilitarianism, and speculative behaviors and activities, supervise the management to abide by professional ethics and overcome the disorder of human resource management. In contrast, the establishment of Party organizations in non-public enterprises is more conducive to the establishment of mutually beneficial and emotional relationships between the government and the enterprises, enhances the sense of identity and belonging between the two, and promotes the political mutual trust between the government and enterprise management.

5.3 Conclusions

The data in this book prove that by embedding Party organizations into corporate organizations and working on the goal of corporate economic performance growth, the logical unity of Party organizations and capital can be achieved. In the field of enterprise organization, the logic of the dual system integration of Party organization and the capital mixed organization form is achieved. Essentially the two respect the development of their respective logical laws and ensure their independence. By exerting the political advantages and role of the Party organization and Party members, they provide new institutional supply and interactive governance mechanisms for new organizational forms.

At present, from a micro level, the Party organization is embedded in the enterprise to establish a connection point between the Party organization and the capital to give full play to its own function and role. Compared with the organizational and planned characteristics of enterprise Party building activities, spontaneity and liquidity are the basic characteristics of capital logic. Therefore, the proactive characteristics of the Party organization determine that the Party should not only use the profit-seeking property of capital to promote economic growth, but also use the efficiency of capital flow to improve the efficiency of the Party organization, thereby consolidating and improving its position. However, the flow of capital has no restrictions or boundaries, while Party building activities are restricted by organizational boundaries.

The penetration of Party organizations means a change in organizational form. Party members are the micro-component of the logical operation of the Party organization and enterprise organization at the same time. Party members bring the characteristics of the ruling Party into the enterprise. The dual ability of Party members helps to find the optimal integration point of the two seemingly contradictory and conflicting system logics in the organization. In particular, the enterprise's Party organization managers should abandon the single logic dominance and turn to the dual logic symbiosis evolution system. Under the leadership of the Party's organizational logic, the main structure of the bureaucratic organization is based on a top-down transmission method that quickly realizes tasks; and under the leadership of market logic, to quickly respond to the dynamic and diversified demands of the external environment of the enterprise, various corresponding bar organization structures are formed. In the organizational structure where Party organizations are embedded in the enterprise, the unification of dual system logic and dual organizational goals will restructure the organizational form of non-public enterprises and change the traditional single governance structure to a comprehensive common governance structure based on stakeholders.

The enterprise Party organizations are the grassroots Party organizations of the CPC, and an important carrier and means of governing the country. Enterprises are the matrix and organization of capital. One of the duties of a political Party is to maintain justice, and the attribute of capital is to pursue efficiency and achieve proliferation. Therefore, the operating logic of the ruling Party and capital is objectively contradictory. To overcome the logical contradiction between political parties and capital, it is necessary to organically link the two subjects in the micro-sphere, and build a coordinated and interactive coupling mechanism. Finally, the power of the Party and capital are combined to produce a new form of organization to achieve greater efficiency. The power of the Party comes from the organization, and the organization can double the power. To reshape the relationship between political Party and capital, to achieve the logical unity and mutual integration of political Party and capital, and to improve the ability of the ruling Party to control capital, the key is to find the point of convergence between the political Party and capital. This point of convergence is organization and embedding of organization, which changes the management structure to achieve the logical unity of political Party and capital (Guo, 2016). As a result, the enterprise organization can become an efficient and fair profit organization, and at the same time it can achieve reasonable resource allocation.

5.4 Limitations and future study

This book constructs a model of the impact mechanism of non-public enterprise Party building on enterprise performance, starts from three aspects of social capital, organizational citizenship behavior, and a harmonious relationship between enterprise Party organizations and the management, emphasizes the differences in different non-public enterprise Party building and activities, and carries out a quantitative study on the Party organizations of non-public enterprises to explore the impact of non-public enterprise Party building on enterprise performance. However, due to various reasons and limitations of my research ability, this research still has some limitations and can be further improved in subsequent research.

First, the samples are only from the Ningxia Hui Autonomous Region, so the selection of questionnaire samples has certain geographical limitation. Therefore, follow-up research can expand the sample source and collect more questionnaire data from other provinces in China. In addition, the respondents of this study are the persons in charge of the Party organizations, and we cannot rule out prejudice in their work. Future research can select corporate management as the research subjects.

Second, this book model only considers the mediating effects between social capital, organizational citizenship behavior, and a harmonious relationship between enterprise Party organizations and the management. Therefore, in the follow-up research, scholars can continue to deepen and expand other ways and mechanisms of the impact of non-public enterprise Party building on enterprise performance to improve the relationship model of the impact of non-public enterprise Party building on enterprise performance.

Finally, the enterprise performance measurement studied in this book is the subjective judgment of the research subjects. Therefore, follow-up research can select more objective data, including corporate profits, revenue and tax data.

Bibliography

[1] Adler, S. (2002). Social capital: prospects for a new concept. Academy of Management Review, 27(1), 17-40.

[2] Aggarwal, R. K., & Samwick, A. A. (1999). Executive compensation, strategic competition, and relative performance evaluation: theory and evidence. The Journal of Finance, 54(6), 1999-2043.

[3] Agrawal, A. K. (2012). Corporate governance objectives of labor union shareholders: evidence from proxy voting. Review of Financial Studies, 25 (1), 187-226.

[4] Allen, F., Qian, J., & Qian, M. J. (2005). Law, finance and economic growth in China. Journal of Financial Economics, 77(1), 57- 116.

[5] Angle, H. L., & Perry, J. L. (1986). Dual commitment and labor- management relationship climate, academy of management relationship climates. Academy of Management Journal, 29(1), 31-50.

[6] Aoki, M. (1994). Control of insider control: Several issues in corporate governance in transition economy. Reform, (6), 11-24. (in Chinese).

[7] Aryee, S., & Chay, Y. W. (2001). Workplace justice, citizenship behavior, and turnover intentions in a union context: examining the mediating role of perceived union support and union instrumentality. Journal of Applied Psychology, 86(1), 154- 160.

[8] Bamber, L. S., Jiang, J., & Wang, I. Y. (2010). What's my style? the influence of top managers on voluntary corporate financial disclosure. Accounting Review, 88(4), 1131- 1162.

[9] Barnett, W. P., & Miner, A. S. (1992). Standing on the shoulders of others: career interdependence in job mobility. Administrative Science Quarterly, 37 (2), 262-281.

[10] Baron, R. M., & Kenny, D. A. (1986). The moderator-mediator variable distinction in social psychological research: conceptual, strategic and statistical considerations. Journal of Personality and Social Psychology, 51, 1173- 1182.

[11] Bass, B. M. (1985). Leadership and performance beyond expectations. New York: Free Press.

[12] Batt, R., & Welbourne, T. M. (2002). Performance and growth in entrepreneurial firms: revisiting the union-performance relationship. A Journal of Economy and Society, 5(2), 147- 174.

[13] Belman, D. (1992). Unions, the quality of labor relations, and firm performance. Unions and Economic Competitiveness, 30(5), 41- 107.

[14] Bennis, W., & Nanus, B. (1985). Leaders: the strategies for taking charge. New York: Harper & Row.

[15] Bertrand, M., & Schoar, A. (2003). Managing with style: the effects of managers on firm policies. The Quarterly Journal of Economics, 118(4), 1169- 1208.

[16] Bian, Y. J., & Qiu, H. X. (2000). Social capital of enterprises and the effectiveness. China Social Science, (2), 87-99. (in Chinese).

[17] Blau, P. (1964). Exchange and power in social life. Wiley: New York.

[18] Blyton, R., Dastmalchian, A., & Adamson, R. (1987). Developing the concept of industrial relations climate. Journal of Industrial Relations, 29

(2), 207-216.

[19] Brissenden, P. F., & Keating, J. M. (1948). Union-management cooperation in millinery manufacturing in the New York metropolitan area. Ilr Review, 2(1), 3-32.

[20] Brown, M. E., Trevino, L. K., & Harrison, D. A. (2005). Ethical leadership: a social learning perspective for construct development and testing. Organizational Behavior and Human Decision Processes, 97(2), 117- 134.

[21] Brunello, G. (1992). The effect of unions on firm performance in Japanese manufacturing. Industry and Labor Relations Review, 45(3), 471-487.

[22] Burt, R. S. (1992). Structural holes: the social structure of competition. Cambridge, MA: Harvard University Press.

[23] Cao, Z. H. (2006). From borrowing a red hat to establishing a Party committee-development path of private enterprises in Wenzhou and evolution of organizational structure. Case Study of Institutional Change in China, (5), 82- 140. (in Chinese).

[24] Chan, A. W., Qing-Tong, F., Redman, T., & Snape, E. (2006). Union commitment and participation in the Chinese context. Industrial Relations: A Journal of Economy and Society, 45(3), 485-490.

[25] Chang, E. C., & Wong, S. M. L. (2004). Political control and performance in China's listed firms. Journal of Comparative Economics, 32, 617-636.

[26] Chang, K., & Tao, W. Z. (2006). Human resource management and labor relations adjustment. China Human Resource Development, (8), 4-9. (in Chinese).

[27] Chang, S., & Mayers, D. (1992). Managerial vote ownership and shareholder wealth. Journal of Financial Economics, 32(1), 103- 131. (in Chinese).

[28] Chemmanur, T., Paeglis, I., & Simonyan, K. (2010). Management quali-

ty and equity issue characteristics: a comparison of SEOs and IPOs. Financial Management, 39(4), 1601- 1642.

[29] Chen, D., Hong, G. X., & Wang, M. (2017). Party building and private enterprise investment-empirical research based on the Jiangsu sample of national private enterprise sampling survey. Modern Economic Discussion, (10), 7- 14. (in Chinese).

[30] Chen, H. B., Li, S. F., & Wang, L. J. (2018). Social capital and corporate innovation decision-making. Financial Review, (4), 69-82. (in Chinese).

[31] Chen, H. H., & Jia, S. H. (2003). Evolution and development of corporate social responsibility: understanding based on comprehensive social contract. China Industrial Economy, (12), 85-92. (in Chinese).

[32] Chen, H. H., & Jia, S. H. (2004). Empirical analysis of three-dimensional classification of enterprise stakeholders. Economic Research, (4), 80-90. (in Chinese).

[33] Chen, H. J., & Jiang, R. C. (2002). Supervision motivation of employees. The Journal of Quantitative & Technical Economics, (12), 118- 121. (in Chinese).

[34] Chen, H., Hu, Y. D., & Na, C. H. (2018). Party organization participating in corporate governance, administrator power and compensation gap. Journal of Shanxi University of Finance and Economics, 40(2), 84-97. (in Chinese).

[35] Chen, J., & Dickson, B. J. (2010). Allies of the state: China's private entrepreneurs and democratic change. Cambridge: Harvard University Press.

[36] Chen, S. H., & Lu, C. C. (2014). Can state-owned enterprise Party organization participation in governance effectively inhibit state-owned asset loss in the merger and acquisition? Management World, (5), 106- 120. (in Chinese).

[37] Chen, W., Huang, C. Y., Mao, T. X., Luo, J., & Zhang, J. F. (2016). SEM analysis of convergence and discriminant validity of multi- dimensional measurement tools-with an example of perceived social support scale. Journal of Southwest China Normal University (Natural Science Edition), 41(2), 136- 140. (in Chinese).

[38] Chen, X. H., & Wu, X. J. (2007). Empirical research on the constitution of medium and small business capital constitution and the credit level. Management World, (1), 153- 155. (in Chinese).

[39] Chen, X. N. (2014). Significance and path exploration of non-public enterprise Party organizations participating in establishment of harmonious labor relations. Journal of Hebei Socialist College, (3), 49-53. (in Chinese).

[40] Chen, Z., Lu, M., & He, J. Z. (2008). Power and entrepreneur participating in the administration and discussion of state affairs. World Economy, (6), 39-49. (in Chinese).

[41] Chen, Z., Sun, Y., Newman, A., & Xu, W. (2012). Entrepreneurs, organizational members, political participation and preferential treatment: evidence from China. International Small Business Journal, 30(8), 873-899.

[42] Chirumbolo, A., Hellgren, J. (2003). Individual and organizational consequences of job insecurity: a European study. Economic and Industrial Democracy, 24(2), 217-240.

[43] Chu, M. L., & Jia, Y. C. (2012). Role and path of Party building in non-public enterprise governance. Academic Journal of Zhongzhou, (5), 21-24. (in Chinese).

[44] Clark, K. B. (1984). Unionization and firm performance: the impact on profits, growth, and productivity. The American Economic Review, 74 (5), 893-919.

[45] Clarkson, M. E. (1995). A stakeholder framework for analyzing and evalu-

ating corporate social performance. The Academy of Management Review, 20(1), 92- 117.

[46] Coleman, J. (1988). Social capital in the creation of human capital. American Journal of Sociology, 94(1), 95- 121.

[47] Colquitt, J. A. (2001). On the dimensionality of organizational justice: a construct validation of a measure. Journal of Applied Psychology, 86(3), 386-400.

[48] Cording, M., Christmann, P., & King, D. R. (2008). Reducing causal ambiguity in acquisition integration: Intermediate goals as mediators of integration decisions and acquisition performance. Academy of Management Journal, 51(4), 744.

[49] Cropanzano, R., Byrne, Z. S., Bobocel, D. R., & Rupp, D. E. (2001). Moral virtues, fairness heuristics, social entities, and other denizens of organizational justice. Journal of Vocational Behavior, 58(2), 164-209.

[50] Crosby, L. A., Evans, K. R., & Cowles, D. (1990). Relationship quality in service selling: an interpersonal influence perspective. Journal of Marketing, 54(3), 68-81.

[51] Cull, R., & Xu, L. C. (2005). Institutions, ownership, and finance: the determinants of profit reinvestment among Chinese firms. Journal of Financial Economics, 77(1), 117- 146.

[52] Dang, Q. M. (2017). Strengthening non-public enterprise Party building in the economic development new normal. Theory Journal, (2), 53-57. (in Chinese).

[53] Dastmalchian, A., Blyton, P., & Adamson, R. (1989). Industrial relations climate: testing a construct. Journal of Occupational Psychology, 62(1), 21-32.

[54] Deery, S. J., & Iverson, R. D. (2005). Labor-management cooperation: an-

tecedents and impact on organizational performance. Industrial and Labor Relations Review, 58(4), 588-609.

[55] Deery, S., Erwin, P., & Iverson, R. (1999). Industrial relations climate, attendance behaviour and the role of trade unions. British Journal of Industrial Relations, 37(4), 533-558.

[56] Demerjian, P. R., Lev, B., Lewis, M. F., & McVay, S. E. (2013). Managerial ability and earning quality. The Accounting Review, 88(2), 463-498.

[57] Deng, X. M. (2011). Political connection, diversification strategy and enterprise performance of private enterprises in China. Nankai Management Review, 14(4), 4- 15. (in Chinese).

[58] Ding, D. Z., Goodall, K., & Warner, M. (2002). The impact of economic reform on the role of trade unions in Chinese enterprises. International Journal of Human Resource Management, 13(3), 431-449.

[59] Dong, X. Q. (2009). The role of Party committee in the governance structure of SOEs. Coal Economic Research, (7), 56-57. (in Chinese).

[60] Doucouliagos, H., & Laroche, P. (2013). Unions and innovation: new insights from the cross-country evidence. Industrial Relations A Journal of Economy and Society, 52(2), 467-491.

[61] Du, J., & Girma, S. (2010). Red capitalists: political connections and firm performance in China. Kyklos, 63(4), 530-545.

[62] Edwards, J. R., & Lambert, L. S. (2007). Methods for integrating moderation and mediation: A general analytical framework using moderated path analysis. Psychological Methods, 12, 1-22.

[63] Eisenberger, R., Stinglhamber, F., & Vandenberghe, C. (2002). Perceived supervisor support: contributions to perceived organizational support and employee retention. Journal of Applied Psychology, 87(3), 565-573.

[64] Faccio, M. (2006). Politically connected firms. American Economic Re-

view, 96(1), 369-386.

[65] Fan, H., & Zhou, Z. C. (2018). Ethical leader and employee autonomous behavior: perspective based on social learning theory. Management Review, 30(9), 164- 173. (in Chinese).

[66] Fang, T., & Ge, Y. (2012). Unions and firm innovation in China: synergy or strife? China Economic Reviews, 23(1) , 170- 180.

[67] Farh, J. L., Earley, P. C., & Lin, S. C. (1997). Impetus for action: a cultural analysis of justice and organizational citizenship behavior in Chinese society. Administrative Science Quarterly, 42(3) , 421-444.

[68] Farh, J. L., Zhong, C. B., & Organ, D. W. (2004). Organizational citizenship behavior in People' s Republic of China. Organization Science, 15 (2) , 241-253.

[69] Flammer, C., & Luo, J. (2017). Corporate social responsibility as an employee governance tool: evidence from a quasi experiment. Strategic Management Journal, 38(2) , 163- 183.

[70] Freeman, R. E. (1984). Strategic management: A stakeholder approach. Boston: Pitman Ballinger.

[71] Fu, W. W., Wang, G. X., & Li, Y. J. (2018). Relationship between stress and adolescent depression: moderated mediating effect. China Clinical Psychology Magazine, (4), 788-791. (in Chinese).

[72] Fynes, B., & Voss, C. (2002). The moderating effect of buyer-supplier relationships on quality practices and performance. International Journal of Operations & Production Management, 22(6), 589-613.

[73] Garbarino, E., & Johnson, M. S. (1999). The different roles of satisfaction, trust, and commitment in customer relationships. Journal of Marketing, 63(2), 70-87.

[74] Geary, J. F. (1992). Employment flexibility and human resource manage-

ment: the case of three American electronics plants. Work, Employment and Society, 6(2), 251-270.

[75] Geng, X., & Zhang, T. Q. (2010). Impact of entrepreneurs social capital on organizational dynamic capabilities-with organizational slack as the moderating variable. Management World, (6), 109- 121. (in Chinese).

[76] Gittell, J. H., Weinberg, D. B., Pfefferle, S., & Bishop, C. E. (2008). Impact of relational coordination on job satisfaction and quality outcomes : a study of nursing homes. Human Resource Management Journal, 18(2), 154- 170.

[77] Granovetter, M. (1985). Economic action and social structure: the problem of embeddedness. American Journal of Sociology, 91(3), 481-510.

[78] Green, D. A., & Lemieux, T. (2007). The impact of unionization on the incidence of and sources of payment for training in Canada. Empirical Economics, 32(2), 465-489.

[79] Gu, G. F., & Hu, E. H. (2016). Impact of labor union function fulfillment on performance of non-SOEs-mediating role of job satisfaction. China Labor, (2), 41-49. (in Chinese).

[80] Gummesson, E. (1987). The new marketing-developing long-term interactive relationships. Long Range Planning, 20(4), 10-20.

[81] Guo, Y. (2016). Logic unity of political Party and capital in the view of state governance. Theory and Reform, (6), 84-89. (in Chinese).

[82] Guo, Y. J. (2014). From"principle"to"flexibility", and from"adherence" to "innovation"-thoughts on the fact that state-owned enterprise Party building is also productivity. Modern SOE Research, (10), 39-40. (in Chinese).

[83] Guo, Y. X., & Su, Y. (2018). Double sword effect of responsibility leadership on organizational citizenship behavior of subordinates. Economic and Management Research, 39(5), 90- 102. (in Chinese).

[84] Han, Q., & Niu, Q. W. (2017). Constructing new layout of Party building in the new era-learning the 19th Party congress of CPC. Journal of Party School of CPC Tianjin Committee, (6), 3-8. (in Chinese).

[85] Han, X. (1999). Thoughts on the political advantage of Party in SOEs. Theory and Reform, (5), 63-66. (in Chinese).

[86] Hao, J. L., & Yin, M. (2018). Impact of leadership style satisfaction with employee organizational citizenship behavior-moderating effect of work value realization. Journal of Wuhan Business University, 32(1), 75-79. (in Chinese).

[87] Harbison, F. H., & Coleman, J. R. (1951). Goals and strategy in collective bargaining. New York: Harper and Brother.

[88] Harris, I. C., & Shimizu, K. (2004). Too busy to serve? An examination of the influence of overboarded directors. Journal of Management Studies, 41 (5), 775-798.

[89] Harrison, D. A., & Martocchio, J. J. (1998). Time for absenteeism: a 20-year review of origin, offshoots, and outcomes. Journal of Management, 24(3), 305-350.

[90] Hayes, A. F. (2013). Introduction to mediation, moderation, and conditional process analysis. New York: The Guilford Press.

[91] He, K. (2018). Impact of corporate employee responsibility on the organizational citizenship behavior of the new-generation employees. Management Journal, 31(1), 33-43. (in Chinese).

[92] He, X. B., Jiang, J. J., Yang, Z., & Cai, G. L. (2013). Should start-up entrepreneurs be "diplomats"? -Impact of social activities if start-up entrepreneurs on enterprise performance. Management World, (6), 128- 137. (in Chinese).

[93] He, X., & Ma, J. (2016). United and cooperative strategy of the ruling Par-

ty to private enterprises and analysis of the effect: empirical research based on investigation data of Chinese private enterprises. Society, 36(5), 175-196. (in Chinese).

[94] He, X., & Ma, J. (2018). Party building is also productivity-system and results of corporate Party building. Sociology Study, (3), 1-24. (in Chinese).

[95] Hill, S. (1981). Competition and control at work. Cambridge, MA: MIT Press.

[96] Hou, G. H., & Zhang, J. G. (2013). Whether corporate social capital can improve technological innovation performance-empirical research based on moderating effect of absorptive capability. Contemporary Finance and Economics, (2), 74-86. (in Chinese).

[97] Hou, H. Q., & Zhang, M. (2015). Empirical research on the impact of labor relations harmony on the performance of new-generation employees. China Labor, (24), 75-79. (in Chinese).

[98] Hu, E. H., Zhang, M. L., & Shan, H. M. (2016). China labor union and labor-capital relations moderating role-research based on 1853 labor union practice reports. Management Economy, 38(11), 174- 186. (in Chinese).

[99] Hu, X. Y. (2006). Political identity of private entrepreneurs and financial convenience of private enterprise-with top 100 private enterprises in Zhejiang as the example. Management World, (5), 107- 113. (in Chinese).

[100] Hu, X. Y., & Shi, J. C. (2008). Political resources of private enterprises and diversified investment of private enterprises-with top 500 private enterprises in China as the example. Chinese Industrial Economics, (4), 5-14. (in Chinese).

[101] Hu, Y. M., & Fu, T. (2018). Internal salary gap and enterprise performance: U-shaped or inverted U-shaped? -a perspective based on executive team and executive-employee salary discrepancy. Modern Manage-

ment Science, (7), 117- 120. (in Chinese).
[102] Huang, D. Y. (2014). Private business owner and political development: hierarchical imagination of private business owners in market transformation and the reflection. Society, 34(4), 138- 164. (in Chinese).
[103] Huang, G. T., & Zhang, Y. (2009). Empirical analysis of state-owned enterprise employee shareholding performance-based on sample data of 1302 companies. Economic Science, (4), 86-94. (in Chinese).
[104] Huang, L., & Zhu, F. Y. (2018). Empirical research on private technology enterprise corporate social responsibility and enterprise performance: social capital perspective. Science and Technology Management Research, (4), 209-217. (in Chinese).
[105] Huang, Q., & Rong, J. F. (2011). Path and laws of private enterprises to exert the role-with Dongguan as an example. Economic and Social Development, 9(1), 65-68. (in Chinese).
[106] Huang, W. F., Zhang, J. Q., & Huang, L. (2017). State-owned enterprise board of directors Party organization governance, board of directors informal hierarchy and enterprise performance. Economic Management, (3), 6-20. (in Chinese).
[107] Ichniowski, C., Kochan, T. A., Levine, D., Olson, C. A., & Strauss, G. (1996). What works at work: overview and assessment. Industrial Relations A Journal of Economy and Society, 25(3), 356-374.
[108] Iverson, R. D. (1996). Employee acceptance of organizational change : the role of organizational commitment. International Journal of Human Resource Management, 7(1), 122- 149.
[109] Iverson, R. D., & Currivan, D. B. (2003). Union participation, job satisfaction, and employee turnover: an event-history analysis of the exit-voice hypothesis. Industrial Relations: A Journal of Economy and Soci-

ety, 42(1), 101- 105.

[110] Jensen, M. C., & Meckling, W. H. (1976). Theory of the firm : managerial behavior, agency costs and ownership structure. Journal of Financial Economics, 3(4), 305-360

[111] Ji, J. Y., Liu, Y. Q., Wang, C., & Lv, S. (2009). Theoretical analysis and empirical research of stakeholders affecting corporate financial performance. Chinese Management Science, (6), 186- 192. (in Chinese).

[112] Jia, S. H., & Chen, H. H. (2002). Strategic environment management based on stakeholder common participation. Science Research, 20(2), 209-213. (in Chinese).

[113] Jia, S. H., Wu, B., & Wang, C. Z. (2007). Empirical research on the impact of resource dependence and relationship quality on alliance performance. Science Research, 25(2), 334-339. (in Chinese).

[114] Jiang, T. Z., & Shen, G. L. (2006). Integration of enterprise Party building and corporate governance. Social Science, (1), 144- 153. (in Chinese).

[115] Jódar, P., Vidal, S., & Alós, R. (2010). Union activism in an inclusive system of industrial relations : evidence from a Spanish case study. British Journal of Industrial Relations, 49(1), 158- 180.

[116] Johnson, S., & Mitton, T. (2003). Cronyism and capital controls: evidence from Malaysia. Journal of Financial Economics, 67(2), 351-382.

[117] Ju, F. H., Xie, Z. Y., & Bao, G. M. (2008). West and local: comparative research on the impact of transformational and parent leadership behavior on the performance of private enterprise. Management World, (5), 85-101. (in Chinese).

[118] Katz, H. C., Kochan, T. A., & Gobeille, K. R. (1983). Industrial relations performance, economic performance, and QWL programs: an inter-

plant analysis. Industrial and Labor Relations Review, 37(1), 3- 17.

[119] Kleiner, M. M., Leonard, J. S., & Pilarski, A. M. (2002). How industrial relations affects plant performance : the case of commercial aircraft manufacturing. Industrial and Labor Relations Review,55(2), 195-218.

[120] Kmenta, J. (1967). On estimation of the CES production function. International Economic Review, 8(2), 180- 189.

[121] Konrad, A. M., & Mangel, R. (2003). The impact of work-life programs on firm productivity. Strategic Management Journal, 21(12), 1225- 1237.

[122] Kou, Z. W. (2017). Political logic of the identity construction of non- public enterprise Party building-based on social exchange theory and investigation and analysis in Z district. Journal of Wenzhou University (Social Sciences Edition), 30(1), 66-71. (in Chinese).

[123] Kramer, R. M. (1999). Trust and distrust in organizations : emerging perspectives, enduring questions. Annual Review of Psychology, 50, 569-598.

[124] Kreiser, P., Patel, P., & Fiet, J. (2013). The influence of changes in social capital on firm-founding activities. Entrepreneurship Theory and Practice, 37(3), 539-568.

[125] Laroche, P., & Wechtler, H. (2011). The effects of labor unions on workplace performance: new evidence from France. Journal of Labor Research, 32(2), 157- 180.

[126] Lee, Y., & Cavusgil, S. T. (2006). Enhancing alliance performance: the effects of contractual-based versus relational-based governance. Journal of Business Research, 59(8), 896-905.

[127] Lewin, K. (1939). Field theory and experiment in social psychology : concepts and methods. American Journal of Sociology, 44(6), 868-896.

[128] Li, G. Q., & Chen, W. Z. (2010). Empirical research on the impact of co-

operative labor relations on enterprise performance. Contemporary Finance and Economics, (1), 72-80. (in Chinese).

[129] Li, H. J., & Yuan, L. (2005). Institutional arrangements of corporate sustainable development. China Industrial Economy, (12), 92- 100. (in Chinese).

[130] Li, H. Y., Wu, X. J., & Wang, Y. (2013). Relationship between high-tech enterprise social capital and technological innovation behavior. Industrial Technology Economy, (6), 98- 105. (in Chinese).

[131] Li, H., Meng, L., Wang, Q., & Zhou, L. (2008). Political connections, financing and firm performance: evidence from Chinese private firms. Journal of Development Economics, 87(2), 283-299.

[132] Li, S. F. (2008). Economic system change and development of Party organizational resources. Shanghai: Shanghai SDX Joint Publishing Company. (in Chinese).

[133] Li, S. N. (2014). Corporate social capital, investment behavior and economic added value. Southeast Academic, (2), 111- 120. (in Chinese).

[134] Li, W., & Xu, H. (2012). Relationship between corporate social capital, market knowledge capability and operation performance-analytical perspective of social network. Soft Science, 26(10), 93-98. (in Chinese).

[135] Li, W., Dai, Z. H., & Ding, C. (2018). Mechanism of entrepreneur social capital affecting operational performance-perspective of business model innovation. East China Economic Management, 32(2), 51-57. (in Chinese).

[136] Li, X. J., Yang, D. N., & Lei, M. (2012). Cross-layer analysis of the impact of corporate social responsibility on employee performance. China Management Science, 20(sp), 132- 137. (in Chinese).

[137] Li, Y. N., & Li, J. M. (2015). Impact of pay rise on enterprise productivi-

ty-evidence from China industrial enterprise database. Labor Economy Research, (2), 23-40. (in Chinese).

[138] Li, Z. B., & Wang, M. H. (2018). Impact of authoritarian leadership on the silence behavior of employees: a moderated mediating effect model. Psychological and Behavioral Research, (5), 713-719. (in Chinese).

[139] Li, Z. M., & Zhao, S. M. (2016). Relationship-oriented strategic leadership, human resources flexibility and organizational performance- empirical research based on private enterprise of transition economy. Foreign Economy and Management, 38(4), 73-89. (in Chinese).

[140] Liang, J., Chen, S. Y., & Gai, Q. E. (2010). Political participation, governance conclusion and philanthropy donation of private enterprises. Management World, (7), 109- 118. (in Chinese).

[141] Liang, X. J., Li, D. L., & Li, Z. (2004). Systematical analysis of non-public enterprise Party building. Journal of Central Committee of CPC, 8 (2), 66-71. (in Chinese).

[142] Lin, Y. F., Liu, M. X., & Zhang, Q. (2004). Policy burden and enterprise budget soft restriction : An empirical study from China. Management World, (8), 81- 127. (in Chinese).

[143] Lin, Z. H., Wang, J., & Wang, J. (2012). Empirical research on the relationship between non-typical employment and enterprise performance. Macro Economic Research, (1), 41-46. (in Chinese).

[144] Liu, C. (2012). Non-public economic organization Party building : status quo review and institutional construction. Journal of Party School of CPC Jinan Committee, (2), 20-23. (in Chinese).

[145] Liu, C., Zhang, H., Wang, S. J., & Ma, C. Q. (2014). Relationship between leadership style, emotional labor and organizational citizenship behavior: investigation data based on service enterprises. China Soft Sci-

ence, (3), 119- 134. (in Chinese).

[146] Liu, F. J., Li, J. Q., & Yang, L. D. (2017). Relationship between corporate social responsibility, moral identity and employee organizational citizenship behavior. China Soft Science, (6), 117- 129. (in Chinese).

[147] Liu, J. Z. (2004). Source and elimination of labor-capital conflict. Gansu Social Science, (3), 160- 162. (in Chinese).

[148] Liu, P. F., & Yan, Y. Y. (2016). Social capital and enterprise credit risk. Economic Survey, 33(2), 102- 106. (in Chinese).

[149] Liu, S. J. (2004). Social capital research based on action and structure interaction-reviewing the methods and principles and theoretical view of social capital theory of Linnan. Foreign Social Sciences, (2), 21-28. (in Chinese).

[150] Liu, X., & Zhang, L. L. (2013). International development trend of employee relationship and policy choice of China-on the differences and similarities of labor-capital relations, labor relations, and employee relations. China Administration Management, (11), 56-60. (in Chinese).

[151] Liu, Y. G., & Wu, C. F. (2007). Participation of state-owned enterprise employees in corporate governance. Economic Management, (24), 15-19. (in Chinese).

[152] Liu, Y., & Zhou, Z. C. (2015). Relationship between employee perceived corporate social responsibility, affective commitment and organizational citizenship behavior-cross-layer moderating effect of commitment human resource practice. Management Review, 27(10), 118- 127. (in Chinese).

[153] Long, X. N., & Yang, J. (2014). Party organization, worker welfare and enterprise performance: evidence from Chinese private enterprises. Economics Newspaper, 1(2), 150- 169. (in Chinese).

[154] Lu, J. T., Zhang, Z., & Jia, M. (2017). Cross-layer research on the impact

of public servant leader on employee organizational citizenship behavior: a mediated moderating model. Management Review, 29(7), 187- 199. (in Chinese).

[155] Lu, Y. M., & Nie, M. (2013). Practical guide of non-public enterprise organization Party building. Beijing: Party School of the Central Committee of CPC Publishing House. (in Chinese).

[156] Luo, D. L., & Liu, X. L. (2009). Political relations, entry barrier and enterprise performance-empirical evidence from Chinese private listed companies. Management World, (5), 97- 106. (in Chinese).

[157] Luo, D. L., & Tang, Q. Q. (2009). Institutional environment and performance of Chinese private listed companies. Economic Research, (2), 106- 118. (in Chinese).

[158] Lv, J. S. (2015). Thoughts on difficult and expensive financing for small and medium enterprises. Financial Research, (11), 115- 123. (in Chinese).

[159] Ma, H. (2010). Social capital and small and medium enterprise financing restraints. Economic Issues, (12), 68-72. (in Chinese).

[160] Ma, L. F., Wang, Y. F., & Shen, X. X. (2012). Chinese state-owned enterprise Party organization governance effect-perspective of insider control. China Industrial Economy, (8), 82-95. (in Chinese).

[161] Ma, L. F., Wang, Y. F., & Shen, X. X. (2013). State-owned enterprise Party organization governance, redundant employees and executive salary contract. Management World, (5), 100- 115. (in Chinese).

[162] Ma. Y. R., Xia, B., & Bai, Y. (2018). Impact of employment relationship model and intellectual capital on innovation performance : empirical analysis based on investigation sample of private enterprises. Journal of Industrial Engineering and Engineering Management, 32(2), 84-94. (in Chi-

nese).

[163] McColl-Kennedy, J. R., & Anderson R. D. (2005). Subordinate-manager gender combination and perceived leadership style influence on emotions, self-esteem and organizational commitment. Journal of Business Research, 58(2), 115- 125.

[164] Mcilroy, J. (2008). Ten years of new labour: workplace learning, social partnership and union revitalization in Britain. British Journal of Industrial Relations, 46(2), 283-313.

[165] Mefford, R. N. (1986). The effect of unions on productivity in a multinational manufacturing firm. Industrial and Labor Relations Review, 40 (1), 105- 114.

[166] Mishra, A. A., & Shah, R. (2009). In union lies strength : collaborative competence in new product development and its performance effects. Journal of Operations Management, 27(4), 324-338.

[167] Mitchell, R. K., Agle, B. R., & Wood, D. J. (1997). Toward a theory of stakeholder identification and salience : defining the principle of who and what really counts. The Academy of Management Review, 22(4), 853-886.

[168] Monastiriotis, V. (2007). Union retreat and regional economic performance: the UK experience. Regional Studies, 41(2), 143- 156.

[169] Nahapiet, J., & Ghoshal, S. (1998). Social capital, intellectual capital, and the organizational advantage. Academy of Management Review, 23 (2), 242-266.

[170] Nee, J., Kennedy, P. A., & Langham, D. L. (1999). Increasing manufacturing effectiveness through joint union/management cooperation. Human Resource Management, 38(1), 77-85.

[171] Newman, A., Schwarz, G., Cooper, B., & Sendjaya, S. (2017). How

servant leadership influences organizational citizenship behavior: the roles of lmx, empowerment, and proactive personality. Journal of Business Ethics, 145, 1- 14.

[172] Oh, H., Chung, M., & Labinaca, G. (2004). Group social capital and group effectiveness: the role of informal socializing ties. Academy of Management Journal, 47(6), 860-875.

[173] Organ, D. W. (1988). Organizational citizenship behavior the good soldier syndrome. Lexington MA Lexington Books.

[174] Oxenbridge, S., & Brown, W. (2004). Achieving a new equilibrium? the stability of cooperative employer-union relationships. Industrial Relations Journal, 35(5), 388-402.

[175] Pan, H. B., Xia, X. P., & Yu, M. G. (2008). Government intervention, political connection and local state-owned enterprise merger and acquisition. Economic Research, (4), 41-52. (in Chinese).

[176] Pearson, M. M. (1997). China's new business elite : the political consequences of economic reform. Berkeley: University of California Press.

[177] Peng, Z. L., & Jiang, W. T. (2008). Entrepreneur social capital: concept, influencing mechanism and new research direction. Economic Management, (10), 10- 16. (in Chinese).

[178] Pfeffer, J., & Salancik, G. R. (2003). The external control of organizations: a resource dependence perspective. Stanford: Stanford University Press.

[179] Podsakoff, P. M., Ahearne, M., & MacKenzie, S. B. (1997). Organizational citizenship behavior and the quantity and quality of work group performance. Journal of Applied Psychology, 82(2), 262-270.

[180] Podsakoof, N. P., Podsakoof, P. M., MacKenzie, S. B., & Maynes, T. D. (2014). Consequences of unit-level organizational citizenship behav-

iors: a review and recommendations for future research. Journal of Organizational Behavior, 35(S1), 87- 119.

[181] Podsakoof, P. M., MacKenzie, S. B., Paine, J. B., & Bachrach, D. G. (2000). Organizational citizenship behaviors : a critical review of the theoretical and empirical literature and suggestions for future research. Journal of Management, 26(3), 513-563.

[182] Portes, A. (1998). Social capital: its origins and applications in modern sociology. Annual Review of Sociology, 24(1), 1-25.

[183] Post, J. E., Preston, L. E., & Sachs, S. (2002). Managing the extended enterprise: the new stakeholder view. California Management Review, 45 (1), 6-28.

[184] Qiu, G. J., & Fu, J. D. (2016). From "wearing red hat" to "multiple subject co-governance": action logic of entrepreneurs in non-public enterprise Party building. Social Science Research, (1), 80-88. (in Chinese).

[185] Rainnie, A. (1984). Combined, uneven development in the clothing industry : the effects of competition on accumulation. Capital and Class, 22 (1), 141- 156.

[186] Ramachandran, Y., Jordan, P. J., Troth, A. C., & Lawrence, S. A. (2011). Emotional intelligence, emotional labor and organizational citizenship behavior in service environments. International Journal of Work Organization and Emotion, 4(2), 136- 157.

[187] Rees, D. I. (1991). Grievance procedure strength and teacher quits. Industry & Labor Relations Review, 45(1), 31-43.

[188] Ren, X. C., Yang, L. B., & Ren, T. (2017). Cross-layer effect of corporate social responsibility on employee performance-mediating effect based on organizational identity. Hunan Social Science, (4), 61-66. (in Chinese).

[189] Ring, P. S., & Van de Ven Andrew, H. (1992). Structuring cooperative re-

lationships between organizations. Strategic Management Journal, 13 (7), 483-498.

[190] Rowley, T. J. (1997). Moving beyond dyadic ties : a network theory of stakeholder influences. The Academy of Management Review, 22(4), 887-910.

[191] Rowold, J., & Rohmann, A. (2009). Transformational and transactional leadership styles, followers' positive and negative emotions, and performance in German nonprofit orchestras. Nonprofit Management and Leadership, 20(1), 41-59. (in Chinese).

[192] Samsup, J., & Shim, S. W. (2005). Paradigm shift of employee communication: the effect of management communication on trusting relationships. Public Relations Review, 31(2), 277-280.

[193] Schneider, B. (1990). The climate for service: an application of the climate construct. San Francisco: Jossey-bass.

[194] Shan, H. M., Hu, E. H., & Huang, H. (2014). Empirical research of labor union practice on enterprise performance. Management Science, 27 (4), 33-50. (in Chinese).

[195] Shen, S. D., & Fang, J. Q. (2018). Relationship between private business owner social capital and technological innovation performance-mediating effect based on organizational learning and moderating effect based on environmental uncertainty. Journal of Jilin University (Social Science Edition), 58(2), 60-72. (in Chinese).

[196] Shen, Y. J., Liu, W. J., Sun, M. P., & Shen, Y. X. (2016). Labor- relations harmony and corporate value-with Wangchunhua as the example. Accounting and Economic Research, 30(3), 99- 112. (in Chinese).

[197] Skarlicki, D. P., & Latham, G. P. (1996). Increasing citizenship behavior within a labor union : a test of organizational justice theory. Journal of Ap-

plied Psychology, 81(2), 161- 169.

[198] Stephen, D. R. I. (2005). Labor-management cooperation : antecedents and impact on organizational performance. Industrial and Labor Relations Review, 58(4), 588-609.

[199] Storbacka, K., Strandvik, T., & Gronroos, C. (1994). Managing customer relationships for profit: the dynamics of relationship quality. International Journal of Service Industry Management, 5(5), 21-38.

[200] Sun, S. L., Peng, C., & Yang, H. (2017). Impact of executive team social capital on the open innovation capability of enterprises-with resource acquisition and resource integration as the mediating variable. Research and Development Management, 29(2), 71-81. (in Chinese).

[201] Tabachnick, B. G., & Fidell, L. S. (2013). Using multivariate statistics (6th ed.). Boston: Pearson.

[202] Thacker, J. W., & Fields, M. W. (1987). Union involvement in quality-of- worklife efforts: a longitudinal investigation. Personnel Psychology, 8 (40), 97- 111.

[203] Thurman, J. E., & Trah, G. (1990). Part-time work in international perspective. International Labor Review, 129(1), 23-40.

[204] Tian, L. H., & Zhang, W. (2013). Three effects for political connection to influence the long-term performance of listed companies in China. Economic Research, (11), 71-86. (in Chinese).

[205] Tse, H. H. M., Ashkanasy, N. M., & Dasborough, M. T. (2012). Relative leader-member exchange, negative affectivity and social identification : A moderated-mediation examination. The Leadership Quarterly, 23(3), 354-366.

[206] Walsworth, S. (2010). What do unions do to innovation? an empirical examination of the Canadian private sector. A Journal of Economy and Soci-

ety, 65(4), 543-561.

[207] Wang, A. G. (2014). Strengthening non-public economic organization Party leadership. Theory and Contemporary, (1), 12- 13. (in Chinese).

[208] Wang, D. Q., & Jiao, J. G. (2003). Labor-capital relations theory and practice of Western developed countries. Economic Research Reference, (51), 42-48. (in Chinese).

[209] Wang, F. B., Jiang, H., & Wu, L. Z. (2008). Relationship between social capital and core capabilities : with knowledge creation as the mediating variable. Science Research, (3), 612-618. (in Chinese).

[210] Wang, H., Xin, R., & Xu, S. Y. (2006). Impact of leadership behavior of Chinese CEOs on enterprise operation performance. Management World, (4), 87-96. (in Chinese).

[211] Wang, L., & Chen, M. Y. (2017). Can venture capital effectively mitigate corporate financing restraints? -analysis based on mediating effect of corporate social capital. Review of Finance and Economics, (5), 39-47.(in Chinese).

[212] Wang, X. H., & Wu, X. L. (2017). Legal principles of Party organizations participating in governance of SOEs. Journal of Central South University (Social Science Edition), (5), 39-44. (in Chinese).

[213] Wang, X. W., & Chen, H. (2011). Relationship between corporate social responsibility and social value based on stakeholders. Management Science, 24(6), 29-37. (in Chinese).

[214] Wang, X. Y. (2006). Path and significance of informal political participation of private business owners. Journal of Nanjing Normal University (Social Science Edition), (6), 18-23. (in Chinese).

[215] Wang, Y. F. (2013). Effectiveness of Chinese state-owned enterprise Party organization participating in corporate governance-perspective based on

political intervention. Nankai University. (in Chinese).

[216] Wang, Y. F., & Ma, L. F. (2014). Can state-owned enterprise Party organizations reduce agency cost? -a perspective based on insider control. Management Review, 26(10), 138- 151. (in Chinese).

[217] Wang, Y. L., & Zheng, W. Y. (2012). Labor union cross-boundary functional fulfillment and effect result analysis under dual-role positioning. Management World, (10), 130- 145. (in Chinese).

[218] Webb, S., & Webb, B. (1959). History of trade union movement in the UK. The Commercial Press. (in Chinese).

[219] Wei, X. H., Dong, Z. Q., & Jin, Z. (2015). Has labor union improved enterprise employment limit structure? -empirical evidence from sampling survey of private enterprises in China. Management World, (5), 150- 169. (in Chinese).

[220] Wei, X. H., Jin, Z., & Sun, Z. W. (2018). Labor union, labor protection and enterprise newly-added investment. World Economy, (5), 173- 192. (in Chinese).

[221] Wen, P., & Xia, L. (2015). Review and prospect of responsibility leader. Foreign Economy and Management, (11), 38-49. (in Chinese).

[222] Williams, L. J., & Anderson, S. E. (1991). Job satisfaction and organizational commitment as predictors of organizational citizenship and in-role behaviors. Journal of Management, 17(3), 601-617.

[223] Wu, G. D., & Huang, X. L. (2005). Relationship between labor relations management and organizational performance and its action mechanism. China Human Resource Development, (6), 70-73. (in Chinese).

[224] Wu, J. F., He, D. J., Lin, W., & Wang, Y. (2008). Senior manager political network and corporate diversification strategy: social capital perspective-empirical analysis based on the data of listed companies in China.

Management World, (8), 107- 118. (in Chinese).

[225] Wu, J., & Cheng, M. L. (2011). The impact of managerial political connections and quality on government subsidies: evidence from Chinese listed firms. Chinese Management Studies, 5(2), 207-226.

[226] Wu, K. P., & Yu, F. S. (2013). Institutional environment, political connections and accountant information quality. Journal of Shanxi University of Finance and Economics, (11), 116- 124. (in Chinese).

[227] Wu, M. L. (2003). SPSS Statistical Application Practice. Beijing: Science Press.

[228] Wu, Q. S., & Wang, S. H. (2018). Impact of Party organization governance participation on internal control effectiveness-empirical analysis based on SOEs. Journal of Zhongnan University of Economics and Law, (5), 50-58. (in Chinese).

[229] Wu, W. F., Wu, C. F., & Liu, X. W. (2008). Government background of executives of private listed companies in China and corporate value. Economic Research, (7), 130- 141.

[230] Wu, W. F., Wu, C. F., & Rui, M. (2009). Government background and tax preferences of executives in Chinese listed companies. Management World, (3), 134- 142. (in Chinese).

[231] Wu, W. P., & Lee, Y. D. (2001). Participatory management and industrial relations climate: a study of Chinese, Japanese and US firms in Taiwan. The International Journal of Human Resource Management, 12(5), 827-844. (in Chinese).

[232] Xi, M., & Zhao, S. M. (2014). Review of research on labor-capital conflicts: definition, antecedent and new research perspective. Journal of Management, 11(3), 455-461. (in Chinese).

[233] Xia, L. J., Lu, M., & Yu, W. Z. (2011). Government-enterprise bond

and cross-provincial investment: empirical evidence of listed companies in China. Management World, (7), 128- 140. (in Chinese).

[234] Xiao, S. Y. (2005). Organizational citizenship behavior and its impact on corporate employee performance. Changsha: Hunan University. (in Chinese).

[235] Xie, H. D. (2006). Impact of foreign labor-capital relations on enterprise performance. Foreign Economy and Management, 28(9), 38-44. (in Chinese).

[236] Xie, J., & Fu, Y. J. (2013). Private enterprise Party building and corporate sustainable development-investigation based on 34 private enterprises in Wenzhou. Journal of Party School of CPC Fujian Provincial Committee, (2), 24-31. (in Chinese).

[237] Xin, L., Zhang, M., Zeng, C. H., & Kang, T. R. (2017). Impact of corporate social capital on the structure of Chinese listed companies- empirical research based on structural equation model. Friends of Accounting, (15), 29-35. (in Chinese).

[238] Xu, Y. K., Qian, X. H., & Li, W. A. (2013). Political uncertainty, political connection and private enterprise investment: evidence from the change of secretaries of municipal Party committees. Management World, (5), 116- 130. (in Chinese).

[239] Yang, Q., Gao, M., & Yurtoglu, B. B. (2009). Director salary, CEO salary and enterprise performance: conspiracy or common incentive? Financial Research, (6), 111- 127. (in Chinese).

[240] Yang, R., Li, D. S., & Su, Q. (2018). Property rights difference, employee salary and performance of listed companies. Finance and Accounting Monthly, (18), 74-80. (in Chinese).

[241] Yang, Y. F., Wang, H. X., & Cao, Q. (2010). Correlation between internal

control information disclosure and agency cost-based on empirical data of listed companies of Shanghai Stock Market in 2007. Audit Research, (1), 82-88. (in Chinese).

[242] Yang, Z. Q., & Lu, S. K. (2018). Enterprise internal salary discrepancy, stock ownership incentive. Business Research, (2), 65-72. (in Chinese).

[243] Yao, K., & Tang, J. Y. (2016). Employment relationship, organizational equity and knowledge sharing willingness: empirical research based on Chinese enterprises. Journal of Fudan University (Social Sciences Edition), 55(1), 8-17. (in Chinese).

[244] Ye, F. (2010). Shortcomings of private enterprise family management and countermeasures. Economic Research Guide, (10), 157-158. (in Chinese).

[245] Ye, J. H. (2017). Private enterprise Party organization participating in corporate governance: Obtaining external resources or improving internal efficiency? -experimental evidence from listed private enterprises in China. Contemporary Economic Management, 39(9), 21-28. (in Chinese).

[246] Yu, D. Z., & Chi, G. H. (2004). Scale of board of directors, stability and enterprise performance: theory and experience analysis. Economic research, (4), 70-79. (in Chinese).

[247] Yu, H. Y., Huang, X. Z., & Cao, X. (2015). Moderating role of corporate social capital in the relationship between corporate social responsibility and enterprise performance. Management Review, 27(1), 169-180. (in Chinese).

[248] Yu, H., Pu, Y. J., & Song, Z. J. (2017). Private entrepreneur social resources, political relations and company resource acquisition-based on the experimental analysis of listed companies in China. Journal of Shanxi University of Finance and Economics, 39(6), 76-87. (in Chinese).

[249] Yu, M. G., & Pan, H. B. (2008). Political relations, institutional environment and private enterprise bank loans. Management World, (8), 9-21. (in Chinese).

[250] Yu, M. G., Hui, Y. F., & Pan, H. B. (2010). Political connection, rent-seeking and local government subsidy effectiveness. Economic Research, (3), 65-77. (in Chinese).

[251] Zardkoohi, A. (1985). On the political participation of the firm in the electoral process. Southern Economics Journal, (1), 804-817.

[252] Zeng, M. B., Li, C., & Li, L. J. (2018). Impact of external social capital of science and research team on innovation performance. Technological Management Research, (1), 149- 155. (in Chinese).

[253] Zhang, C. L. (1995). Analysis of governance institution reform of SOE from the perspective of financing. Reform, (3), 34-46. (in Chinese).

[254] Zhang, J. J., & Li, H. W. (2007). Entrepreneur background, diversification strategy and enterprise performance of private enterprises. Nankai Management Review, 10(5), 12-25. (in Chinese).

[255] Zhang, J. J., & Zhang, Z. X. (2005). Political strategy of Chinese private entrepreneurs. Management World, (7), 94- 105. (in Chinese).

[256] Zhang, J. L., Yuan, Y. W., & Liu, J. (2018). Impact of ethical leaders on environmental friendly citizenship behavior of employees. Chinese Human Resource Development, 35(2), 19-29. (in Chinese).

[257] Zhang, N. F. (2015). Non-public enterprise Party building in the new situation. Hangzhou: Zhejiang Gongshang University Press.

[258] Zhang, T. J., Pu, Y. J., & Liu, J. W. (2009). Correlation between employer reciprocity, employee engagement, and enterprise performance-data verification based on private enterprises in Jiangsu and Zhejiang. Journal of Guizhou College of Finance and Economy, (6): 65-69. (in Chi-

nese).

[259] Zhang, W. Y. (1995). Viewing SOE reform from modern enterprise theory. Reform, (1), 30-33. (in Chinese).

[260] Zhang, X., Li, Q., & Zhou, X. (2017). Impact of internal and external social capital synergistic effect on corporate capability. Science and Technology Advance and Countermeasures, 34(24), 88-94. (in Chinese).

[261] Zhang, Y. W., Chen, S. S., & Li, W. A. (2015). Performance effect of the informal hierarchies of the board of directors and its influencing mechanism. Management Science, 28(1): 1- 17. (in Chinese).

[262] Zhao, H. F., Wang, X. L., & Zhang, X. (2015). Impact of government intervention on the effectiveness of internal control of local SOEs. Journal of Jiangxi University of Finance and Economics, (2), 41-49. (in Chinese).

[263] Zhao, H. Y. (2017). On the leading role of CPC Party organizations in the SOEs. Modern Business Trade and Industry, (12), 50-51. (in Chinese).

[264] Zhao, L. L. (2016). Financial ecological environment, corporate social capital and technological innovative enterprise financing efficiency. Financial Innovation, (5), 35-38. (in Chinese).

[265] Zhao, R. (2013). Corporate social capital, investment opportunities and investment efficiency. Macro Economy Research, (1), 65-72. (in Chinese).

[266] Zheng, B. X., Zhou, L. F., & Fan, J. L. (2000). Parent leadership scale: construction and measurement of triple pattern. Local Psychological Research, (14), 3-64. (in Chinese).

[267] Zheng, J. L., & Guo, X. Y. (2016). Empirical research of impact of organizational equity on employee organizational citizenship behavior. Journal of Beijing Institute of Technology (Social Science Edition), 18 (1),

82-88. (in Chinese).

[268] Zhou, J. (2017). Questionnaire data analysis: six types of analysis methods of unlocking SPPS. Beijing: Publishing House of Electronics Industry. (in Chinese).

[269] Zhou, W. B. (2013). Political connections and entrepreneurial investment: evidence from China's transition economy. Journal of Business Venturing, 28(2), 299-315.